Collection Hélène Carré

Physique Chimie

Programme 2006

Sous la direction
d'Hélène Carré-Montréjaud

Frédéric Amauger, collège Anne-Frank, Paris

Stéphanie Cousinié, collège Varsovie, Carcassonne

Gérard Denis, collège Alphonse-Daudet, Paris

Mitra Gendreau, collège Gustave-Flaubert, Paris

Sylvie Govaerts, collège Condorcet, Pontault-Combault

Mireille Vignoles, IPST-CNAM, Toulouse

Nathan

Sommaire

Chapitre 1

Le circuit électrique 10

1. Réalisation de circuits électriques 12
2. Le schéma d'un circuit électrique 13
3. Générateur en court-circuit 14

Ça s'explique : Quel modèle de lampe choisir ? 16
Une histoire : L'électricité 20
Un métier : monteur électricien réseau EDF 21

Chapitre 2

Le courant électrique 22

1. Sens du courant électrique 24
2. Conducteurs et isolants 25
3. Une diode dans un circuit 26
4. Corps humain et électrisation 27

Ça s'explique : Comment fonctionne un fusible ? 29
Une histoire : Les générateurs électriques 34
Un métier : technicien en télécommunications 35

Chapitre 3

Un circuit électrique en boucle simple 36

1. Montage en boucle simple 38
2. Influence de l'ordre des dipôles 39
3. Influence du nombre des dipôles 40

Ça s'explique : Pourquoi utiliser des DEL ? 42
Une histoire : Les calculateurs 46
Un métier : électricien automobile 47

Chapitre 4

Circuits comportant des dérivations 48

1. Circuit comportant deux boucles 50
2. Circuit comportant trois boucles 51
3. Retour sur le court-circuit 52

Ça s'explique : Comment fonctionne l'éclairage d'un vélo ? 54
Une histoire : Production et transport de l'électricité 58
Un métier : ingénieur électricien 59

Chapitre 5

Sources de lumière 62

1. Pour voir un objet 64
2. Sources de lumière 65
3. Pour voir la lumière 66

Ça s'explique : Pourquoi le ciel est-il rouge au lever du Soleil et bleu le jour ? 68
Une histoire : Les hommes et les sources de lumière 72
Un métier : régisseur lumière 73

Chapitre 6

Propagation de la lumière 74

1. Propagation de la lumière 76
2. Faisceau de lumière, rayon de lumière 77
3. Les ombres 78
4. Position, forme et couleur des ombres 79

Ça s'explique : Comment connaître l'heure avec le Soleil ? 81
Une histoire : Ombre et propagation de la lumière 86
Un métier : technicien en optique 87

Chapitre 7

Soleil Terre et Lune 88

1. Les mouvements dans le système Soleil, Terre, Lune 90
2. Les phases de la Lune 91
3. Les éclipses de Lune 92
4. Les éclipses de Soleil 93

Ça s'explique : Pourquoi la Lune est-elle rouge lors d'une éclipse ? 95
Une histoire : Le système solaire 100
Un métier : astronome 101

 - ISBN : 978-2-09-171118-8

Chapitre 8
L'eau dans notre environnement 104

1. Partout, de l'eau ! 106
2. Le test de reconnaissance de l'eau 108
3. L'eau dans les liquides 109

Une histoire : Les machines à monter l'eau 114
Un métier : aquaculteur 115

Chapitre 9
Mélanges et corps purs 116

1. Mélanges hétérogènes et mélanges homogènes 118
2. Décantation et filtration 119
3. Distillation d'une eau minérale 120
4. Chromatographie 121

Ça s'explique : Comment l'eau est-elle rendue potable ? 123
Une histoire : La distillation 128
Un métier : technicien de réseau d'eau potable 129

Chapitre 10
Des gaz dans l'eau 130

1. Une eau pétillante 132
2. Dégazage d'une eau pétillante 133
3. Test de reconnaissance du dioxyde de carbone 134

Ça s'explique : Les plantes d'un aquarium ne servent-elles qu'à la décoration ? 136
Une histoire : Le dioxyde de carbone a une histoire 140
Un métier : technicien en aquariologie 141

Chapitre 11
Les états physiques de l'eau 142

1. Les trois états physiques de l'eau 144
2. La forme des liquides et des solides 145
3. les propriétés physiques des gaz 146

Ça s'explique : Comment obtient-on de l'eau douce à partir d'eau de mer ? 148
Une histoire : L'eau au service de l'homme 152
Un métier : météorologiste 153

Chapitre 12
Masse et volume 154

1. La mesure des volumes 156
2. Volume et unités 157
3. La mesure des masses 158
4. Proportionnalité entre masse et volume 159

Ça s'explique : Comment fonctionne un verre doseur ? 161
Une histoire : Les balances 166
Un métier : métrologue 167

Chapitre 13
Solidification et fusion 168

1. De l'eau liquide à la glace 170
2. De la glace à l'eau liquide 171
3. Mélanges et corps purs 172
4. Masse et volume 173

Ça s'explique : Comment se forme la glace des pôles ? 175
Une histoire : Échelles de température 180
Un métier : nivoculteur 181

Chapitre 14
Vaporisation et liquéfaction 182

1. De l'eau liquide à la vapeur d'eau 184
2. Vaporisation et pression 185
3. De la vapeur d'eau à l'eau 186

Ça s'explique : Comment fonctionne un autocuiseur ? 188
Une histoire : La machine à vapeur 192
Un métier : chef cuisinier 193

Chapitre 15
L'eau est un solvant 194

1. Dissoudre des solides 196
2. Dissolution et vaporisation 197
3. Conservation de la masse 198
4. Miscibilité de deux liquides 199

Ça s'explique : Comment fonctionne un marais salant ? 201
Une histoire : Le sel 206
Un métier : hydrothérapeute 207

Fiches méthodes

1. Des méthodes de travail 208
2. Les règles de sécurité 209
3. Les symboles en électricité 210
4. Réaliser un montage électrique 211
5. Le matériel de chimie 212
6. Les étiquettes des produits 213
7. Mesurer un volume de liquide 214
8. Mesurer une masse 215
9. Construire un graphique 216
10. Manipuler un gaz 217

Compétences expérimentales 218

Lexique 220
Index 223

À la découverte de votre manuel

Les ouvertures

Pour chaque partie

Un grand document et une citation pour réfléchir

Un rappel de ce qui a été vu à l'École

Pour chaque chapitre

Une introduction et la question clé du chapitre

De grands documents questionnés

Les activités

Un document questionné

La question clé

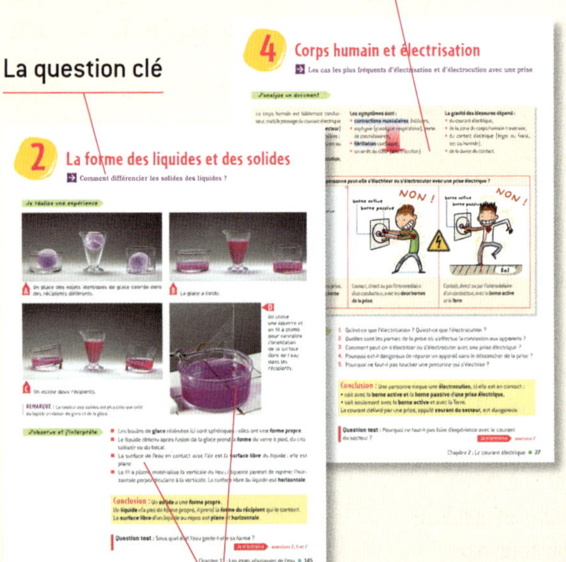

Un expérience le plus souvent réalisée par l'élève suivie de son interprétation (ou de questions)

J'apprends et je retiens

Un bilan sous forme d'un dessin et d'un résumé

Une évaluation

Ça s'explique par la physique

Un grand document sur le monde qui nous entoure

Le carnet du petit chercheur : pour trouver soi-même une réponse à un problème de physique

Exercices

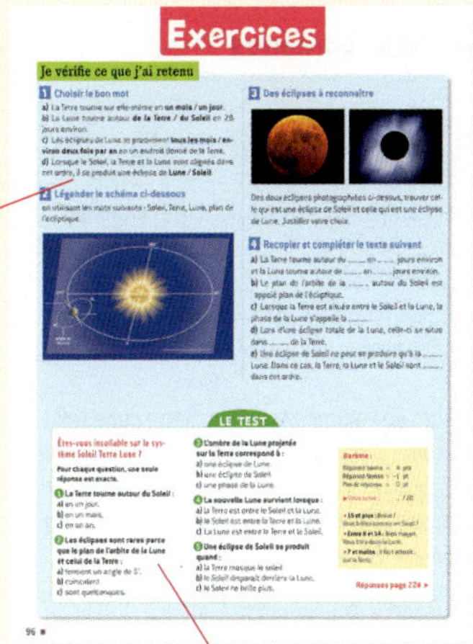

Pour s'amuser : un exercice à la maison

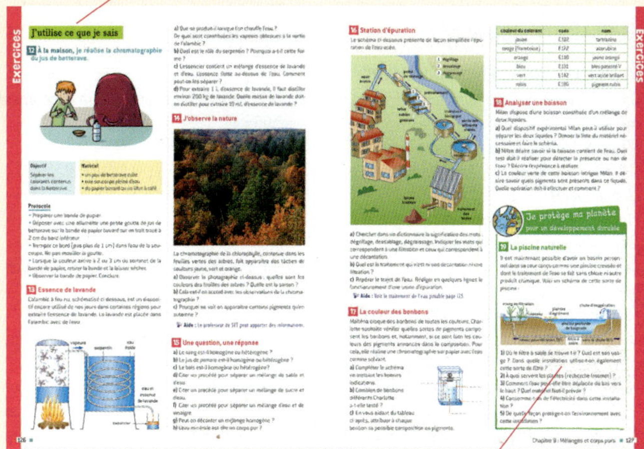

Variés et de difficulté croissante pour vérifier, utiliser et approfondir ses connaissances

Un test pour s'évaluer

Un exercice qui se prête à l'éducation à l'environnement pour un développement durable

La science en construction

Un (ou des) personnage(s) qui ont marqué l'histoire des sciences

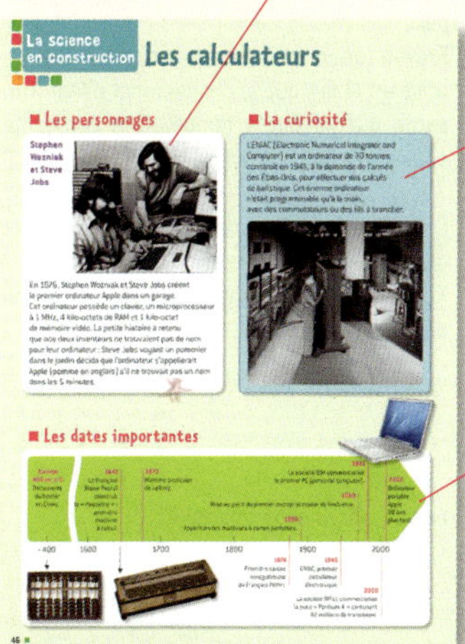

Une curiosité

Des dates pour situer ces découvertes

La science au quotidien

Un métier dans lequel on utilise les notions du chapitre

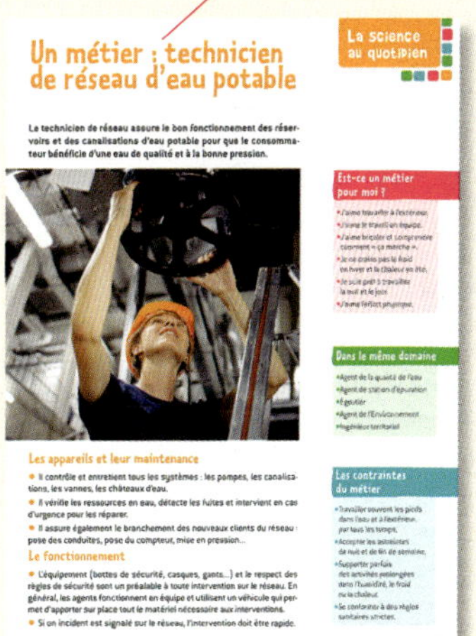

Fiches méthodes

Pour acquérir des savoir-faire

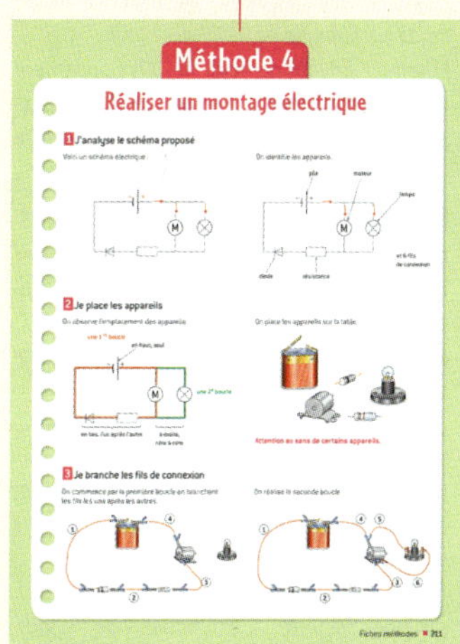

Infos

Compétences expérimentales

Signale les savoir-faire à acquérir en TP

Sécurité

Signale les expériences qui présentent un danger

B2i

Signale une utilisation de l'informatique

La démarche d'investigation

Situation problème

Signale les problèmes qui font naître le questionnement, aident à formuler des hypothèses et à concevoir des expériences pour les tester.

Programme de Physique Chimie 5e *d'après BO hors série n°5, 25 août 2005*

A . L'eau dans notre environnement. Mélanges et corps purs

Notions - contenus	Compétences
L'EAU DANS NOTRE ENVIRONNEMENT	
Omniprésence de l'eau dans notre environnement *[Thème : Météorologie et climatologie]* *[Histoire des Sciences : la météorologie et la climatologie]* *[Technologie : environnement, énergie, 4e]* *[Technologie : architecture et habitat, 5e]*	Extraire des informations d'un document scientifique
L'eau, un constituant des boissons et des organismes vivants. *[SVT : besoins en eau des êtres vivants, 6e]*	Retenir que l'eau est un constituant des boissons.
Test de reconnaissance de l'eau.	Décrire le test de reconnaissance de l'eau par le sulfate de cuivre anhydre.
[Géographie : les déserts secs ou froids] *[Thème : Sécurité (pour les expériences avec le sulfate de cuivre anhydre, port des lunettes obligatoire et utilisation de faibles quantités)]*	Réinvestir la connaissance du test de reconnaissance de l'eau par le sulfate de cuivre anhydre pour distinguer des milieux qui contiennent de l'eau de ceux qui n'en contiennent pas. *Compétence expérimentale : réaliser le test de reconnaissance de l'eau.*
MÉLANGES AQUEUX *[École primaire : fiche 2, mélanges et solutions, cycles 2 et 3]*	
Mélanges homogènes et hétérogènes.	Faire la distinction à l'œil nu entre un mélange homogène et un mélange hétérogène.
Séparation de quelques constituants de mélanges aqueux. *[SVT : sédimentation]*	Décrire et schématiser une décantation et une filtration.
Exemples de constituants de boissons hétérogènes. *[SVT : action de l'eau sur les roc]*	Compétences expérimentales : – réaliser une décantation et une filtration.
Existence des gaz dissous dans l'eau. *[SVT : rôle biologique des gaz dissous]*	– récupérer un gaz par déplacement d'eau. – reconnaître le dioxyde de carbone par le test à l'eau de chaux.
Le test de reconnaissance du dioxyde de carbone à l'eau de chaux. *[Histoire des Sciences : la découverte du « gaz carbonique »]* *[Thème : Environnement et développement durable (Citoyenneté : étude de documents sur le traitement des eaux destinées à être potables et l'épuration des eaux usées)]*	– reconnaître le dioxyde de carbone par le test à l'eau de chaux.
MÉLANGES HOMOGÈNES ET CORPS PURS	
Les eaux, mélanges homogènes. Présence dans une eau minérale de substances autres que l'eau. *[SVT : besoins nutritifs des végétaux chlorophylliens, 6e]* *[Thème : Environnement et développement durable (Citoyenneté : l'emploi des colorants est réglementé)]* *[Thème : Santé (Nutrition et santé : sucres)]* *[Thème : Sécurité (Techniques de chauffage)]*	Illustrer par des exemples le fait que l'apparence homogène d'une substance ne suffit pas pour savoir si un corps est pur ou non. Interpréter des résultats expérimentaux en faisant appel à la notion de mélange (présence de différentes couleurs sur un chromatogramme, existence de résidus solides...).
Obtention d'eau (presque) pure par distillation.	Décrire une distillation, une chromatograpie. *Compétences expérimentales : réaliser une chromatographie.*
LES CHANGEMENTS D'ÉTATS DE L'EAU, APPROCHE PHÉNOMÉNOLOGIQUE *[École primaire : fiche 1, états de la matière et changements d'état, cycles 2 et 3]*	
Première approche des états de la matière. *[Technologie : matériaux (tous niveaux)]* *[Géographie : L'eau sur la Terre]* *[Thème : Météorologie et climatologie (Le cycle de l'eau)]*	Citer les trois états physiques de l'eau (solide, liquide, vapeur) et les illustrer par des exemples (buée, givre, brouillard, nuages...)
Propriétés spécifiques de chaque état physique.	Identifier et décrire un état physique à partir de ses propriétés.

Notions - contenus	Compétences
	Respecter sur un schéma les propriétés liées aux états de la matière (horizontalité de la surface d'un liquide...)
Les changements d'état sont irréversibles.	Utiliser le vocabulaire : solidification, fusion, liquéfaction, vaporisation.
Cycles de l'eau. *[SVT : définition du magma, 4e]* Mesure de masses, unité, le kilogramme (kg).	Compétences expérimentales : – mesurer des volumes avec une éprouvette graduée ;
Mesure de volumes, unité, le mètre cube (m^3). *[Histoire : révolution française et système métrique]* *[Histoire des Sciences le système métrique, exigence de cohérence et d'harmonisation]*	– mesurer une masse avec une balance électronique.
[Mathématiques : mesure de volumes]	Retenir que 1 L = 1 dm^3 et que de même 1 mL = 1 cm^3
[Technologie : mesures et contrôles, tous niveaux : architecture et habitat (plan échelle, volume, tolérance de mesure), 5e] *[Technologie : design et produit (échelle de représentation), 4e : fonctions d'usage et fonctions technique, 6e]* *[Thème : pensée statistique]*	Retenir que la masse de1 L d'eau est voisine de 1 kg dans les conditions usuelles de notre environnement.
Distinction entre masse et volume.	Utiliser correctement les notions de masse et de volume sans les confondre, utiliser les unités correspondantes.
Conservation de la masse lors des changements d'état et non conservation du volume. *[Mathématiques : grandeurs et mesures, proportionnalité]*	Prévoir ou interpréter des expériences en utilisant le fait que le changement d'état d'un corps pur sous pression constante se fait sans variation de la masse mais avec variation de volume.
Repérage d'une température, unité : le degré Celsius (°C).	Retenir le nom et le symbole de l'unité usuelle de température. *Compétences expérimentales :* *– utiliser un thermomètre* *– tracer et exploiter le graphique obtenu lors de l'étude du changement d'état d'un corps pur.*
Existence d'un palier de température lors d'un changement d'état pour un corps pur. *[Mathématiques : représentation graphique de données]*	Prévoir ou interpréter des expériences en utilisant le fait que le changement d'état d'un corps pur se fait à température constante sous pression constante.
[Thème : Sécurité (Techniques de chauffage)]	Connaître les températures de changement d'état de l'eau sous pression normale.
[SVT : refroidissement du magma par étapes, 4e] *[Thème : Sécurité (pour tout ce qui concerne les ébullitions et la manipulation du cyclohexane)]*	Retenir que la température d'ébullition de l'eau dépend de la pression.
L'EAU SOLVANT	
L'eau est un solvant de certains solides et de certains gaz, elle est miscible à certains liquides.	*Compétences expérimentales :*
Conservation de la masse totale au cours d'une dissolution. *[Thème : Environnement : mécanisme de pollution des eaux ; les marées noires]* *[SVT : respiration dans l'eau, 5e, action de l'eau sur les roches]*	*– réaliser (ou tenter de réaliser) la dissolution d'un solide dans un liquide ou le mélange de deux liquides et vérifier la conservation de la masse totale au cours de ces expériences ;* *– utiliser une ampoule à décanter.*
Vocabulaire de la dissolution : la notion de solution saturée est limitée à une approche qualitative.	Employer le vocabulaire spécifique à la discipline : solution, soluté, solvant, solution saturée, soluble, insoluble, miscibilité et non-miscibilité de deux liquides. Connaître des exemples de mélanges liquides où l'eau est le solvant. Distinguer dissolution et fusion.

B. Les circuits électriques en courant continu. Étude qualitative.

Notions - contenus	Compétences
QU'EST-CE QU'UN CIRCUIT ÉLECTRIQUE ? *[École primaire : fiche 23, électricité, cycles 2 et 3]*	
Circuit électrique simple avec une seule lampe ou un moteur :	*Compétences expérimentales :*
– rôle du générateur ; – fils de connexion ; – rôle de l'interrupteur.	*– mettre en œuvre du matériel (générateur, fils de connexion, interrupteur, lampe ou moteur) pour allumer une lampe ou entraîner un moteur ;* *– test du comportement d'un circuit dépourvu de générateur.*
[Technologie : environnement et énergie (matériaux isolants et matériaux conducteur d'énergie électrique et thermique), 4e] *[Thème : Sécurité (danger du secteur)]*	*Connaître le vocabulaire :* *– circuit ouvert ;* *– circuit fermé.* Prévoir l'absence de courant en l'absence de générateur. Retenir que les expériences ne doivent pas être réalisées avec le courant du secteur pour des raisons de sécurité. Reconnaître et utiliser les symboles normalisés : pile, lampe, moteur, fils de connexion, interrupteur.
Du dessin au schéma, symboles normalisés Notion de boucle.	Représenter le schéma normalisé d'un montage présent sur la paillasse. Repérer une boucle sur un schéma et sur un montage.
Approche de la notion de court-circuit.	Exposer les dangers en cas de court-circuit d'un générateur.
[Thème : Sécurité (Citoyenneté et Sécurité : les dangers du court-circuit)]	Repérer sur un schéma la boucle correspondant au générateur en court-circuit.
CIRCUIT ÉLECTRIQUE EN BOUCLE SIMPLE	
Circuit électrique en boucle simple : on pourra utiliser les dipôles suivants : générateur, interrupteurs, lampes, moteur, DEL, diode, fils de connexion, résistances (conducteurs ohmiques) en se limitant, outre les interrupteurs, à un générateur et à trois dipôles.	Reconnaître et utiliser les symboles normalisés d'une diode, d'une DEL, d'une résistance. Retenir que les dipôles constituant le circuit série ne forment qu'une seule boucle. *Compétence expérimentale : réaliser à partir de schémas des circuits en série pouvant comporter un générateur, des lampes, des interrupteurs, un moteur, une diode électroluminescente, une diode et des résistances.*
Influence de l'ordre et du nombre de dipôles autres que le générateur.	Mettre en évidence la variation ou la non variation de l'éclat d'une lampe témoin en fonction : – de sa position dans le circuit ; – du nombre de dipôles autres que le générateur ajoutés dans le circuit ; Passer du schéma normalisé au circuit et inversement.
Conducteurs et isolants.	Citer des conducteurs et des isolants usuels.
Cas particuliers de l'interrupteur et de la diode. *[Technologie : Environnement et énergie (matériaux isolants et matériaux conducteurs d'énergie électrique et thermique), 4e]*	Retenir qu'un interrupteur ouvert se comporte comme un isolant et qu'un interrupteur fermé se comporte comme un conducteur. Retenir que le comportement d'une diode ressemble à celui d'un interrupteur selon son sens de branchement. Prévoir que le circuit est ouvert lorsqu'une lampe est dévissée.
Caractère conducteur du corps humain (électrisation) *[Thème : Sécurité (Citoyenneté : règles de sécurité électrique)]*	Identifier la situation d'électrisation et en énoncer les effets.
Sens conventionnel du courant.	Citer le sens conventionnel du courant.
CIRCUIT ÉLECTRIQUE COMPORTANT DES DÉRIVATIONS	
Le circuit électrique avec des dérivations (on se limite, outre les interrupteurs, à un générateur et à trois dipôles).	Identifier les différentes boucles contenant le générateur dans des circuits comportant des dérivations.
Retour sur le court-circuit : distinction entre court-circuit d'un générateur et court-circuit d'une lampe.	*Compétence expérimentale : identifier et être capable de réaliser des montages en dérivation.*

Notions - contenus	Compétences
[Thème : Sécurité (Citoyenneté : règles de sécurité électrique) et (Sécurité des personnes et des biens)]	Prévoir que la boucle correspondante est ouverte lorsqu'une lampe est dévissée. Identifier la situation de court-circuit d'un générateur dans un circuit et en prévoir les conséquences. Identifier la situation de court-circuit d'un dipôle récepteur et en prévoir les conséquences.

C. La lumière : sources et propagation rectiligne

Notions - contenus	Compétences
SOURCES DE LUMIÈRE ET IMPORTANCE DE LA DIFFUSION **ENTRÉE DE LA LUMIÈRE DANS L'ŒIL**	
Existence de deux types de sources de lumière : – les sources primaires (étoiles, Soleil…) ; – les objets diffusants (planètes, satellites, murs blancs…).	Citer quelques sources de lumière. Prévoir si un écran diffusant peut en éclairer un autre en fonction des facteurs suivants : – localisation spatiale des deux écrans ; – l'écran diffusant est éclairé ou non.
Une condition nécessaire pour la vision : l'entrée de la lumière dans l'œil. *[Thème : Sécurité (Les dangers du laser)]* *[Histoire des Sciences : Ibn-Al-Haytham (ou Alhazen)]* *[SVT : organe sensoriel = récepteur, 4e]* *[Technologie : architecture et habitat, 5e]*	Retenir que pour voir un objet, il faut que l'œil en reçoive de la lumière.
PROPAGATION RECTILIGNE DE LA LUMIÈRE	
Le faisceau de lumière. *[Histoire des Sciences : en étudiant des ombres, Thalès a établi la première loi scientifique connue de l'humanité]*	Formuler que l'on peut visualiser le trajet d'un faisceau de lumière grâce à la diffusion. Et en faire un schéma. *Compétence expérimentale : visualisation de faisceaux, visées.* Représenter un rayon de lumière par un trait repéré par une flèche indiquant le sens de la propagation.
Modèle du rayon de lumière.	Faire un schéma représentant un faisceau de lumière.
Sens de propagation de la lumière.	Interpréter des résultats expérimentaux en utilisant le fait qu'une source lumineuse ponctuelle et un objet opaque déterminent deux zones : – une zone éclairée de laquelle l'observateur voit la source ; – une zone d'ombre de laquelle l'observateur ne voit pas la source.
Ombre propre, ombre portée et cône d'ombre : interprétation en termes de rayons de lumière. *[École primaire : fiche 17, lumière et ombres, cycle 3]* *[Mathématiques : géométrie]*	Interpréter les ombres propre et portée ainsi que l'existence du cône d'ombre en figurant des tracés rectilignes de lumière. Prévoir la position et la forme des ombres dans le cas d'une source ponctuelle. Retenir que l'ombre portée reste noire même dans le cas d'une source colorée. Prévoir si une source de lumière est visible ou non en vision directe, dans diverses situations, en fonction des positions relatives des objets opaques, des sources et de l'œil, y compris dans le cône d'ombre. Tracer des schémas où figure l'œil de l'observateur et les rayons qui y pénètrent.
Système Soleil-Terre-Lune.	Décrire simplement les mouvements pour le système Soleil-Terre-Lune.
Phases de la Lune, éclipses : interprétation simplifiée. *[École primaire : fiches 19 et 21, mouvement apparent du Soleil, Système solaire et Univers, cycle 3]* *[Géographie : le calendrier, les saisons]* *[Histoire des Sciences : l'observation des astres et la naissance de la science]* *[Histoire des Sciences : le système solaire, la rotondité de la Terre]* *[Mathématiques : tangente à un cercle, 4e]* *[Technologie : architecture et habitat, 5e]* *[Technologie : environnement et énergie, 4e]*	Interpréter les phases de la Lune ainsi que les éclipses. Prévoir le phénomène visible dans une configuration donnée du système simplifié Soleil-Terre-Lune.

Partie 1

L'électricité

« Avec les machines à vapeur et avec l'électricité, l'insomnie du monde a commencé. »

Guglielmo Ferrero

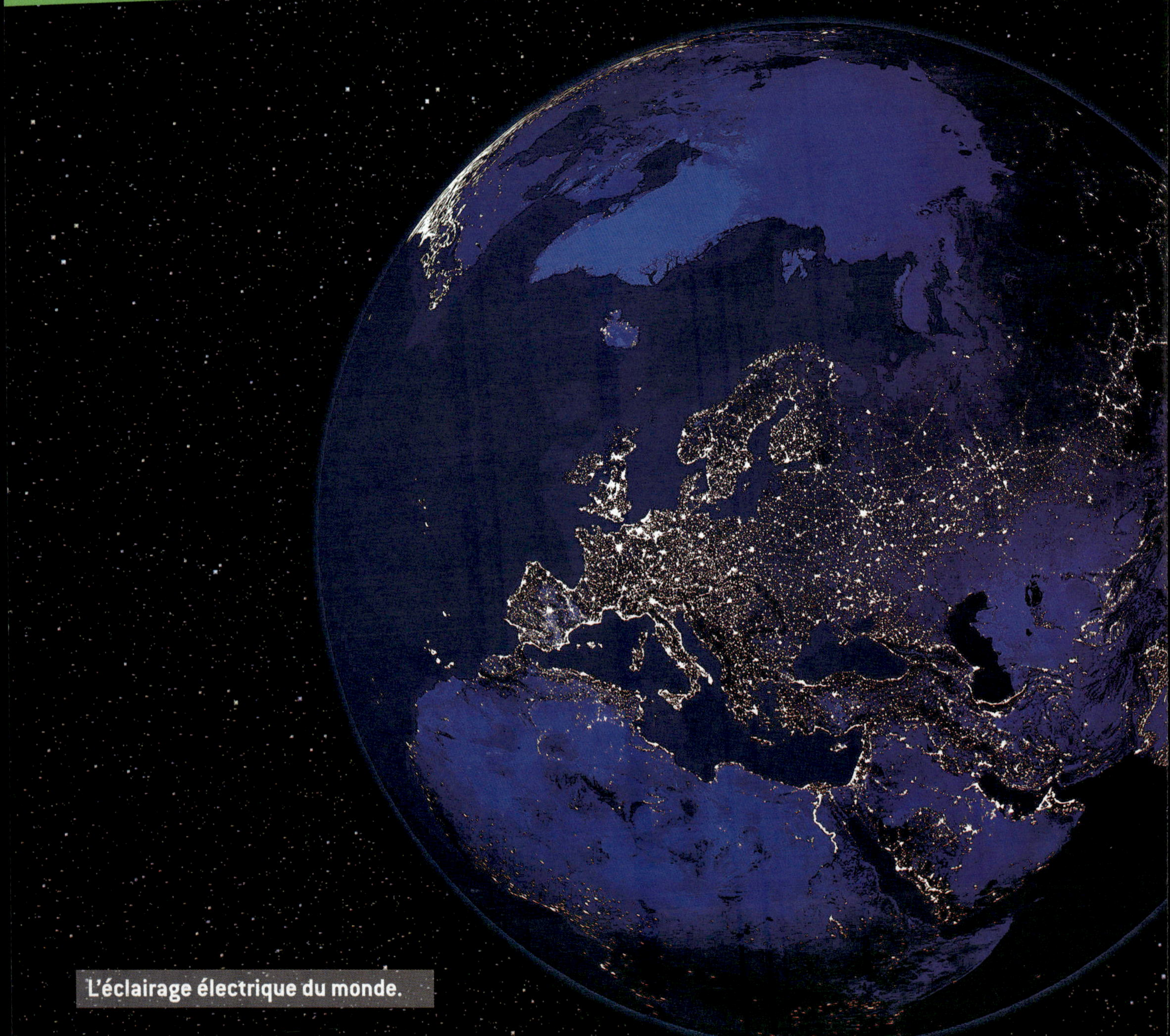

L'éclairage électrique du monde.

J'ai vu à l'école

Des circuits électriques simples

- Un circuit avec une lampe reliée à une pile.

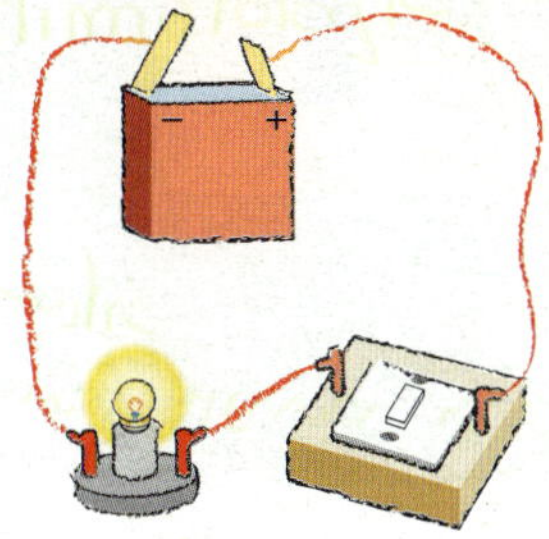

- Un circuit pour classer les conducteurs et les isolants.
- Un circuit avec deux lampes, ou davantage, allumées à l'aide d'une seule pile.

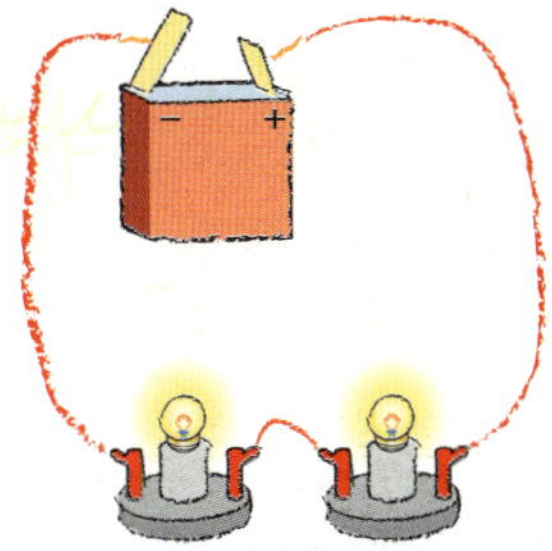

Des piles différentes :

- qui ont toutes deux bornes,
- qui ne doivent pas être branchées dans n'importe quel sens dans certains appareils.

Des consignes de sécurité

- Les expériences ne doivent pas être faites avec le courant électrique du secteur.
- Il est dangereux de mettre ses doigts dans une prise ou de remplacer une ampoule sans avoir coupé l'alimentation.
- On ne doit pas avoir de fils dénudés dans une installation électrique.
- L'eau conduit légèrement l'électricité mais augmente les dangers du courant électrique du secteur.

Chapitre 1

Le circuit électrique

Un éclairage, un appareil électroménager, un ordinateur, un distributeur de billets : voici des objets courants qui fonctionnent grâce à des circuits électriques.
Y a-t-il des éléments indipensables dans un circuit électrique ?

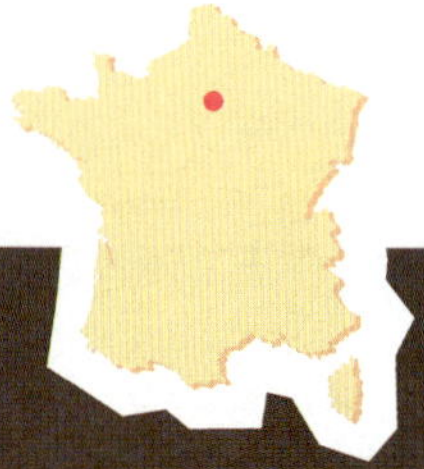

1 Un circuit électrique pour illuminer les Champs-Élysées (Paris)

2 **Le circuit électrique d'une télécommande d'ouverture de porte**

Lampe basse consommation branchée à deux fils électriques **3**

4 **Certains incendies ont une origine électrique**

J'observe et je m'interroge

a. Citer d'autres exemples de circuits électriques utilisés comme décoration. (doc. 1)

b. Comment distingue-t-on les composants de la télécommande les uns des autres ? Reconnaissez-vous un composant ? Donner son nom. (doc. 2)

c. Que doit-on placer obligatoirement dans le circuit de la télécommande pour qu'elle fonctionne ? (doc. 2)

d. Où sont branchés les deux fils électriques qui alimentent la lampe sur cette photographie ? (doc. 3)

e. Existe-t-il des dispositifs de sécurité qui doivent empêcher un incendie d'origine électrique ? (doc. 4)

1 Réalisation de circuits électriques

→ Comment un circuit électrique est-il constitué ?

Je réalise des circuits électriques

A On met en contact les bornes de la pile et les bornes de la lampe.

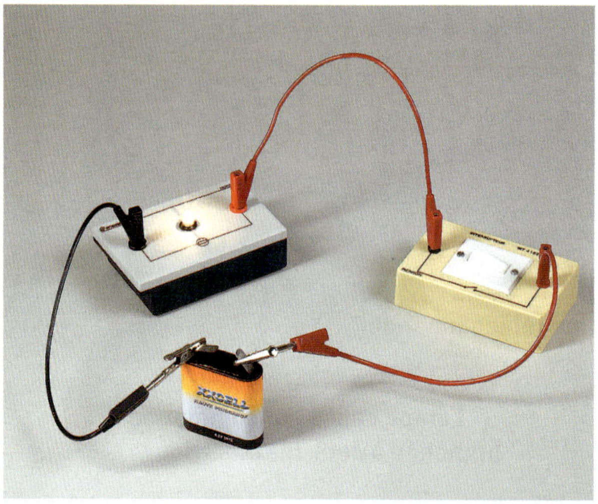

B Une lampe sur une douille, des fils de connexion, un interrupteur, des pinces crocodile.

⚠ Ne jamais utiliser le courant du secteur pour faire des expériences.

Compétence expérimentale
Savoir réaliser un circuit
▶ voir p. 219

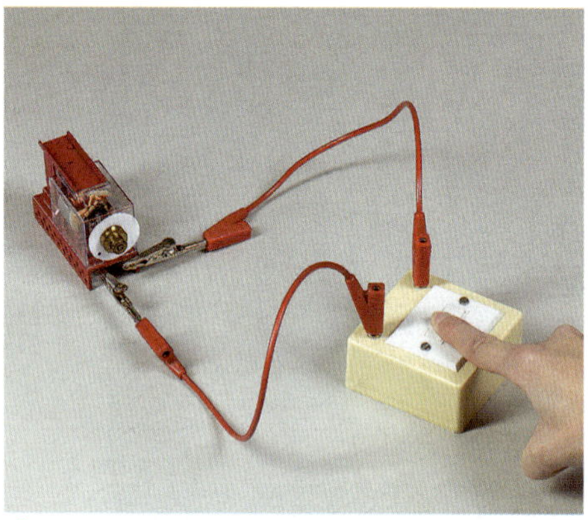

C On constitue un montage avec un moteur et un interrupteur.

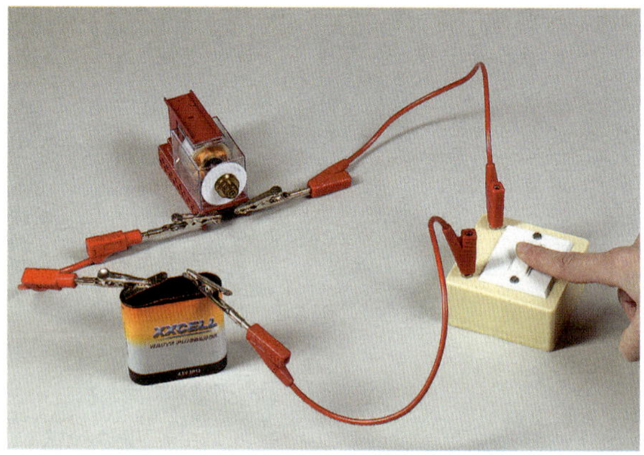

D On ajoute une pile ou un **générateur** au montage précédent.

Je réponds aux questions

1. Comment a-t-on allumé une lampe avec la pile (**A** et **B**) ? Expliquer.
2. Que se passe-t-il si l'on n'appuie pas sur le bouton-poussoir (**D**) ? Quel est son rôle ?
3. Lorsque l'on appuie sur le bouton-poussoir, le moteur du montage **C** fonctionne-t-il ? le moteur du montage **D** fonctionne-t-il ?
4. Quelle est la différence entre ces deux montages (**C** et **D**) ?
5. Que faut-il en conclure ? Quel est l'élément indispensable d'un circuit électrique ?
6. Quels sont les circuits électriques parmi les montages **A**, **B**, **C** et **D** ?

REMARQUE :
Un circuit électrique est une chaine ininterrompue de **dipôles**.

Vocabulaire

- **générateur** appareil à l'origine du courant électrique.
- **dipôle** appareil électrique qui a deux bornes.

Conclusion : Pour qu'une lampe éclaire ou qu'un moteur tourne, la présence d'un **générateur** est indispensable et le **circuit électrique** doit être **fermé**.

Question test : Quel est le dipôle indispensable dans un circuit électrique ?

Je m'entraîne exercices 2, 5 et 11

2 Le schéma d'un circuit électrique

→ Comment représenter un circuit électrique ?

J'observe des dipôles

A Des générateurs électriques.

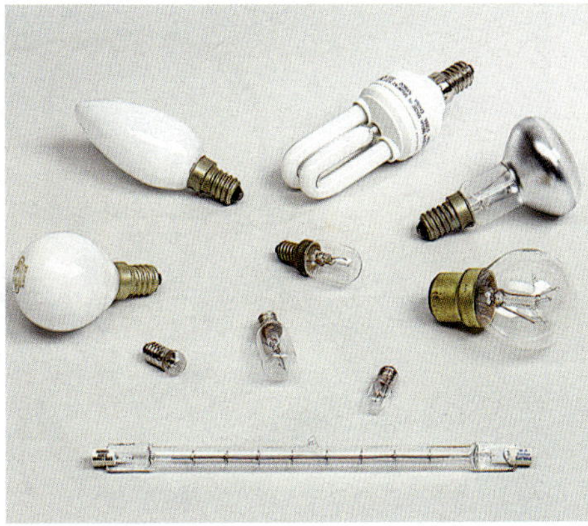

B Des lampes électriques.

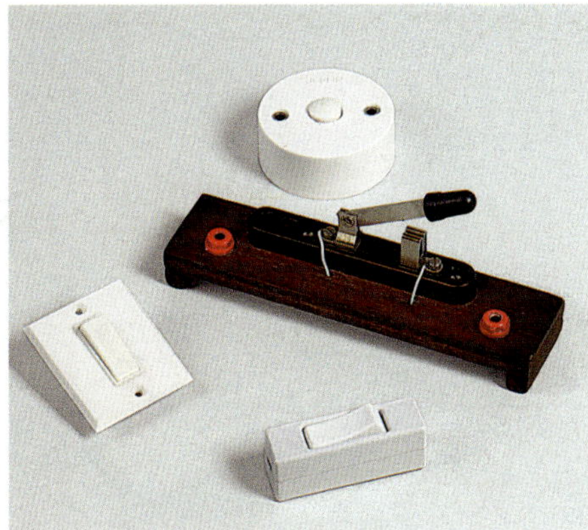

C Des interrupteurs.

Je schématise des dipôles

- Les générateurs électriques peuvent avoir des formes bien différentes,de même pour les lampes ou les interrupteurs.
- Plutôt que de dessiner des dipôles, on a choisi de les **représenter** par **un symbole normalisé**.

Symboles normalisés de quelques dipôles. **D**

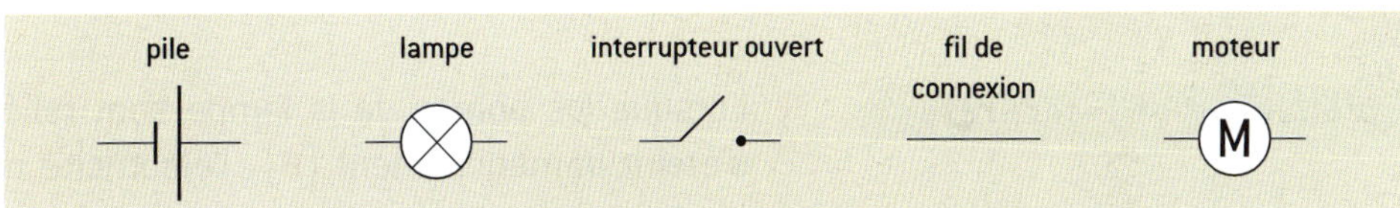

Je schématise un circuit

Fiche méthode ▶ voir p. 211

REMARQUE :
L'allure générale d'un schéma électrique est un rectangle.

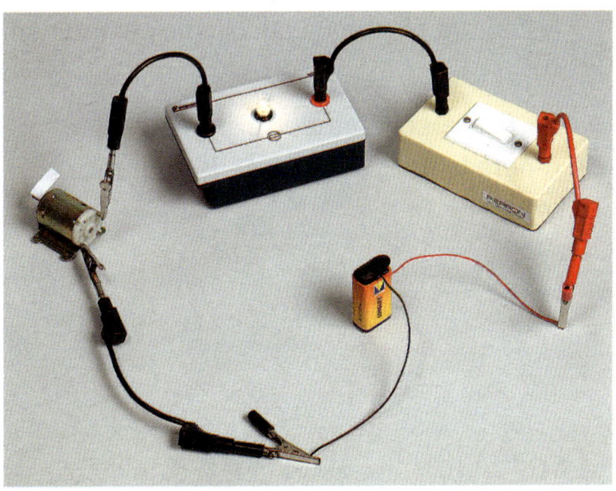

- Le **schéma électrique** de ce circuit est :

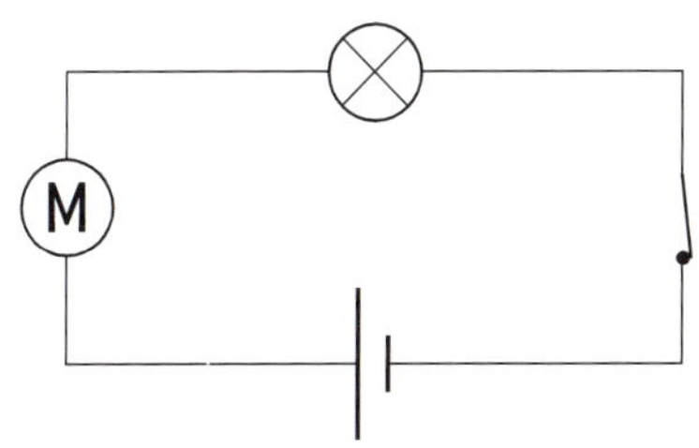

Le trait le plus long du symbole est la borne (+) de la pile.

Vocabulaire

- **norme** règle à laquelle on se conforme.
- **symbole normalisé** représentation d'un appareil électrique par une image.
- **schéma électrique** représentation d'un circuit électrique par un schéma.

Conclusion : Un circuit électrique se représente par un **schéma électrique** contenant les **symboles normalisés** des appareils électriques.

Question test : Pourquoi utilise-t-on des symboles normalisés ?

Je m'entraîne exercices 2, 3, 5, 6, 7, 8 et 10

3 Générateur en court-circuit

Qu'est-ce qu'un court-circuit ?

Des expériences sont réalisées

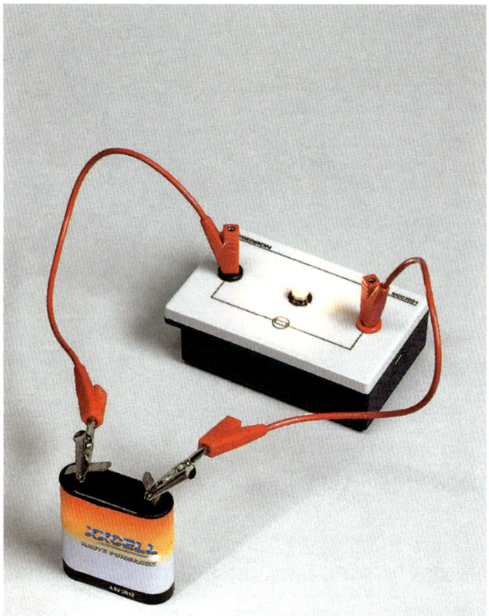

A On constitue un circuit électrique avec une pile, une lampe et des fils de connexion.

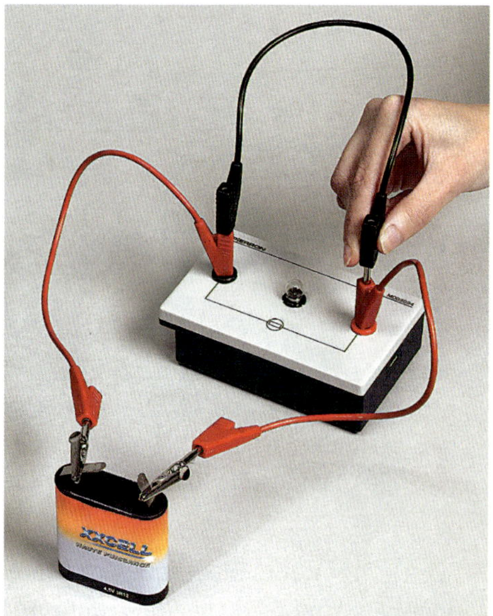

B On relie les bornes de la lampe avec un fil de connexion.

C On a placé de la laine de fer entre les bornes d'une pile.

J'observe et interprète

- Lorsque les bornes de la lampe sont reliées par un fil de connexion, celle-ci s'éteint immédiatement (**B**) : l'électricité ne circule plus dans la lampe. Après quelques instants, la pile devient chaude.
- Lorsque les bornes de la pile sont reliées par la laine de fer, celle-ci s'enflamme : le courant électrique qui circule est intense (**C**).

Je schématise

- On fait le schéma de l'expérience **B**.

On repère la boucle où passe le courant (en rouge).

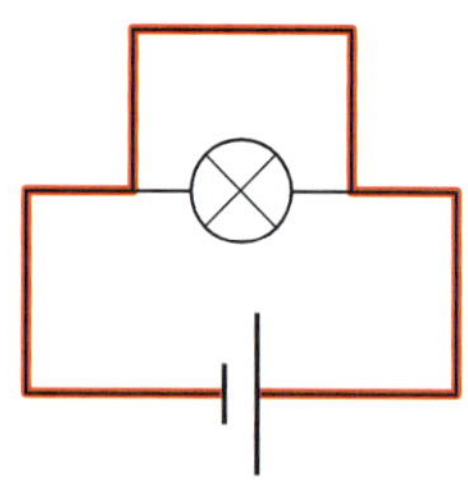

Danger

Un court-circuit du secteur peut provoquer l'incendie d'un bâtiment.

Conclusion : Le court-circuit d'un dipôle se produit lorsque **les bornes de ce dipôle sont reliées par un fil de connexion ou par du métal.**
Le court-circuit d'une pile provoque l'**échauffement** des éléments dans lesquels circule le courant et l'**usure rapide** de la pile.

Question test : Si les parties métalliques des deux pinces crocodile placées sur les bornes d'une pile se touchent, que se passe-t-il ?

Je m'entraîne exercices 9 et 12

J'apprends et je retiens...

... avec des dessins

Le circuit électrique

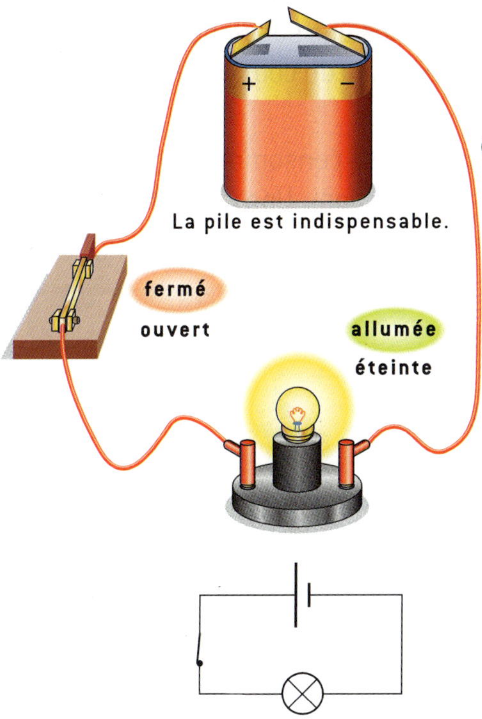

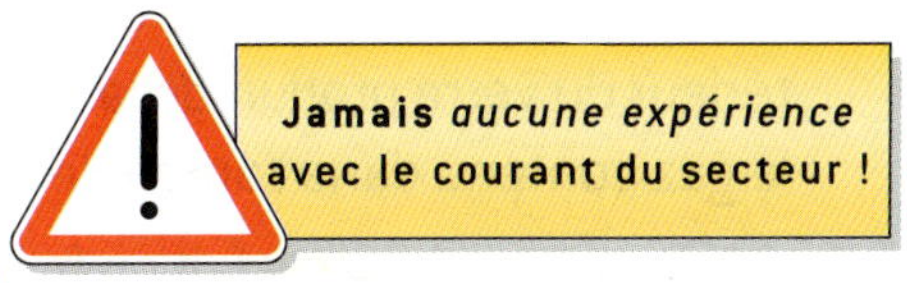

Un court-circuit dans le circuit électrique

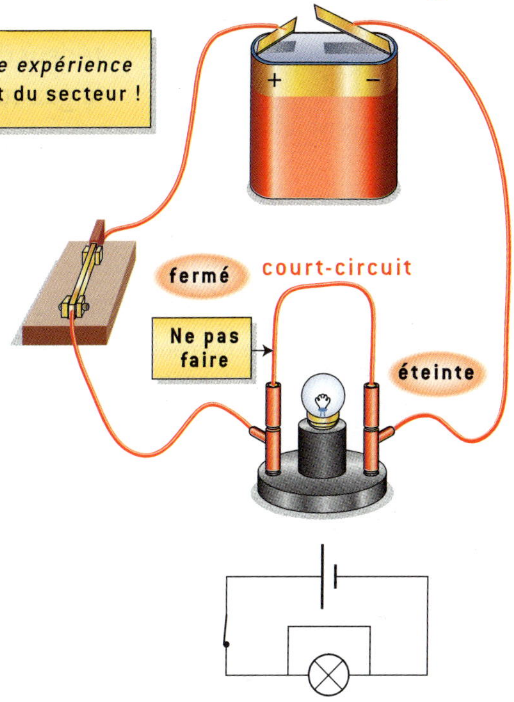

... avec un résumé

- La présence d'un **générateur électrique** dans un circuit est **indispensable** pour qu'un courant électrique circule.
- Pour qu'**un courant circule**, il faut que le circuit soit **fermé**. Il n'y a **aucun courant** si le circuit est **ouvert**.
- Sur un **schéma électrique**, chaque dipôle est représenté par un **symbole normalisé**.
- Si les **bornes** d'un dipôle sont **reliées** par un fil de connexion ou par du métal, ce dipôle est en **court-circuit**.
  En cas de court-circuit :
  – d'une pile, il y a un **échauffement** du circuit et une **usure rapide** de la pile ;
  – du secteur, il y a un **risque d'incendie**.

Je m'évalue

Est-ce que je sais...

- mettre en œuvre le matériel électrique utilisé au collège ?
- nommer le dipôle indispensable dans tout circuit électrique ?
- reconnaître un circuit fermé d'un circuit ouvert ?
- reconnaître et utiliser les symboles normalisés des dipôles de la leçon ?
- ce qui peut provoquer le court-circuit d'une pile ?
- repérer une boucle ?
- que l'on ne doit pas faire d'expérience avec le secteur ?

Ça s'explique par la physique

Quel modèle de lampe choisir ?

Il existe différents modèles de lampes :
- les **lampes à incandescence** dans lesquelles le filament produit de la lumière lorsqu'il est traversé par un courant électrique ;
- les **lampes fluorescentes** dans lesquelles une substance déposée sur l'intérieur du verre produit de la lumière lorsqu'un courant électrique traverse le gaz contenu dans l'ampoule.

Le choix d'une lampe se fait en fonction de sa consommation d'électricité, de sa durée de vie, de son prix, de ses dimensions... Une lampe fluorescente ne doit pas être placée dans un lieu ou elle sera souvent allumée et éteinte.

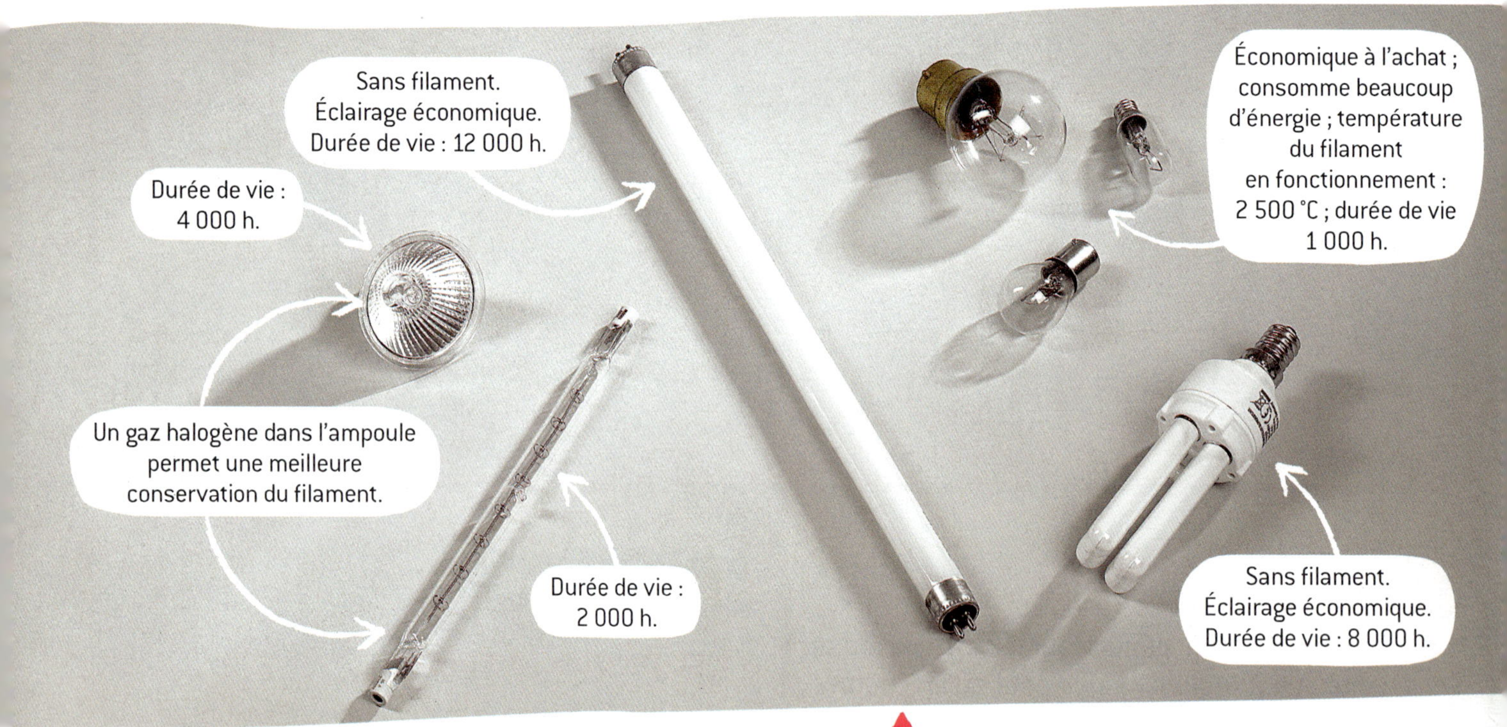

Des modèles de lampes en usage à la maison

Questions

: la réponse est dans le texte

1. Chercher les définitions des mots incandescence et fluorescence.
2. Une lampe halogène contient-elle un filament ?
3. En plus de la lumière, que produit une lampe à incandescence ?
4. Pourquoi une lampe fluorescente économise-t-elle plus l'électricité qu'une lampe à incandescence ?
5. Est-il judicieux d'utiliser une lampe fluorescente pour l'éclairage d'un lieu de passage ?

Le carnet du petit chercheur

Une petite lampe en fonctionnement est-elle très chaude ? Je réalise l'expérience ci-contre pour avoir la réponse.

Exercices

Je vérifie ce que j'ai retenu

1 Choisir le bon mot

a) Une lampe placée dans un circuit est allumée quand le circuit est **fermé / ouvert**.

b) Une pile électrique est un **générateur / moteur.**

c) On **dessine / schématise** un circuit électrique en faisant le **dessin / symbole normalisé** de chaque dipôle.

d) Un **court-circuit / coupe-circuit** peut entraîner **un incendie / une électrocution**.

e) Un **interrupteur / générateur** permet de **fermer / éteindre** un circuit.

2 Allumée ou éteinte ?

Observer la photo et faire une phrase pour expliquer si dans ce circuit la lampe peut être allumée.

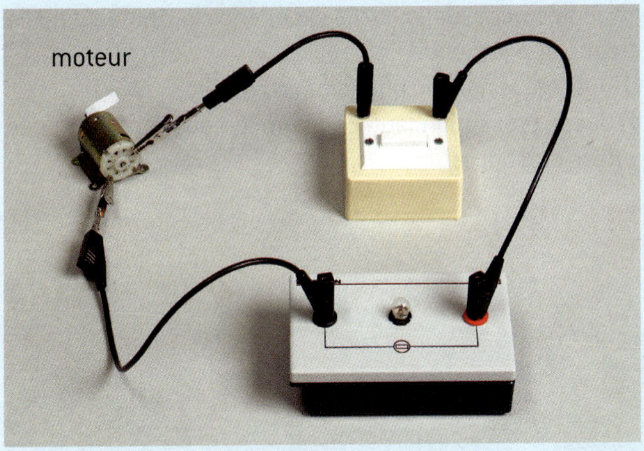

3 Utiliser un schéma

Voici un schéma électrique :

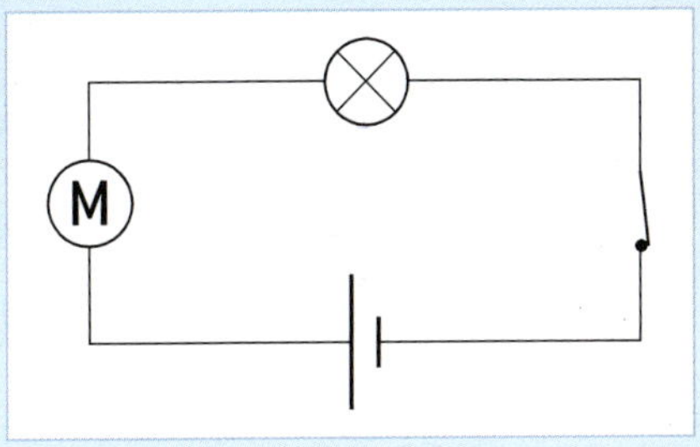

a) Citer les éléments électriques représentés.

b) Dans quelle position se trouve l'interrupteur ?

c) Les éléments du circuit sont-ils en fonctionnement ?

4 Compléter le texte suivant

a) Pour qu'une lampe soit allumée, on doit mettre en contact ses .... avec les .... de la pile.

b) Pour que l'axe d'un moteur électrique placé dans un circuit tourne, il faut que le circuit soit ....

c) Pour éteindre une lampe, il faut .... le circuit en actionnant ....

d) Sur un schéma électrique, chaque dipôle est représenté par son ....

e) Si les bornes d'un générateur sont reliées entre elles par un fil de ...., alors il y a un .... du générateur.

f) L'élément indispensable d'un circuit est le ....

g) Un court-circuit du secteur est dangereux car il peut provoquer un ....

LE TEST

Êtes-vous incollable sur les circuits électriques ?

Pour chaque question, une seule réponse est exacte.

1 Si dans un circuit, la lampe est allumée, l'interrupteur est :
a) ouvert.
b) connecté.
c) fermé.

2 Pour faire des expériences, je ne dois pas utiliser :
a) un générateur.
b) le secteur.
c) une pile.

3 Le courant circule si le circuit est :
a) fermé.
b) ouvert.
c) entier.

4 Un schéma électrique est réalisé avec des :
a) dessins de dipôles.
b) symboles normalisés.
c) schémas d'appareils.

5 Le court-circuit d'un générateur :
a) est indispensable.
b) ne peut pas provoquer un incendie.
c) doit être évité.

Barème :

Réponse bonne = 4 pts
Réponse fausse = –1 pt
Pas de réponse = 0 pt

▶Votre score : ... / 20

• **15 et plus :** Bravo ! Vos neurones forment un bon circuit.
• **Entre 8 et 14 :** Bien moyen. Il faut ouvrir le livre pour établir la connexion.
• **7 et moins :** Vous avez court-circuité la leçon !

Réponses page 224 ▶

J'applique ce que j'ai appris

5 Lister le matériel

Koffi souhaite réaliser un circuit électrique avec les dipôles figurant sur la photographie :

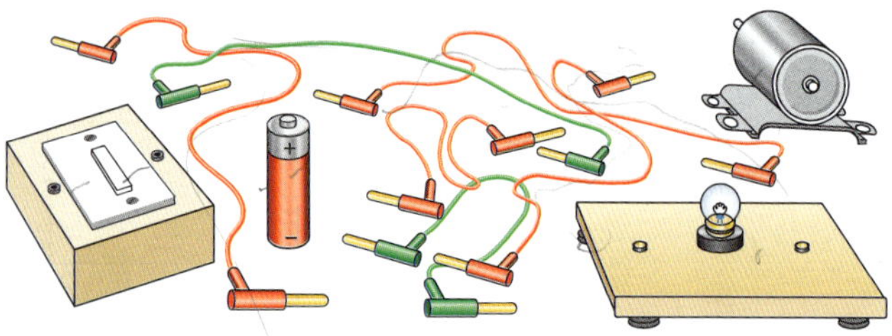

a) Donner le nom de chaque dipôle.
b) Où sont les bornes de la pile ronde ?
c) Quel est le nombre de fils de connexion nécessaires pour réaliser le circuit ?
d) Dessiner le schéma du montage à réaliser dans le cas où le moteur tourne.

6 Comparer des circuits

Sarah et Manon ont schématisé le circuit électrique qu'elles ont réalisé.
Les schémas obtenus correspondent-ils au même montage ? Justifier.

Sarah

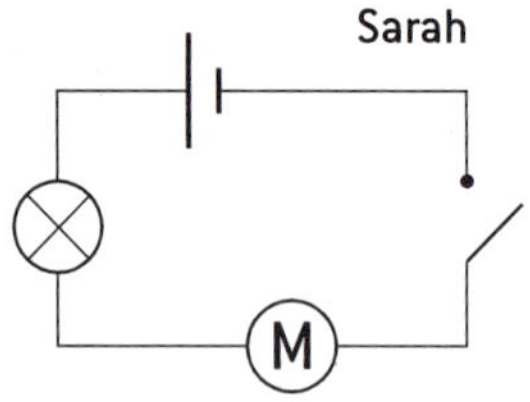

Manon

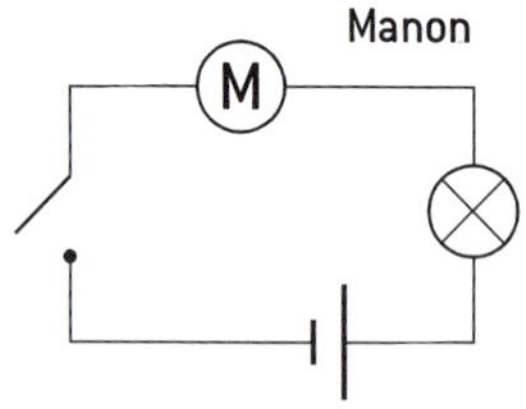

7 Analyser un schéma électrique

Observer le schéma représenté ci-contre.

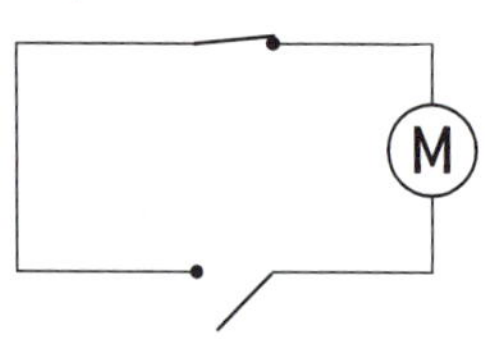

a) Nommer les éléments représentés sur ce schéma.
b) Que faudrait-il faire pour que le moteur tourne ?
Justifier la réponse.

8 Une lampe de poche

Faire le schéma électrique correspondant au circuit électrique de cette lampe de poche.

9 Montage mal fait

Léa et Léo ont fait les deux montages ci-dessous :

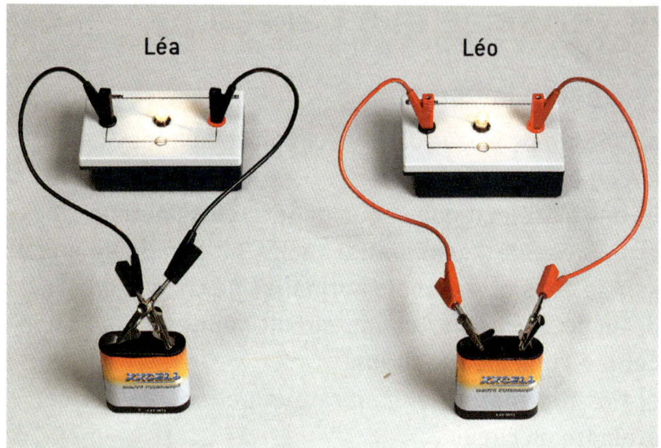

a) Observer les photos et indiquer qui de Léa ou de Léo a le mieux réalisé son montage. Justifier.
b) Après quelques instants et un petit choc contre la table, une des lampes s'est éteinte, sans qu'un fil ou qu'une pince ne se décroche. Dans quelle expérience la lampe s'est-elle éteinte et pourquoi ?
c) Quel est le nom du phénomène produit ?
d) Quelle précaution faut-il prendre lorsque l'on utilise des pinces crocodile ?

10 Dans l'espace

a) À quel usage sont réservés les panneaux solaires de la station spatiale internationale ?
b) Qu'est-ce qui permet à ces panneaux solaires de fonctionner ?
c) À quel dipôle peut-on assimiler ces panneaux solaires ?
d) Proposer un symbole normalisé pour un panneau solaire.

J'utilise ce que je sais

11 À la maison, je teste mon adresse avec un circuit électrique.

Objectif

Construire un circuit électrique permettant de tester son habileté manuelle.

Matériel

• une pile plate • une petite lampe sur une douille • du fil électrique • des dominos • un cintre en métal • une plaque de bois • des pointes • des vis fines • une pince.

Protocole

• Préparer l'anneau : couper 20 cm de fil de fer du cintre et former avec la pince un anneau de 1 cm de diamètre à une extrémité.

• Préparer la « queue-de-cochon » : tordre le reste du cintre en tire-bouchon en gardant une partie rectiligne de 20 cm.

• Visser 2 dominos sur la plaque de bois pour y faire passer la partie rectiligne de la queue-de-cochon.

• Relier l'extrémité rectiligne de la queue à une borne de la pile par un fil électrique souple.

• Relier par un fil l'autre borne de la pile à une borne de la douille. Relier l'autre borne de la douille à la tige de l'anneau (avec un domino).

Le test : faire décrire à la boucle tous les virages sur la queue-de-cochon sans allumer la lampe : sinon c'est perdu !

12 La belle boucle

Erwann fait fonctionner deux lampes en même temps comme le montre la photo a.

a

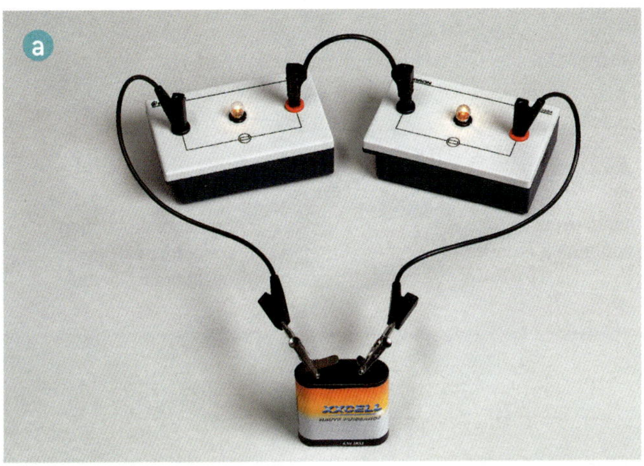

a) Représenter le schéma du montage d'Erwann.

b) Gwenaël apporte une modification au montage, comme le montre la photo b ci-dessous :

b

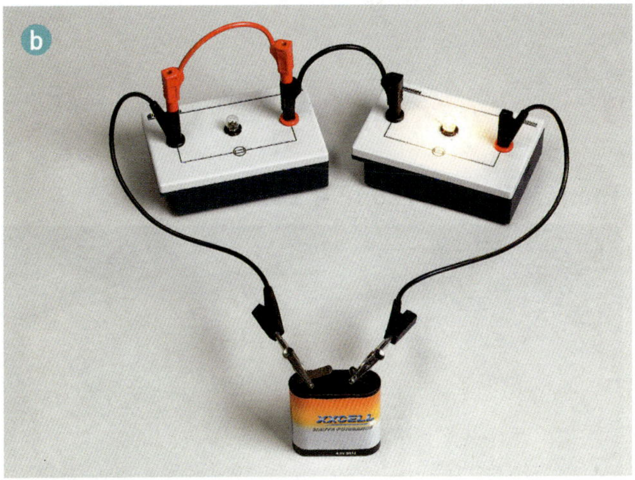

• Expliquer en une phrase ce qu'a fait Gwenaël et représenter le schéma de ce nouveau circuit.

• Repasser en couleur la boucle dans laquelle circule le courant électrique dans le nouveau circuit.

Je protège ma planète

pour un développement durable

13 Acheter plus cher pour économiser

a) Quel est l'avantage d'une lampe basse consommation ?

b) Une lampe basse consommation coûte plus cher à l'achat qu'une lampe à incandescence. Trouver les deux raisons qui expliquent cependant qu'elle revient moins cher qu'une lampe classique.

c) En quoi peut-on dire que ces lampes économisent les ressources naturelles ?

d) En quoi peut-on dire que ces lampes permettent de lutter contre l'élévation de la température sur la Terre ?

Aide : Beaucoup d'électricité est produite en brûlant du pétrole ou du gaz dans des centrales électriques.

La science en construction

Une histoire de l'électricité

Le personnage

Thomas Edison (1847 – 1931)

Ce savant américain met au point en 1879, après d'innombrables essais, la première lampe à incandescence capable de fonctionner sans se détériorer. En 1881, lors de l'Exposition internationale d'électricité de Paris, il présente 1 000 lampes qui éclairent en même temps. Durant toute sa vie, il ne cessera d'inventer de nouveaux produits, cumulant un total de 1 093 brevets.

La curiosité

Thomas Edison réussit en 1879 à produire un éclairage durable en faisant passer du courant à travers un filament de carbone dans une ampoule vide d'air. Sa première lampe à incandescence fonctionne pendant quarante heures. Elle crée l'enthousiasme aux États-Unis.

Les dates importantes

Edison

- **-600** Découverte de l'électricité statique de l'ambre jaune par Thalès
- **1760** Le paratonnerre de Benjamin Franklin
- **1799** La pile de Volta
- **1820** Ampère explique le courant électrique.
- **1879** Lampe à incandescence d'Edison
- **1882** Aristide Bergès, « père de la houille blanche » construit la première centrale hydraulique.
- **1956** Première production d'électricité d'origine nucléaire à Marcoule

-600 · 1700 · 1800 · 1900 · 2000

Un métier : monteur électricien réseau EDF

Ce sont les monteurs électriciens qui ont mis en place les réseaux électriques et assurent l'entretien des lignes qui amènent l'électricité dans nos habitations, nos écoles, nos entreprises...

Un travail varié

- Le monteur électricien réalise, à l'intérieur et à l'extérieur des bâtiments, les travaux d'installations électriques d'éclairage et de chauffage, pour les particuliers comme pour les entreprises.
- Il peut aussi mettre en place des appareils et assurer leur mise en service, effectuer les travaux de dépannage et de maintenance en particulier lorsque le vent, le gel, les inondations détériorent les lignes.
- Il lit et interprète des schémas de montage, prévoit le tracé des circuits et l'installation des tableaux de commande où sont placés tous les disjoncteurs et fusibles. Il doit appliquer strictement les normes électriques et les normes de sécurité.

Est-ce un métier pour moi ?

- J'aime travailler en plein air et je ne crains pas de travailler en hauteur.
- Je suis résistant et je ne crains pas les conditions météo.
- Je suis prêt à travailler la nuit et à assurer les astreintes.
- Je peux m'adapter aux exigences d'un chantier et j'aime travailler en équipe.
- Je sais respecter des normes.
- J'aime la physique et le bricolage.

Dans le même domaine

- Électricien du bâtiment
- Électricien de maintenance
- Électricien d'entretien
- Ingénieur électricien

Les contraintes du métier

- Les déplacements sont indispensables.
- Les horaires sont réguliers, mais peuvent être dépassés.
- Le réseau doit être surveillé de jour comme de nuit et toute la semaine.
- Le travail est varié, en grande hauteur, en espace réduit, dans des locaux occupés...
- Les normes en vigueur et les règles de sécurité doivent être absolument respectées.

Chapitre

2 Le courant électrique

On sait maintenant réaliser un circuit simple, mais l'on ne sait pas pourquoi les bornes d'une pile sont notées (+) et (–), ni si l'on peut utiliser n'importe quel matériau dans un circuit électrique, ni dans quels cas, le courant électrique peut être dangereux.

1 Des lignes électriques pour la distribution de l'électricité (États-Unis)

2 Une batterie de voiture

Visseuse-dévisseuse 3

4 Les lignes électriques et le pantographe d'un TGV entourés de glace

5 L'arc électrique : un danger très présent mais évité grâce à une protection efficace

J'observe et je m'interroge

a. Pourquoi y a-t-il des isolateurs de verre entre les fils électriques et les pylônes ? (doc. 1)

b. Comment sont notées les bornes de la « batterie » de voiture ? À quelle sorte de dipôle correspond une « batterie » de voiture ? (doc. 2)

c. Que doit-on faire avec une visseuse-dévisseuse pour dévisser après avoir vissé ? (doc. 3)

d. Qu'observe-t-on sur les câbles d'alimentation du TGV ? Pourquoi la locomotive est-elle immobilisée ? (doc. 4)

e. Que serait-il arrivé si le technicien de l'EDF n'avait pas été parfaitement protégé ? (doc. 5)

1 Sens du courant électrique

Que se passe-t-il si on inverse les connexions aux bornes d'une pile ?

Je réalise des expériences

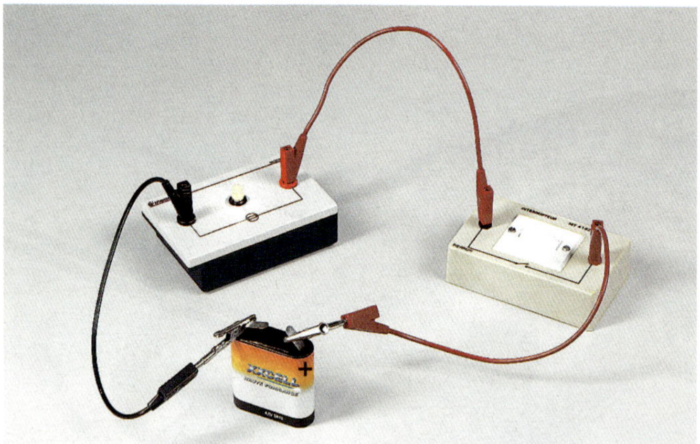

A On alimente une lampe avec une pile.

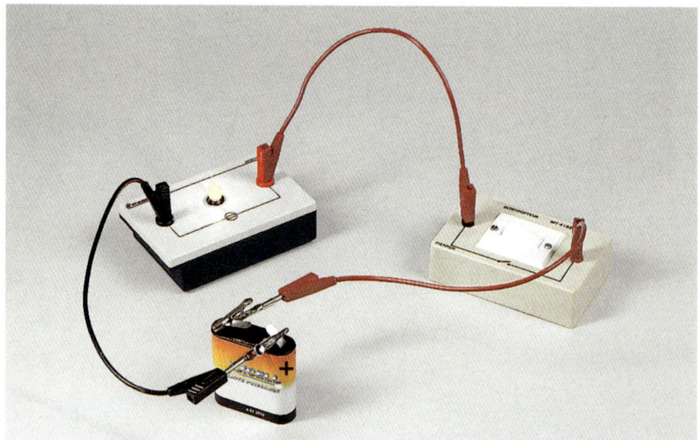

B On inverse les connexions aux bornes de la pile.

C On alimente un moteur avec une pile.

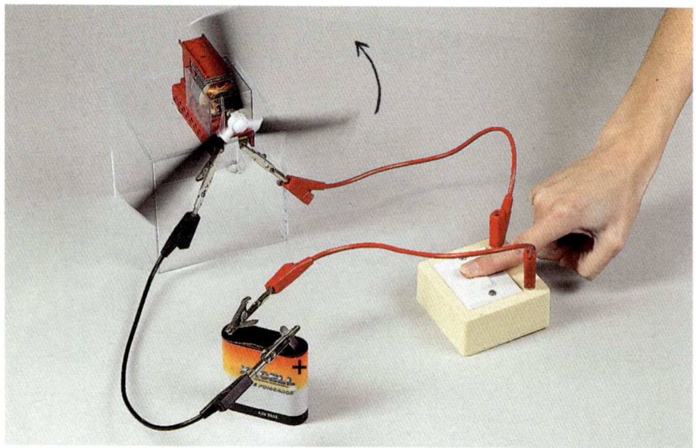

D On inverse les connexions aux bornes de la pile.

J'observe et j'interprète

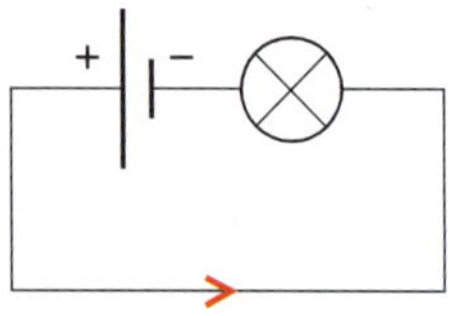

Sens conventionnel du courant.

- Lorsque l'on inverse les connexions aux bornes de la pile, l'éclairage de la lampe ne change pas (**A** et **B**) mais le sens de rotation du moteur s'inverse (**C** et **D**).
- **Le courant électrique a un sens** qui dépend des bornes du générateur. Les physiciens du XIXe siècle ont choisi de représenter le sens du courant électrique dans un circuit, **de la borne (+) à la borne (–) du générateur**.
- Ce choix a résulté d'une **convention** et non de connaissances scientifiques.

Vocabulaire

- **convention** accord passé entre des personnes ou des groupes.
- **conventionnel** qui résulte d'une convention.

Conclusion : Dans un circuit électrique, à l'extérieur du générateur, le courant circule de la borne (+) à la borne (–) du générateur.
C'est le **sens conventionnel** du courant électrique.

Question test : Pourquoi faut-il faire attention à l'orientation d'une pile que l'on met dans un lecteur CD ?

Je m'entraîne exercices 3 et 12

2 Conducteurs et isolants

→ Quels sont les matériaux qui conduisent l'électricité ?

Je réalise des expériences

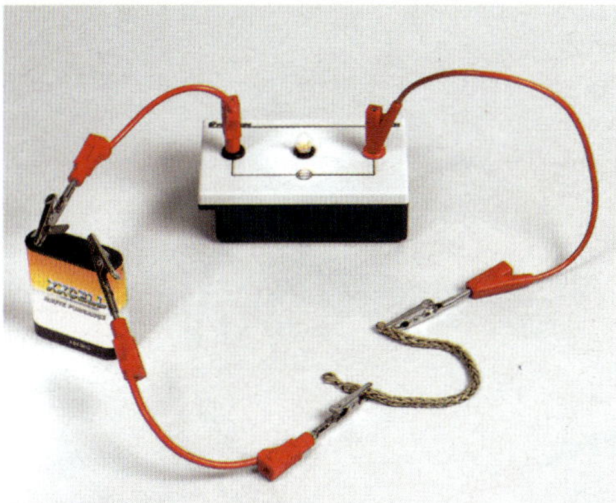

A On place un objet dans le circuit électrique entre deux pinces crocodile.

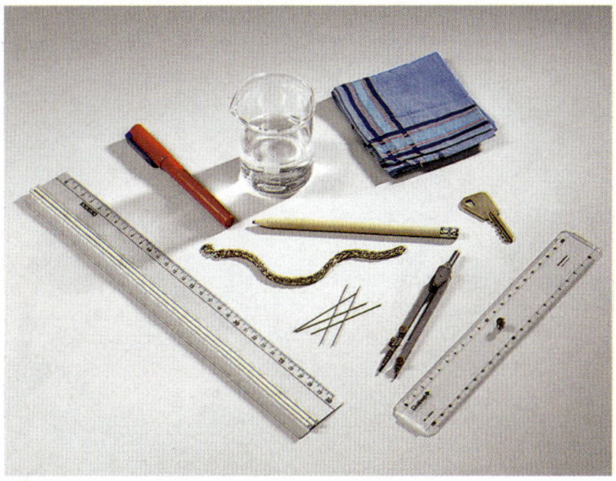

B Les divers objets testés.

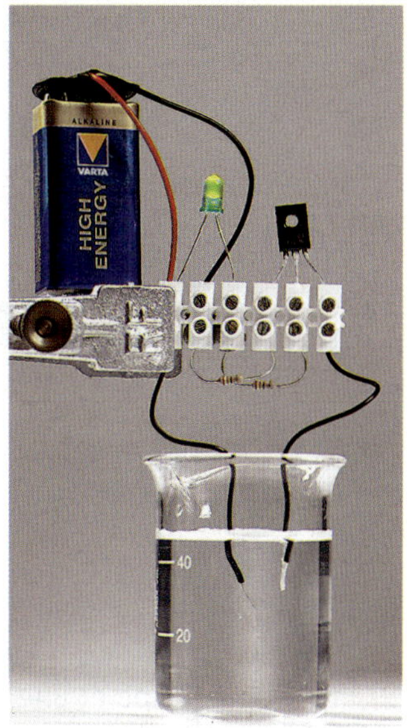

C On utilise ensuite un circuit électronique avec un voyant.

Je dresse un tableau

lampe / voyant			
objets testés	• compas en acier • mine en graphite • clef en laiton • règle en aluminium • bracelet en or	• verre • air • règle en matière plastique • stylo en matière plastique • crayon en bois • mouchoir en tissu	• eau • corps humain

J'interprète

- Si la lampe et le voyant s'allument, alors le matériau est parcouru par le courant électrique : c'est un **conducteur de l'électricité**.
- Si la lampe et le voyant restent éteints, alors le matériau n'est pas parcouru par le courant électrique : c'est **un isolant électrique**.
- Certains matériaux sont faiblement conducteurs car ils ne laissent passer qu'un faible courant électrique, qui allume le voyant mais pas la lampe.

Vocabulaire

- **acier** métal composé de fer et de carbone.
- **laiton** métal de couleur jaune, formé de cuivre et de zinc.

Conclusion : Les métaux sont de très bons conducteurs de l'électricité.
Le verre et les matières plastiques sont des isolants électriques.
L'eau et le corps humain sont **faiblement conducteurs** de l'électricité.

Question test : Un interrupteur est-il un conducteur ou un isolant ?

Je m'entraîne exercices 2, 6, 8, 9, 11 et 15

3 Une diode dans un circuit

Quel est le comportement électrique d'une diode ?

Je découvre un dipôle

■ Diode : dipôle dont le schéma normalisé est : 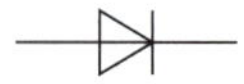

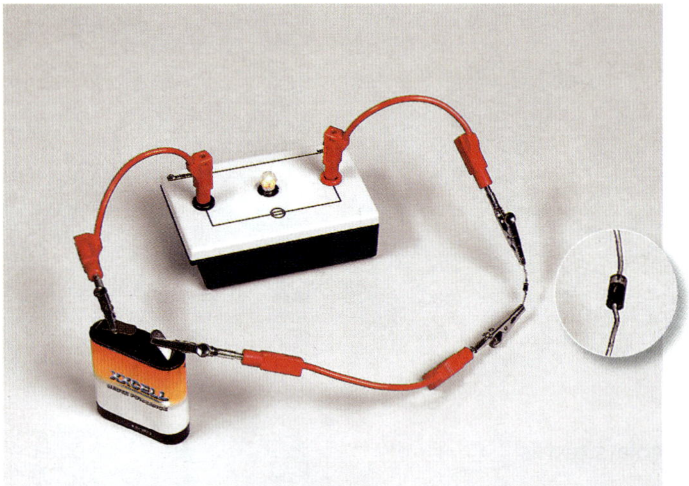

A On réalise un circuit avec une pile, une lampe et une diode.

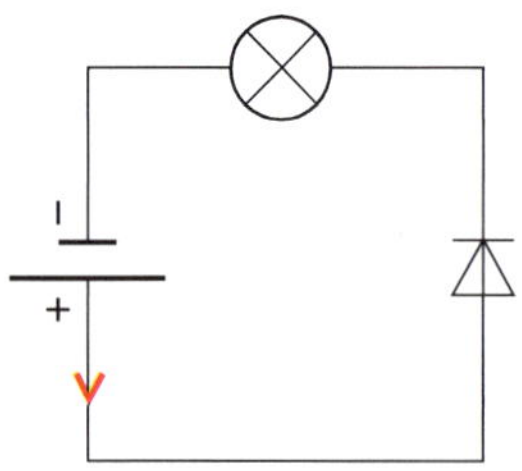

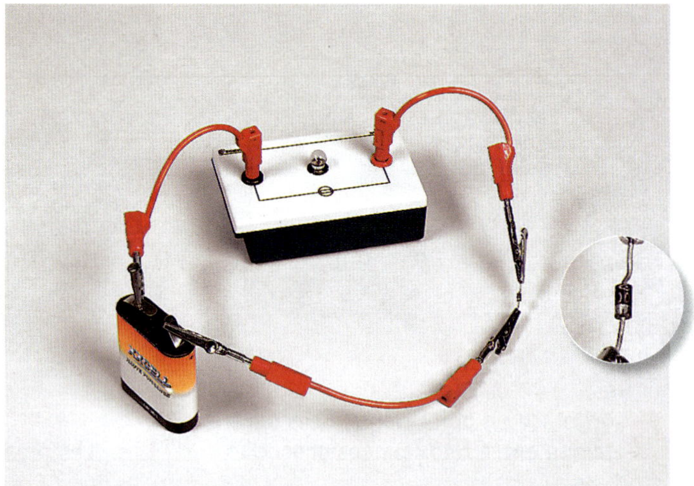

B On inverse les connexions aux bornes de la diode.

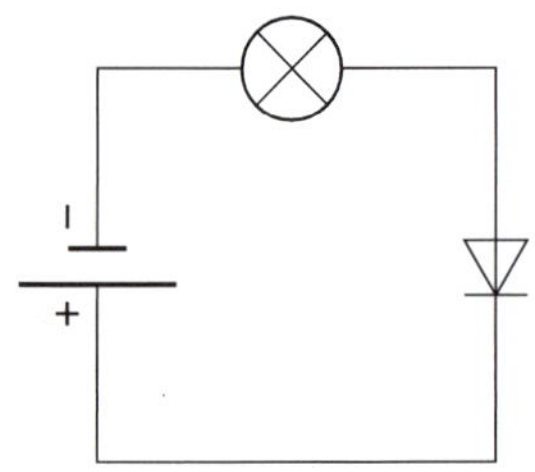

J'observe et j'interprète

■ La lampe est allumée, le courant électrique circule (**A**) : l'anneau représenté sur la diode est placé du côté de la borne (–) de la pile. On dit que la diode est utilisée dans le **sens passant**.

■ La lampe s'éteint, le courant électrique ne circule plus (**B**) : l'anneau de la diode est placé du côté de la borne (+) de la pile. La diode est utilisée dans le **sens bloquant**.

■ Une diode se comporte comme un interrupteur.

Conclusion : Une diode ne laisse circuler le courant que dans un seul sens.
Dans le **sens passant**, une diode se comporte comme un interrupteur fermé.
Le fonctionnement d'une diode illustre le fait que **le courant électrique a un sens**.

Question test : Une diode est placée dans un circuit dans le sens bloquant. Que faire, sans la retourner, pour qu'un courant circule ?

Je m'entraîne exercices 5, 10, 16 et 17

4 Corps humain et électrisation

Les cas les plus fréquents d'électrisation et d'électrocution avec une prise

J'analyse un document

Le corps humain est faiblement conducteur, mais le passage du courant électrique délivré par une **prise** (**courant du secteur**) peut causer des dommages irréversibles :

- **une électrisation**, avec des brûlures ou d'autres lésions ;
- dans le pire des cas, une **électrocution**, c'est-à-dire la mort.

Les symptômes sont :

- **contractions musculaires**, brûlures,
- asphyxie (paralysie respiratoire), perte de connaissance,
- **fibrillation** cardiaque,
- un arrêt du cœur (électrocution).

La gravité des blessures dépend :

- du courant électrique,
- de la zone du corps humain traversée,
- du contact électrique (léger ou franc, sec ou humide),
- de la durée du contact.

Comment une personne peut-elle s'électriser ou s'électrocuter avec une prise électrique ?

La prise électrique

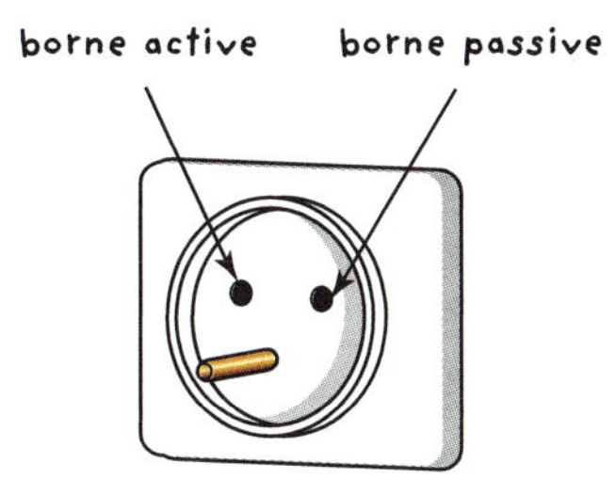

Un appareil électrique est relié à une prise, par deux fils de connexion, l'un à la **borne active**, l'autre à la **borne passive**.

Contact, direct ou par l'intermédiaire d'un conducteur, avec les **deux bornes de la prise**.

Contact, direct ou par l'intermédiaire d'un conducteur, avec la **borne active** et la **Terre**.

Je réponds aux questions

1. Qu'est-ce que l'électrisation ? Qu'est-ce que l'électrocution ?
2. Quelles sont les parties de la prise où s'effectue la connexion aux appareils ?
3. Comment peut-on s'électriser ou s'électrocuter avec une prise électrique ?
4. Pourquoi est-il dangereux de réparer un appareil sans le débrancher de la prise ?
5. Pourquoi ne faut-il pas toucher une personne qui s'électrise ?

Conclusion : Une personne risque une **électrocution**, si elle est en contact :
- soit avec la **borne active et** la **borne passive** d'**une prise électrique**,
- soit seulement avec la **borne active** et avec la Terre.

Le courant délivré par une prise, appelé **courant du secteur**, est dangereux.

Vocabulaire

- **contraction musculaire** réponse d'un muscle à une excitation.
- **fibrillation** série de contractions violentes et désordonnées du cœur.

Question test : Pourquoi ne faut-il pas faire d'expérience avec le courant du secteur ?

Je m'entraîne exercice 7

J'apprends et je retiens...

... avec des dessins

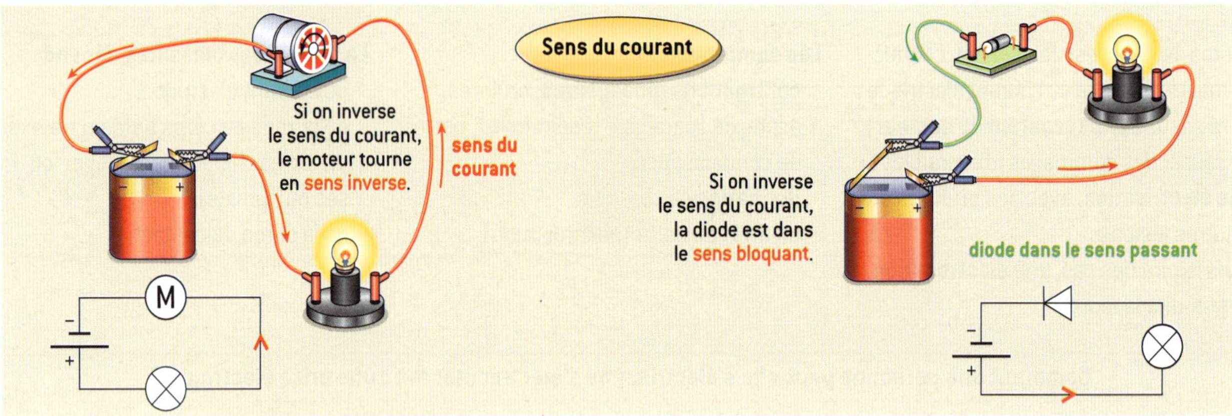

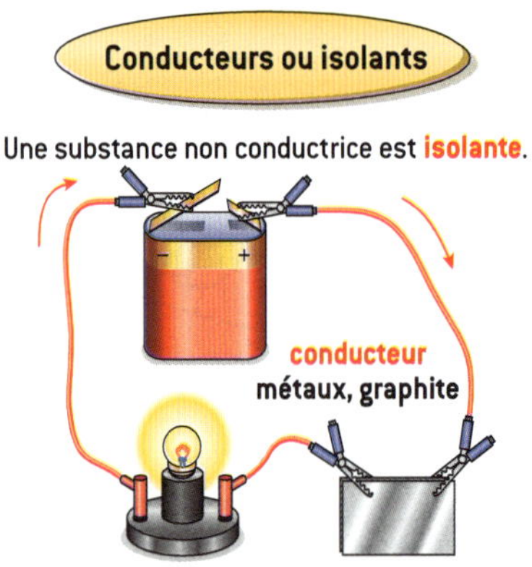

... avec un résumé

- Le courant électrique a **un sens** : **par convention**, on considère qu'à l'extérieur du générateur, le courant circule **de la borne (+) à la borne (–)** du générateur.
- Il existe de **très bons conducteurs électriques** : les métaux, un interrupteur fermé, une diode dans le sens passant...
- Il existe des **isolants électriques** : les matières plastiques, l'air, un interrupteur ouvert, une diode dans le sens bloquant...
- L'eau et le corps humain sont légèrement conducteurs de l'électricité.
- Avec une prise électrique, il y a un risque d'électrocution. Lorsque l'on utilise le courant du secteur, le **danger** existe si une personne est en contact avec **la borne active et la borne passive** ou si elle est en contact avec **la borne active et la Terre**.

Je m'évalue

Est-ce que je sais...

- indiquer le sens du courant électrique sur un schéma ?
- citer des conducteurs et des isolants électriques ?
- représenter le symbole normalisé d'une diode et indiquer le sens passant ?
- comparer le fonctionnement d'une diode à celui d'un interrupteur ?
- distinguer les mots électrisation et électrocution ?
- indiquer quels sont les contacts dangereux quand on utilise une prise ?

Ça s'explique par la physique

Comment fonctionne un fusible ?

Tout fusible contient un fil métallique fin qui fond lorsque le courant qui le traverse devient trop important. Le circuit est ouvert car le fusible joue alors le rôle de coupe-circuit. Le courant ne circule plus et le danger d'incendie à cause d'une surchauffe n'existe plus.

1 Tableau d'abonné comportant des fusibles

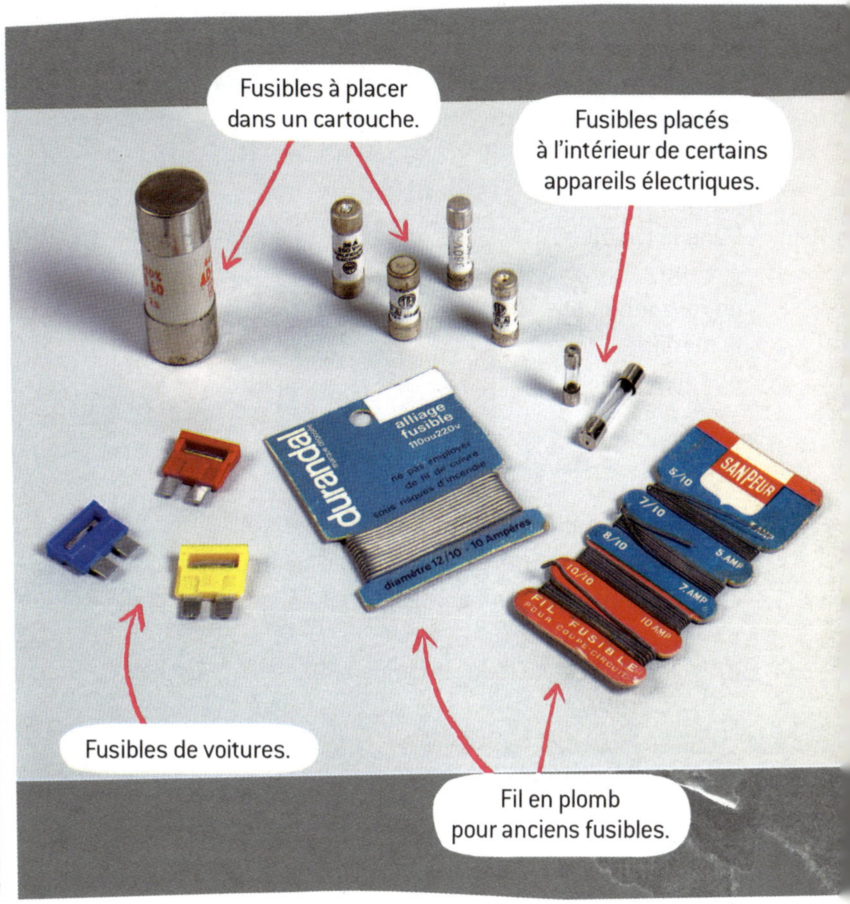

2 Différents fusibles

Questions

📖 : la réponse est dans le texte

1. Quel est le rôle d'un fusible ? 📖
2. Que signifie l'adjectif fusible ?
3. Pourquoi le courant ne circule-t-il plus lorsque le fil du fusible a fondu ? 📖
4. Pourquoi les cartouches qui contiennent des fusibles n'ont-ils pas les mêmes dimensions ?
5. Pourquoi les fusibles ont-ils été appelés « plombs » ?

Le carnet du petit chercheur

Ce fusible que j'ai trouvé est-il usagé ? Je réalise l'expérience ci-contre pour avoir la réponse.

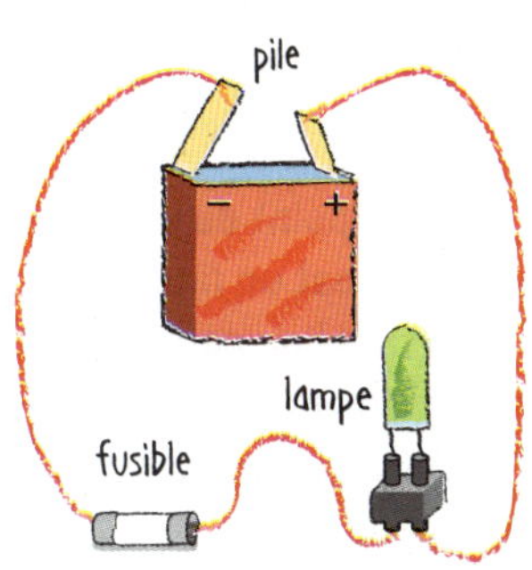

Exercices

Je vérifie ce que j'ai retenu

1 Choisir le bon mot

a) À l'extérieur du générateur, le courant circule de la borne **(–) / (+)** du générateur à la borne **(–) / (+)** du générateur.

b) Une **diode / lampe** ne laisse circuler le courant électrique que dans **un seul / deux** sens : le sens **bloquant / passant**.

c) Le corps humain est **faiblement / très bon** conducteur du courant électrique.

d) Une personne **électrisée / électrocutée** souffre de blessures dues à l'électricité ; une personne **électrisée / électrocutée** est morte.

2 Conducteur ou isolant ?

Dans le circuit ci-contre, on ne connaît pas la matière de l'objet testé entre les deux fiches.

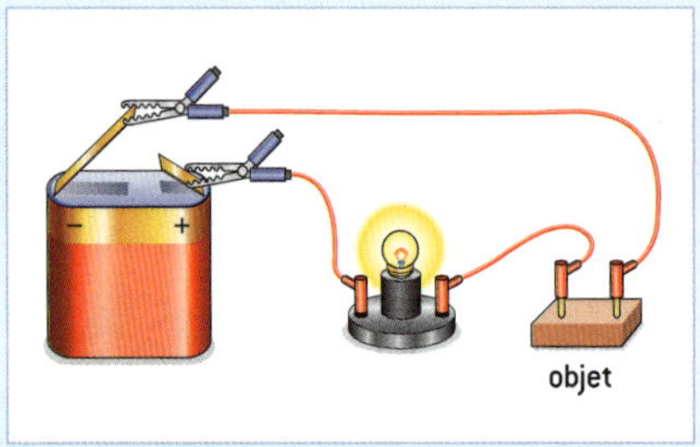

a) À quelle condition la lampe brille-t-elle ?

b) Citer deux matières pour lesquelles la lampe brille.

c) Citer deux matières pour lesquelles la lampe ne brille pas.

d) La matière est de l'eau ; la lampe brille-t-elle ? Justifier.

3 Sens du courant

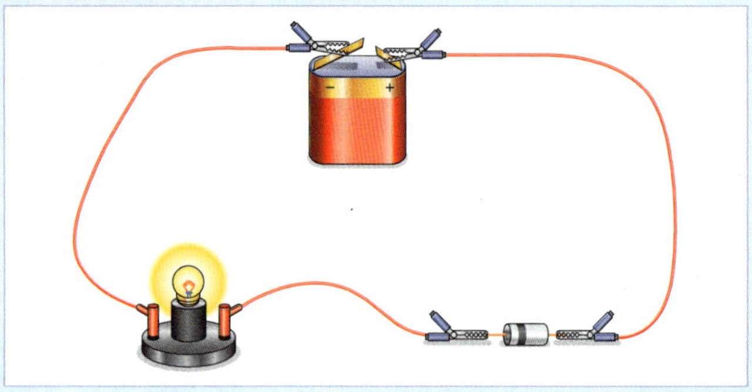

a) Représenter le schéma électrique correspondant au dessin. Indiquer sur le schéma le sens du courant.

b) Que se passe-t-il si l'on inverse le sens de branchement de la pile ? de la lampe ? de la diode ?

4 Compléter le texte suivant

a) Par convention, le courant électrique est représenté circulant à l'extérieur du générateur de sa borne .... à sa borne ....

b) Un matériau qui laisse circuler le courant électrique est un .... ; un matériau qui ne laisse pas circuler le courant électrique est un ....

c) Une diode montée en inverse est équivalente à un interrupteur ....

d) Les bornes d'une prise de courant du secteur sont la borne .... et la borne ....

LE TEST

Êtes-vous incollable sur le courant électrique ?

Pour chaque question, une seule réponse est exacte.

1 À l'extérieur de la pile, le courant électrique circule :
a) du (+) vers le (–).
b) selon les connexions de la lampe.
c) du (–) vers le (+).

2 Du point de vue électrique, l'eau est un liquide :
a) très bon conducteur.
b) isolant.
c) faiblement conducteur.

3 Une diode laisse passer le courant :
a) dans le sens inverse.
b) dans le sens passant.
c) dans le sens bloquant.

4 Le risque de mort en cas de contact électrique existe :
a) toujours.
b) avec une pile.
c) avec le courant du secteur.

5 Les bornes d'une prise sont :
a) le (+) et le (–).
b) la borne active et la borne passive.
c) la borne (–) et la borne (+).

Barème :

Réponse bonne = 4 pts
Réponse fausse = – 1 pt
Pas de réponse = 0 pt

▶ Votre score : ... / 20

- **15 et plus :** Bravo ! Votre cerveau a été une borne active !
- **Entre 8 et 14 :** Bien moyen. Vos neurones n'ont été que légèrement conducteurs !
- **7 et moins :** La leçon n'a pas trouvé le bon sens pour rejoindre votre mémoire !

Réponses page 224 ▶

J'applique ce que j'ai appris

5 Que pourrait dire chaque dipôle ?

Attribuer une phrase à chaque dipôle du dessin.

« De toute façon, en circuit fermé, je vais fonctionner. »
« Si c'est comme ça, je ne laisserai pas passer le courant. »
« Oh, vous savez, on est là juste pour faire passer le courant. »
« Silence, c'est moi qui impose le sens ! »
« Dire que mon sens de rotation dépend d'un autre ! »

6 Le circuit de la lampe

Voici le dessin légendé d'une lampe :

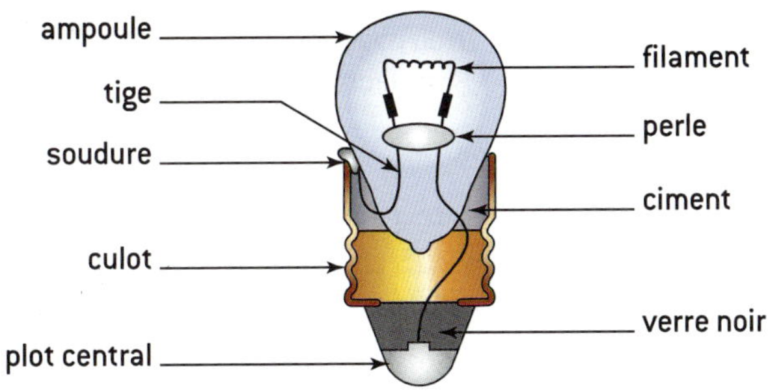

a) Quelles sont les deux bornes de la lampe ?
b) Quel est l'élément du circuit de la lampe qui émet la lumière ?
c) Dessiner la lampe et repasser en rouge le chemin suivi par le courant électrique d'une borne de la lampe à l'autre.
d) Parmi les noms placés en légende, indiquer ceux qui correspondent à des conducteurs électriques, puis ceux qui correspondent à des isolants électriques.

7 Luc, tu exagères !

Luc dit à sa sœur : « Attention, le plastique de la rallonge de l'aspirateur est abîmé : hier, je me suis électrocuté en aspirant la poussière dans la voiture de maman. »
a) Qu'est-il arrivé à Luc lorsqu'il utilisait l'aspirateur ? S'est-il réellement électrocuté ?
b) Pourquoi une rallonge électrique dont le plastique est usé est-elle dangereuse ?

8 Arthur le « bricolo »

Arthur a toujours beaucoup d'objets dans ses poches. Ce jour-là, il a une pile plate, une clef, un tournevis, un crayon à papier, une gomme, une cordelette, 1 euro et un stylo feutre dans la même poche ! Voulant dépanner la lampe de poche de son père, il constate que sa pile ne fonctionne plus.
a) Expliquer ce qui a pu se passer.
b) Quels objets de sa poche peuvent être responsables de la situation ? Pourquoi ?
c) Dessiner une pile ronde et repasser en couleur les bornes de cette pile.
d) Aurait-il pu se passer la même chose avec une pile ronde dans la poche d'Arthur ? Justifier votre réponse.

9 Observer l'appareillage électrique

Observer la photo ci dessous :

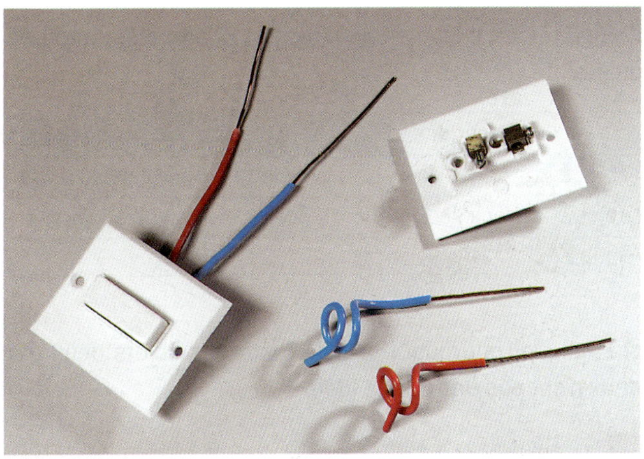

a) Quel est le point commun entre les fils de connexion et le mécanisme des interrupteurs ? Justifier la réponse.
b) Quel est le point commun entre la matière qui protège les fils de connexion et l'extérieur des interrupteurs ? Justifier la réponse.

10 Compléter des schémas

Reproduire chaque schéma. Ajouter une diode pour que la lampe soit à chaque fois allumée.

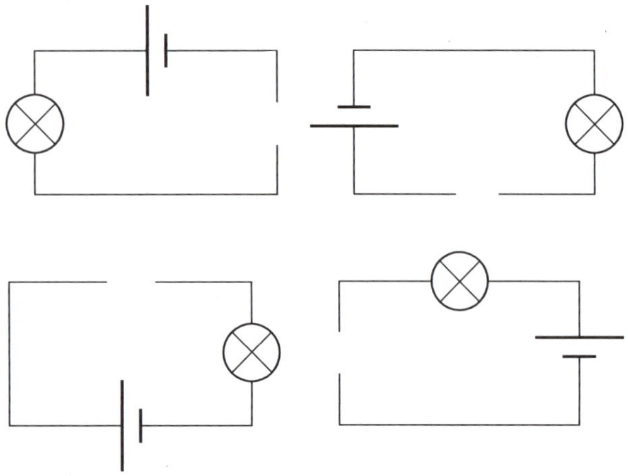

11 Donner une conclusion

a) Ugo doit tester divers objets pour savoir s'ils sont conducteurs ou isolants : une pièce de 1 euro et une de 20 centimes, de la ficelle, un bout de laine, une aiguille à coudre et une allumette.
Quels sont les objets qui peuvent permettre la circulation du courant ? Justifier la réponse.
b) Voulant aller vite, Ugo décide de tester les objets deux par deux en les plaçant ensemble entre les bornes A et B. Il réalise l'expérience représentée ci-dessous :

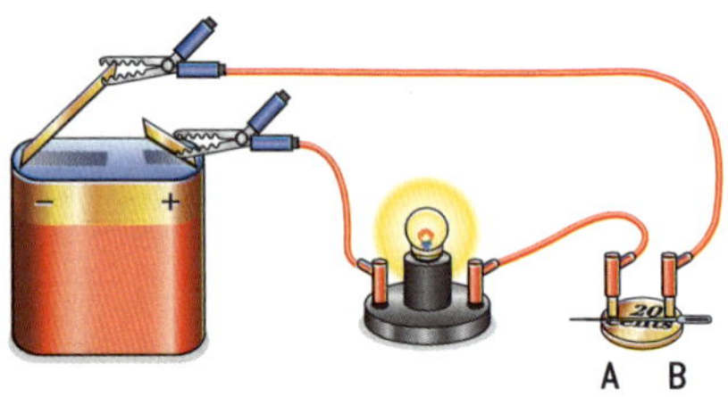

Compléter le tableau en précisant si la lampe est allumée ou éteinte.

	expérience 1	expérience 2	expérience 3
objet 1	fil de laine	allumette	pièce de 20 cents
objet 2	pièce de 1 euro	ficelle	aiguille à coudre
lampe			

c) Expliquer pourquoi l'idée de tester les objets deux par deux n'est pas une bonne idée.

12 Je visse et je dévisse

Sophie a imaginé le schéma simplifié du moteur d'un tournevis électrique. L'interrupteur a deux positions possibles (1) et (2).
a) Représenter le schéma lorsque l'interrupteur est basculé en (1) et indiquer le sens du courant dans le circuit.
b) Représenter le schéma lorsque l'interrupteur est basculé en (2) et indiquer le sens du courant dans le circuit.
c) Que se produit-il lorsque Sophie passe de la position (1) à la position (2) ? Quel est l'intérêt de ce montage ?

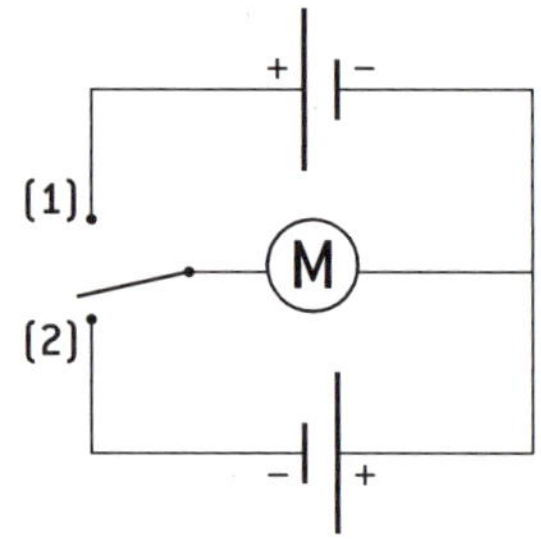

J'utilise ce que je sais

13 À la maison, je teste différents papiers.

Objectif

Tester différents papiers.

Matériel

- une pile plate,
- des fils électriques,
- une lampe,
- du papier Canson de différentes couleurs.

Protocole

- Préparer des bandes de papier Canson de différentes couleurs (environ 2 cm x 15 cm) pour trouver les papiers qui sont conducteurs de l'électricité.
- Préparer un circuit comportant la pile et la lampe et deux fils électriques non reliés de façon à pouvoir tester les bandes de papier.
- Placer chaque bande de papier dans le circuit et observer la lampe.
- Lorsque la lampe s'allume, observer l'éclat :
  – en superposant plusieurs bandes de papier identiques.
  – en utilisant des bandes du même papier de différentes longueurs.

14 Prix Nobel

Utiliser Internet pour trouver à qui furent attribués les prix Nobel de physique en 1913, 1972 et en 1987.
Indiquer pour quels travaux furent décernées les récompenses.
Quel est le point commun de ces travaux ?
Quel est le rapport avec le chapitre ?

15 Le compas de Chloé

Chloé veut tester les conducteurs et les isolants. Elle réalise le montage ci-dessous. Elle commence par tester son compas : elle place les branches sur les bornes de la lampe. Elle constate qu'aussitôt la lampe s'éteint.

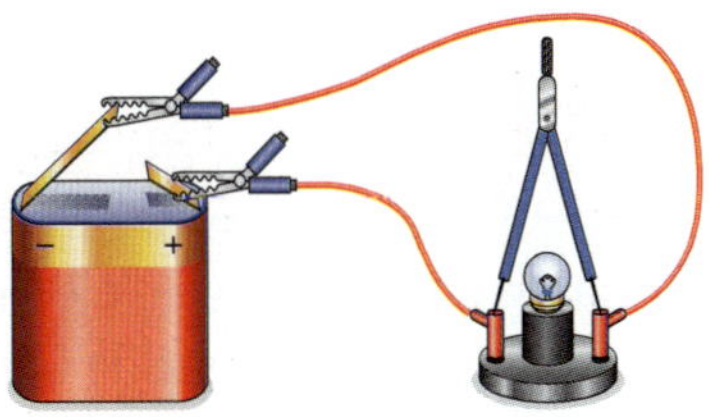

Chloé ne comprend pas ce qui se passe. Éric dit : « C'est parce que le compas est en matière isolante. ».
Anaïs répond : « C'est parce que le compas est en matière conductrice. ».

a) Quelle est l'erreur commise par Chloé dans ce montage ?
b) Que produit son compas entre les bornes de la lampe ? Où aurait-elle dû le placer ?
c) Qui d'Éric ou Anaïs a raison ? Pourquoi ?

16 Comme un jeu de pistes !

Il existe un circuit électrique appelé un pont de diodes. On a représenté le schéma du circuit comprenant une lampe et ce pont de diodes.

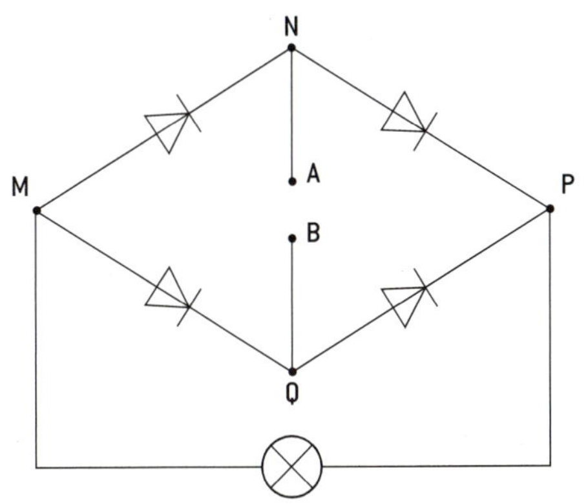

a) Reproduire ce schéma. Entre A et B, placer un générateur, la borne positive en A. Passer en rouge le chemin unique que le courant électrique suit pour circuler de la borne (+) du générateur à sa borne (–). Marquer d'une flèche le sens du courant dans la lampe.
b) Reproduire à nouveau le schéma. Entre A et B, placer un générateur, la borne positive en B. Passer en rouge le chemin unique que le courant électrique suit pour circuler de la borne (+) du générateur à sa borne (–). Marquer d'une flèche le sens du courant dans la lampe.
c) Compléter les phrases : « Un pont de diodes comporte .... diodes judicieusement placées. Quel que soit le .... de branchement du ... , le courant électrique traverse la ..... dans le .... sens. »

Aide : Le courant électrique ne peut pas prendre de « sens interdit ». Il n'existe pas pour le courant électrique de « tour gratuit » .

17 Protéger un circuit électronique

On dispose d'un circuit électronique qui fonctionne avec une pile ronde . Ce circuit électronique fragile serait détérioré si le courant électrique entrait par la borne A et si le courant électrique était trop intense.

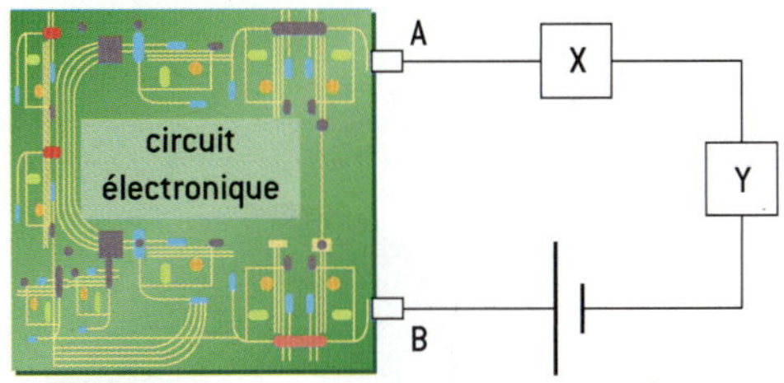

Pour protéger ce circuit, l'utilisateur installe un composant X qui empêche l'entrée du courant par la borne A et un élément Y qui permet de vérifier que le courant circule.

a) Donner le nom du composant X à utiliser.
b) Donner le nom du composant Y à utiliser.
c) Reproduire le schéma et remplacer les composants X et Y par leurs symboles normalisés.

Je protège ma planète
pour un développement durable

18 Les voyants des appareils électriques

1) Un appareil électrique en veille est-il parcouru par un courant électrique ?
2) Pourquoi laisse-t-on un appareil en veille ?
3) Une famille va-t-elle faire beaucoup d'économies en ne laissant pas un téléviseur en veille une journée ?
4) Pourquoi demander à chacun d'éteindre son téléviseur au lieu de le laisser en veille est-il important au niveau d'un pays ?

Aide : On considère que laisser régulièrement un téléviseur en veille provoque une dépense électrique de plusieurs dizaines d'euros en une année.

La science en construction

Les générateurs électriques

Le personnage

Michael Faraday (1791-1867)

C'est un physicien et un chimiste anglais.
Tout d'abord apprenti d'un relieur à Londres, il lit des livres sur des sujets scientifiques et fait des expérimentations avec l'électricité.
C'est dans le domaine de la chimie que Faraday a fait ses toutes premières recherches.
En 1831, il découvre comment transformer l'énergie mécanique en énergie électrique.
C'est la base du développement des générateurs de courant électrique.

La curiosité

En 1881, à Paris, l'exposition internationale d'électricité permet au monde de découvrir le téléphone de Graham Bell, la lampe d'Edison ou encore le tramway de Siemens (ci-dessous).

Les dates importantes

Faraday

1700 — 1750 — 1800 — 1850 — 1900 — 1950 — 2000

1800
Alessandro Volta découvre la pile électrique.

1839
William Grove découvre le principe de la pile à combustible.

1860
Gaston Planté invente l'accumulateur au plomb, encore utilisé dans les « batteries » de voitures.

1866
Georges Leclanché invente la pile portant son nom.

1871
Le Belge Zénobe Gramme construit une machine capable de fournir un courant électrique continu important.

1954
Apparition des photopiles utilisant les semi-conducteurs.

1992
Les batteries NiMH (nickel-métal hydrure) arrivent sur le marché.

Un métier : technicien en télécommunication

Les installateurs en télécommunications ou installateurs de réseaux câblés de communications doivent faire communiquer entre eux les différentes parties d'un réseau de communication, réaliser les branchements et la mise en service de téléphones, répondeurs, fax, réseau d'ordinateurs, systèmes de sécurité…

Le travail

- Il consiste à étudier le plan et le schéma de l'installation, à mettre en place les câbles, à effectuer le branchement et la mise en service des appareils.
- Ce technicien peut aussi assurer la pose d'alarmes ou de caméras de surveillance. Il assure également la télémaintenance, prévient et détecte les pannes depuis son écran d'ordinateur.

Le lieu de travail

- À l'intérieur, en laboratoire, pour contrôler et modifier les cartes réseaux ; pour assurer la télémaintenance.
- À l'extérieur, comme installateur dans les entreprises, dans les locaux des personnes qui exercent des professions libérales ou chez des particuliers.

Est-ce un métier pour moi ?

- Je m'intéresse aux circuits électriques et à l'informatique.
- J'aime bricoler.
- Je suis méthodique.
- Je suis habile de mes mains.
- Je suis capable de soutenir mon attention.
- J'aime travailler en équipe et j'aime le changement.
- Je sais établir de bons contacts avec les autres.

Dans le même domaine

- Électricien dans le bâtiment
- Électronicien dans l'automobile
- Monteur câbleur électricien
- Éclairagiste (salles de spectacles)

Les contraintes du métier

- Des gardes de nuit et de fins de semaine sont nécessaires pour dépanner rapidement les clients.
- La formation continue est impérative car les systèmes évoluent vite.
- La pratique de l'anglais est nécessaire pour lire les documents.
- Les déplacements sont fréquents.

Chapitre 3

Un circuit électrique en boucle simple

Les circuits électriques utilisés couramment sont constitués de divers composants. Comment les connecter simplement ? L'emplacement d'un composant ou le nombre de composants a-t-il une influence sur le fonctionnement du circuit électrique ?

1 Un sapin de Noël illuminé à Megève (Haute-Savoie)

2 **Des diodes électroluminescentes (DEL)**

3 **La lumière de ces feux de signalisation est produite par des diodes électroluminescentes.**

4 **L' éclairage par des DEL blanches consomme peu d'électricité.**

J'observe et je m'interroge

a. Dans certaines guirlandes de Noël, lorsqu'une lampe s'éteint, tout s'éteint. Comment est constitué ce circuit électrique ? **(doc. 1)**
b. Comment se présentent les diodes électroluminescentes ? **(doc. 2)**
c. Quelle différence existe-t-il entre une diode et une diode électroluminescente ? **(doc. 3 et 4)**
d. Quel est l'intérêt d'utiliser cette sorte de lampe en spéléologie ou en feux de signalisation ? **(doc. 3 et 4)**

1 Montage en boucle simple

Comment associer simplement plusieurs dipôles ?

Je réalise des expériences

Compétence expérimentale
Réaliser des circuits en série à partir de schémas
▶ voir p. 219

• Diode électroluminescente (DEL)

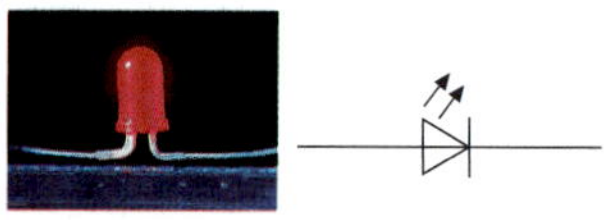

• Résistance

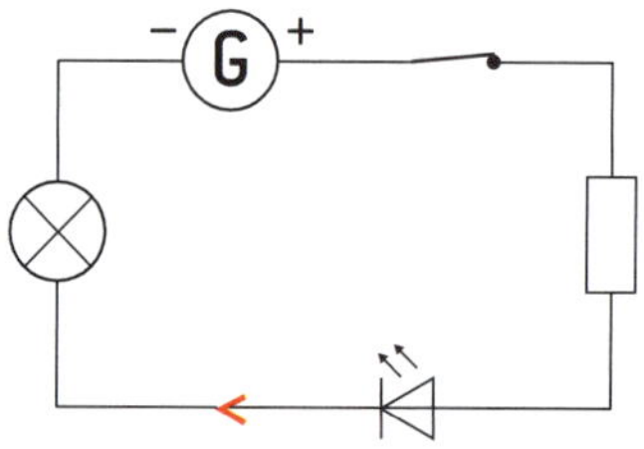

On réalise le montage correspondant au schéma. **A**

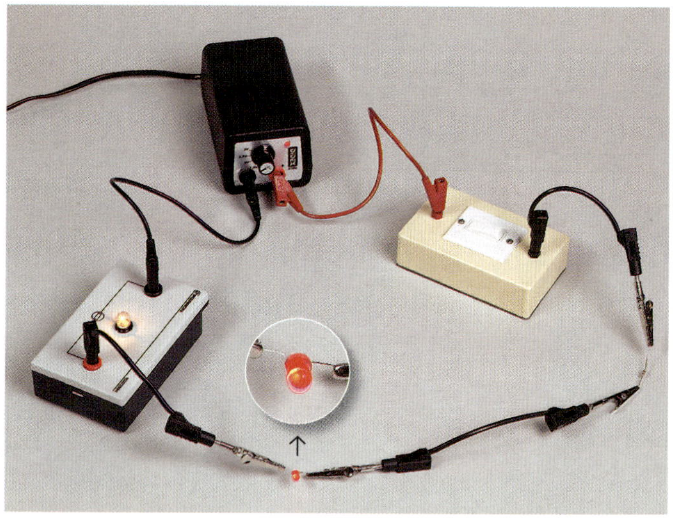

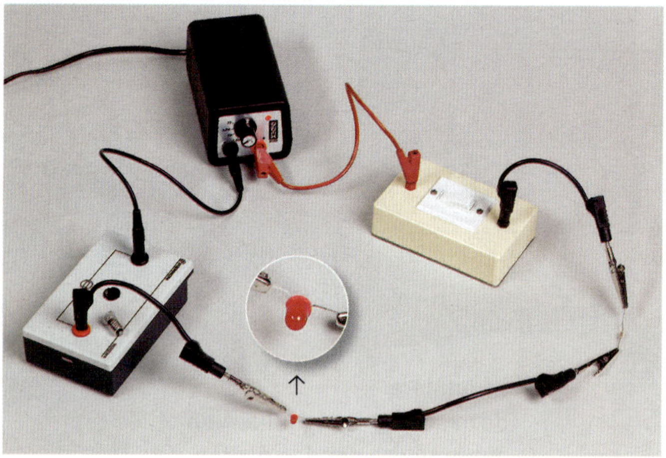

B On dévisse la lampe.

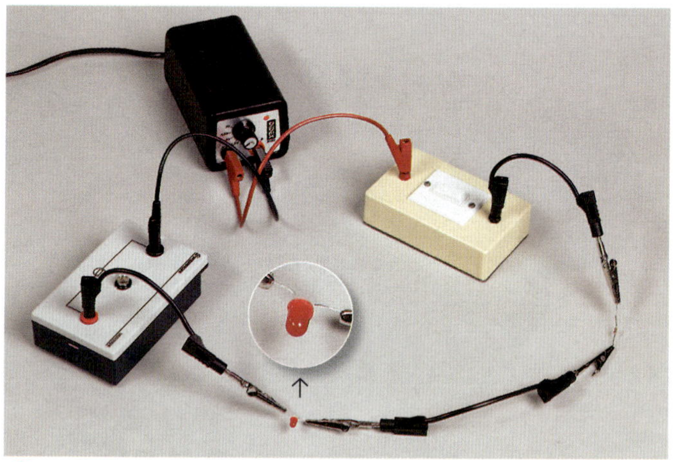

C On inverse les connexions aux bornes du générateur.

Je réponds aux questions

1. Combien y a-t-il de dipôles dans ce montage (**A**) ? Expliquer par une phrase simple comment sont placés les dipôles les uns par rapport aux autres.
2. Lorsqu'on ferme le circuit (**A**) la lampe s'allume-t-elle ? la DEL s'allume-t-elle ?
3. Que peut-on dire du circuit lorsque la lampe est dévissée (**B**) ?
4. Que se passe-t-il lorsqu'on inverse le branchement aux bornes du générateur (**C**) ?

Conclusion : Des dipôles associés **en série** ne forment qu'**une seule boucle** ; si l'on dévisse une lampe, le circuit est ouvert.
Une **DEL dans le sens passant s'allume** si le circuit est fermé. Si une DEL est placée dans le sens bloquant, elle est éteinte et le courant ne circule plus.

Question test : Les lampes de la maison sont-elles montées en série ?

Je m'entraîne exercices 3, 6 et 13

2 Influence de l'ordre des dipôles

Dans un circuit électrique, l'ordre des dipôles est-il important ?

Je réalise des expériences

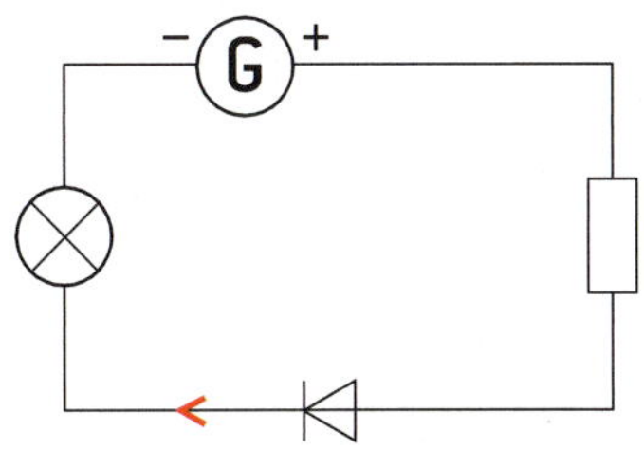

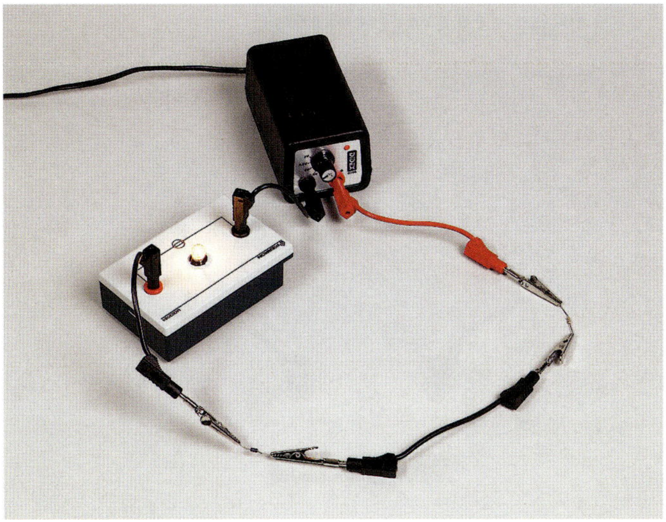

A On réalise le montage correspondant au schéma.

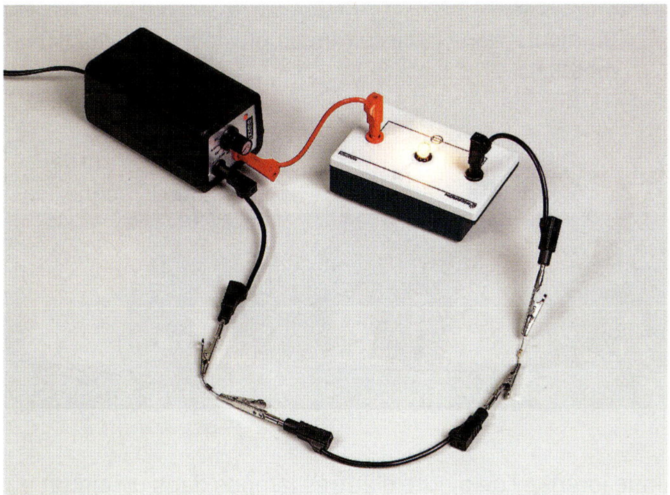

B On change la place de la lampe dans le circuit.

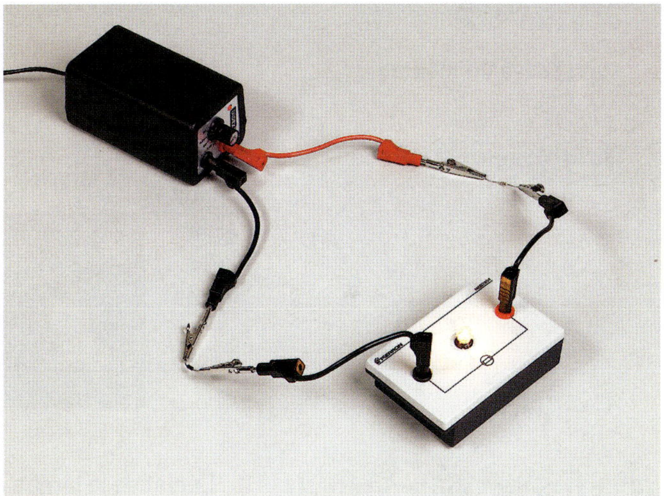

C On change encore la place de la lampe dans le circuit.

J'observe et j'interprète

- Quelle que soit la place de la lampe dans le circuit, son éclat est le même.
- Le montage **B** ou le montage **C** sont représentés par le même schéma électrique que le montage **A**.

Conclusion : Des dipôles **montés en série** constituent une **boucle simple**.
Dans un **circuit en série, l'ordre des dipôles** est sans importance.
Dans le **schéma électrique** d'un circuit en série, **l'ordre des symboles** normalisés est sans importance.

Question test : Avec une diode, on utilise une « résistance de protection ». Doit-elle être placée « avant » ou « après » la diode ?

Je m'entraîne exercices 5, 7, 12 et 13

3 Influence du nombre des dipôles

Dans un montage en série, le nombre des dipôles est-il important ?

Je réalise des expériences

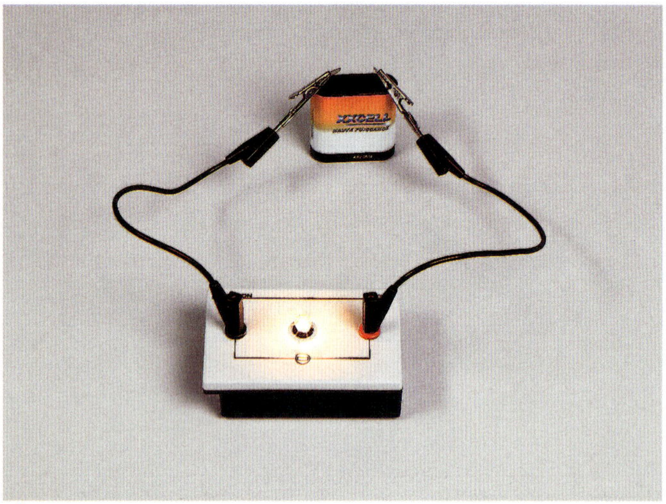

A On réalise un montage.

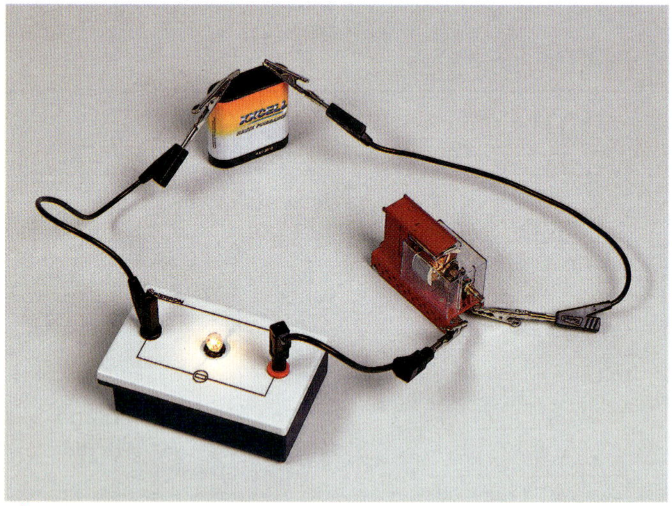

B On ajoute dans le circuit un ou plusieurs dipôles (ici un moteur).

Je dresse un tableau

dipôle ajouté	1 lampe	2 lampes	interrupteur fermé	résistance	moteur électrique	fil de connexion
éclat de la lampe						

J'observe et j'interprète

- L'éclat de la lampe diminue lorsque l'on ajoute d'autres lampes dans un circuit en boucle simple.
- L'éclat de la lampe ne change pas lorsque l'on ajoute dans le circuit en série des fils électriques ou des interrupteurs fermés.
- L'éclat de la lampe diminue lorsque l'on ajoute une résistance électrique ou un moteur électrique dans le circuit en série.

Conclusion : Dans un **circuit en série** c'est-à-dire en **boucle simple** :
– **l'éclat d'une lampe diminue** lorsque l'on augmente le **nombre de lampes** ou lorsque l'on ajoute une **résistance électrique** ou un **moteur** ;
– **l'éclat d'une lampe n'est pas modifié** par l'ajout de fils de connexion ou d'interrupteurs fermés.

Question test : Peut-on utiliser une perceuse électrique avec une rallonge électrique sans modifier son fonctionnement ?

Je m'entraîne exercices 2, 8, 9, 11 et 12

J'apprends et je retiens...

... avec des dessins

Circuit en boucle simple ou circuit en série

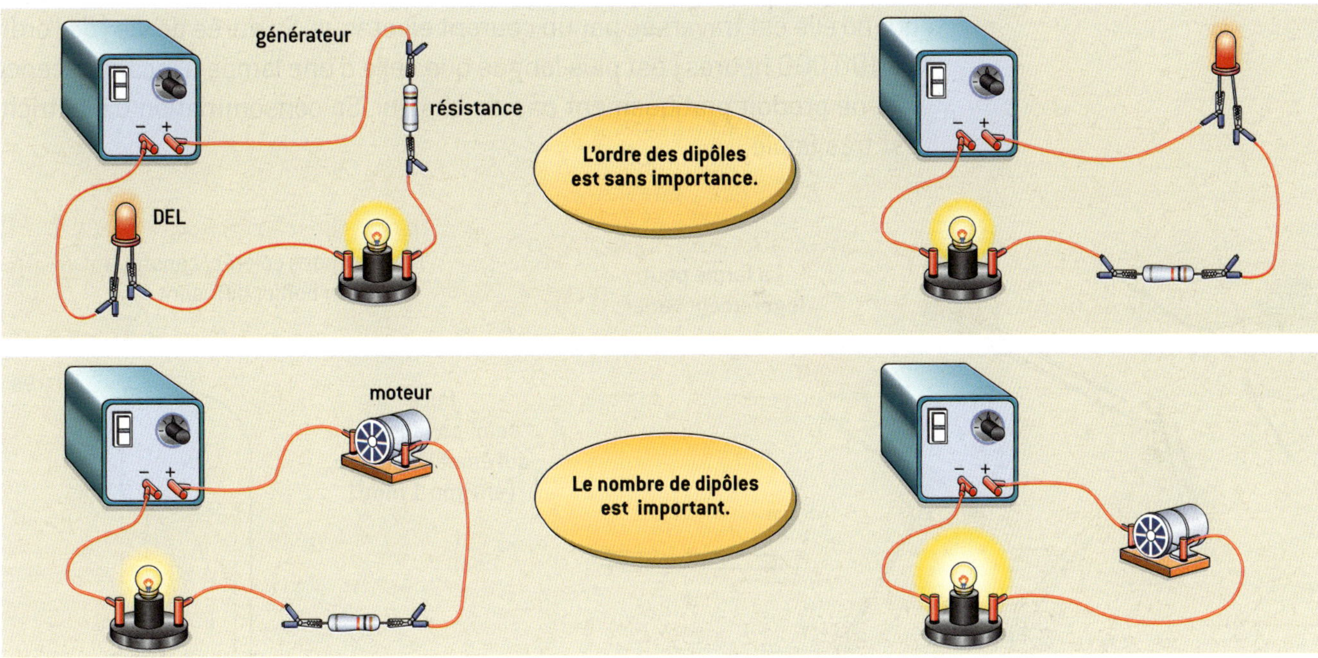

... avec un résumé

- Dans une association **en série**, les dipôles forment **une seule boucle**.
- Dans un circuit électrique en série, **si on dévisse une lampe, le circuit est ouvert**.
- Dans un **montage en série, l'ordre des dipôles** n'a **pas d'importance**.
- Dans un circuit électrique **en série, l'éclat d'une lampe diminue** lorsque l'on **augmente** le nombre de **lampes** ou lorsque l'on ajoute une **résistance** ou un **moteur**.
- Dans un montage en série, l'ajout de fils de connexion ou d'interrupteurs fermés ne modifie pas l'éclat d'une lampe.

Je m'évalue

Est-ce que je sais...

- donner la définition d'un circuit en série ?
- reconnaître un montage en série ?
- ce qui se passe si on dévisse une lampe dans un circuit ?
- représenter le symbole d'une diode électroluminescente ?
- représenter le symbole d'une résistance électrique ?
- si le comportement d'une lampe dépend de sa position dans le circuit ?
- si le comportement d'une lampe dépend du nombre et de l'ordre des dipôles présents dans le circuit en série ?
- réaliser un montage à partir d'un schéma ?
- faire un schéma électrique à partir d'un montage ?

Ça s'explique par la physique

Pourquoi utiliser des diodes électroluminescentes ?

Une diode **électroluminescente** est une diode qui produit de la lumière quand elle est traversée par un courant électrique. Sa durée de vie (de l'ordre de 100 000 heures) est plus longue que celle d'une lampe à incandescence. Elle ne produit pratiquement pas de chaleur. Sa consommation d'électricité est très faible.

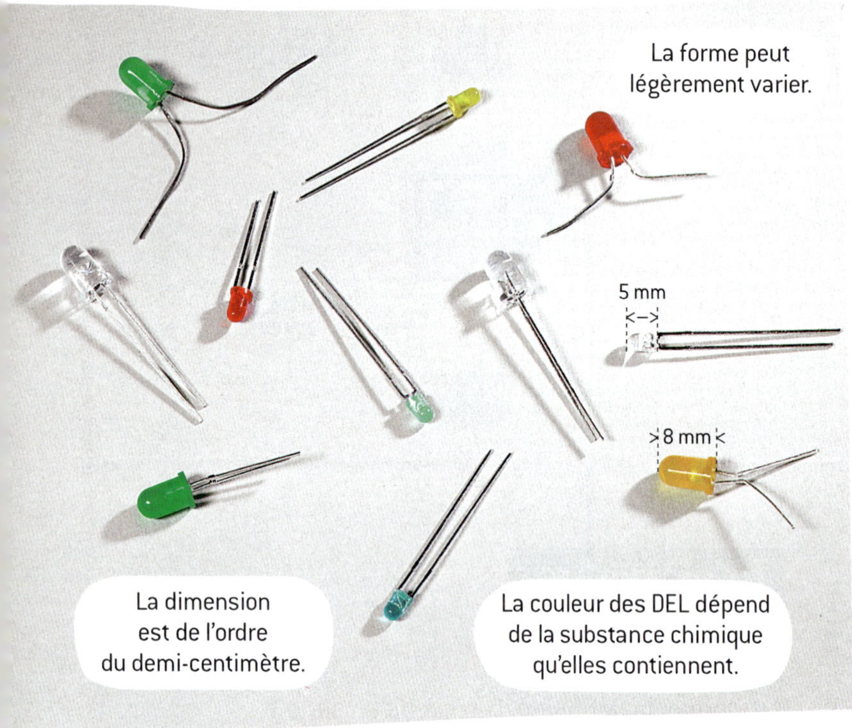

1 Diverses diodes électroluminescentes.

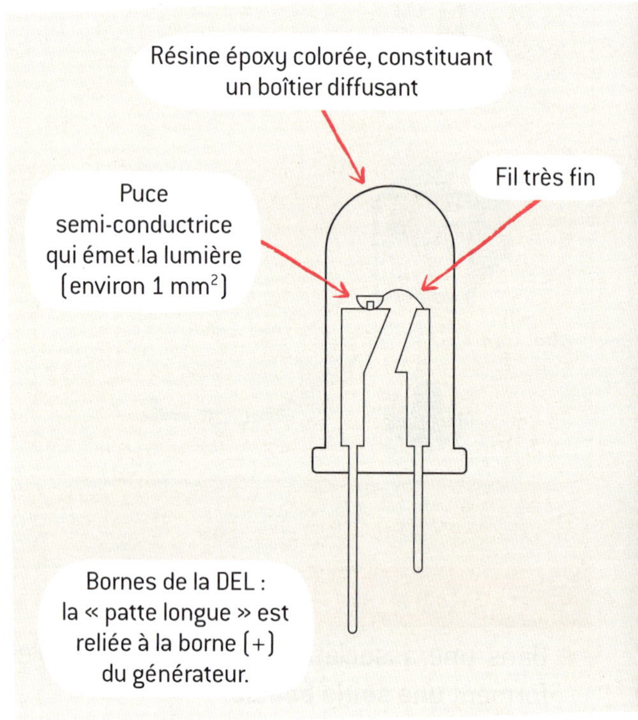

2 Coupe d'une diode électroluminescente.

Questions

📖 : la réponse est dans le texte

1 Chercher la définition des mots « électroluminescence » et « incandescence ».

2 À combien estime-t-on la durée de vie d'une DEL ? 📖

3 Indiquer quatre avantages des DEL. 📖

4 Quelle est la partie de la DEL qui produit de la lumière ? 📖

5 Quelles sont les deux parties d'une DEL qui peuvent être détruites si le courant électrique est trop important ? 📖

6 Quel dipôle associe-t-on souvent à une DEL pour la « protéger » ?

Le carnet du petit chercheur

Comment utiliser une DEL pour montrer que l'eau est conductrice de l'électricité ? Je réalise l'expérience suivante pour avoir la réponse.

Exercices

Je vérifie ce que j'ai retenu

1 Choisir le bon mot

a) Dans un montage en série, l'éclat d'une lampe **dépend / ne dépend pas** de sa place dans le circuit.
b) Dans un montage en série, l'éclat d'une lampe **dépend / ne dépend pas** du nombre de fils de connexion.
c) Dans un montage en série, l'éclat d'une lampe **dépend / ne dépend pas** du nombre de résistances et de moteurs électriques.
d) Un circuit comportant plusieurs **boucles / dipôles** n'est pas un circuit en série.
e) Dans une association de lampes en série, si l'une des lampes s'éteint ou est détériorée, les autres lampes **s'éteignent / restent allumées**.

2 Plusieurs lampes

On réalise des montages en série avec une pile, des fils et des lampes identiques.
Reproduire et compléter le tableau :

nombre de lampe(s)	1	2	3
schéma			
éclat de chaque lampe			

Aide : pour l'éclat de la lampe on choisira parmi les réponses : normal, faible ou très faible.

3 Faire un schéma

Observer la photographie de l'expérience ci-dessous :

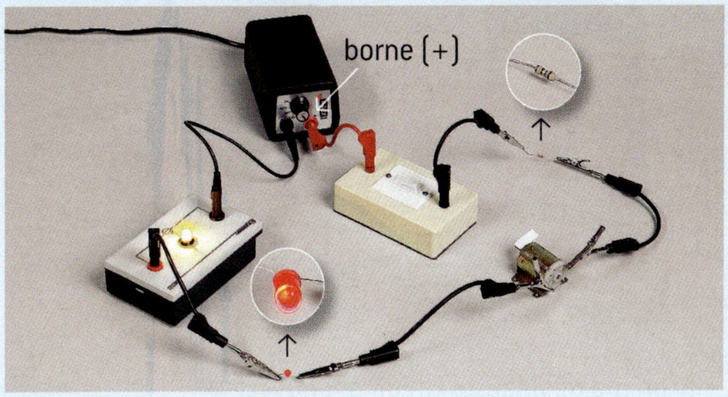

a) S'agit-il d'un montage en série ? Justifier.
b) Représenter un schéma électrique correspondant à l'expérience.
c) Indiquer sur le schéma le sens du courant électrique.

4 Compléter le texte suivant

a) Dans un montage ...., le circuit électrique ne comporte qu'une seule boucle.
b) Dans un montage en série, si on dévisse une lampe, le circuit est ....
c) Dans un montage en série, une lampe brille moins si on ajoute une .... électrique.
d) Dans un montage en série, l'.......... des dipôles est sans importance.

LE TEST

Êtes-vous incollable sur le circuit en série ?

Pour chaque question, une seule réponse est exacte.

1 L'éclat d'une lampe témoin placée dans un circuit en série dépend :
a) de sa place dans le circuit.
b) du nombre de fils de connexion.
c) du nombre de lampes.

2 Une lampe brillera plus si :
a) on retire une résistance électrique du circuit.
b) on place cette lampe à proximité de la borne (+) du générateur.
c) on place cette lampe à proximité de la borne (–) du générateur.

3 Dans un montage en série, le circuit :
a) ne forme aucune boucle.
b) forme plusieurs boucles.
c) forme une seule boucle.

4 Une DEL peut empêcher le courant de passer :
a) dans tout le circuit monté en série.
b) entre elle et la borne (+) du générateur.
c) entre elle et la borne (–) du générateur.

5 Si dans un circuit en série comprenant une lampe, on ajoute un moteur :
a) l'éclat de la lampe diminue.
b) le courant change de sens.
c) le moteur ne tourne pas.

Barème :

Réponse bonne = 4 pts
Réponse fausse = –1 pt
Pas de réponse = 0 pt

▶ Votre score : ... / 20

• **15 et plus :** Bravo ! La leçon a rejoint votre cerveau en une seule boucle !
• **Entre 8 et 14 :** Bien moyen. Trop de résistances par rapport aux apprentissages !
• **7 et moins :** La leçon a été sans influence sur l'éclat de vos connaissances !

Réponses page 224 ▶

J'applique ce que j'ai appris

5 Que pourrait dire chaque dipôle ?

Attribuer à chacun des dipôles dessinés, la phrase qu'ils prononcent lorsqu'ils sont placés en série dans un circuit.

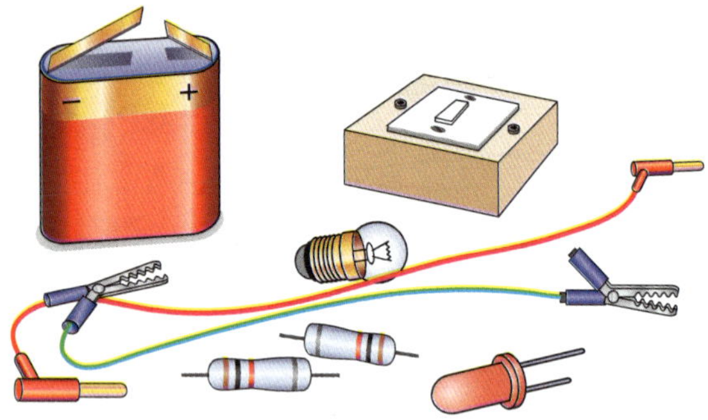

« Si on me dévisse, le circuit est ouvert. »
« Avec moi, la diode est protégée. »
« Peu importe notre nombre, l'éclat de la lampe restera le même. »
« Certes, je ne modifie pas l'éclat de la lampe, mais je l'éteins si l'on m'actionne. »
« Moi aussi je suis une lumière, mais en plus j'ai mon sens ! »

6 Plein phare

a) Chercher le nom du générateur électrique d'une voiture.
b) Parfois une lampe de phare se trouve hors d'usage. Que se passerait-il alors si les deux lampes des phares de cette voiture étaient montées en série ?
c) Expliquer en quoi cela serait très dangereux.

7 Avec deux DEL

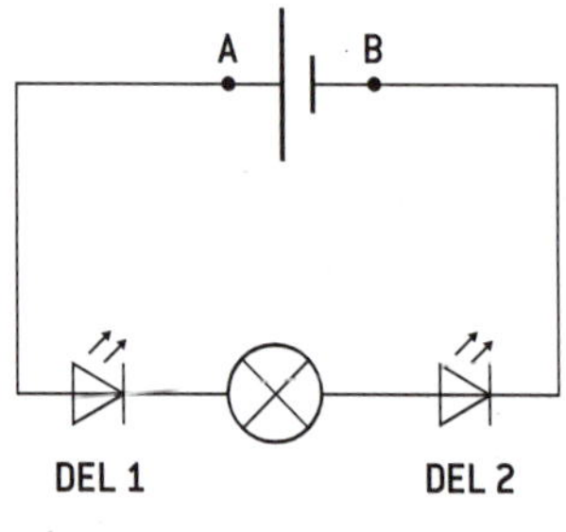

Pierre a réalisé le montage dont le schéma est le suivant :
a) Quel est l'état de la lampe si on place la borne (+) du générateur sur la borne A ? Justifier votre réponse.
b) Quel est l'état de la lampe si on place la borne (+) du générateur sur la borne B ? Justifier votre réponse.
c) Que penser d'un tel circuit ?

8 Mine de crayon

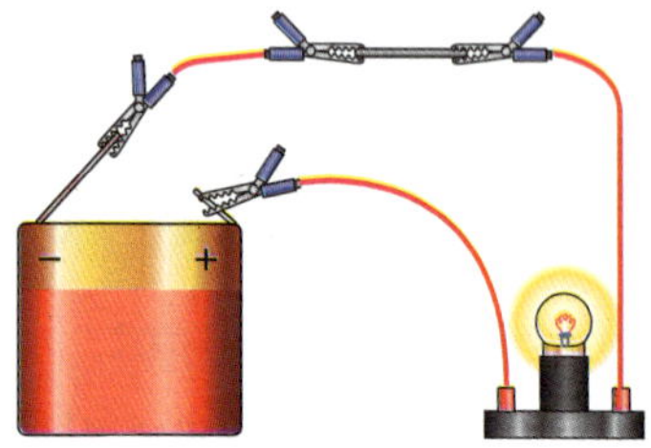

Xavier utilise une pile et une lampe. Il constate que la lampe s'allume normalement. Il place ensuite une mine de crayon à papier dans le circuit : il observe que la lampe brille moins bien.
À quel dipôle étudié Xavier peut-il assimiler la mine de crayon ? Justifier votre réponse.

J'utilise ce que je sais

9 À la maison, je teste des mines.

Objectif
Classer des conducteurs de longueur différente.

Matériel
- 1 pile plate
- des fils électriques
- une lampe
- 2 mines de porte-mines (0,7 mm).

Protocole
- Préparer un circuit avec la pile, la lampe et 2 fils non reliés de manière à pouvoir insérer une mine entre 2 fiches.
- Observer l'éclat de la lampe sans mine en reliant les fils.
- Casser une mine en 2, puis l'un des morceaux obtenus encore en 2, enfin l'un des derniers morceaux encore en 2.
- Placer les 4 mines de longueurs différentes, l'une après l'autre, dans le circuit, de la plus longue à la plus courte et observer l'éclat de la lampe. Conclure.

10 Une recherche en anglais

Consulter le site Internet http://www.lightuptheworld.org/
a) Quel est le nom de la fondation ? Dans quelle ville et dans quel pays se trouve le siège de cette fondation ?
b) Ouvrez la page « information technique ». Donner le nom du dipôle dont on parle.
c) Comment traduisez-vous « semiconductor ». Chercher la définition du mot français correspondant.
d) Consulter la page « projet » du site internet. Faire un résumé d'un projet de la fondation.

11 Curieux mais désordonnés

Benoît, Icham et Salomé ont réalisé de nombreux circuits dont voici les schémas :

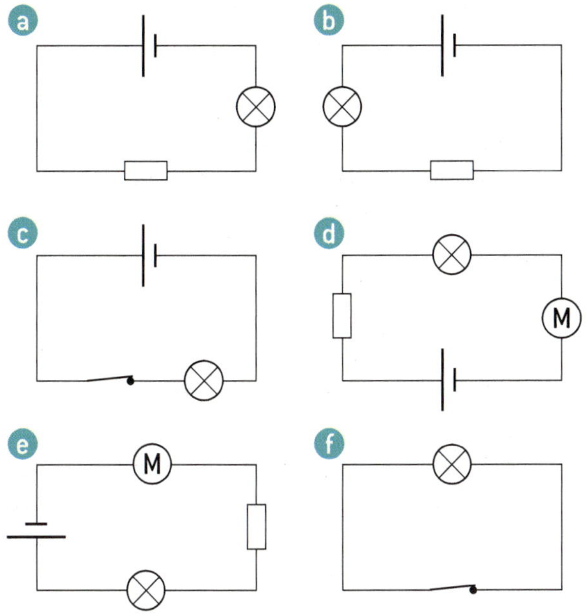

Nos trois apprentis chercheurs dressent un tableau pour placer leurs observations :

expérience	a	b	c	d	e	f
éclat de la lampe						

Malheureusement au moment de remplir la dernière ligne du tableau, ils s'aperçoivent qu'ils ont mélangé leurs notes. Ils savent simplement qu'ils avaient noté une fois « normal », deux fois « faible », deux fois « très faible » et une fois « éteinte ».
Reproduire le tableau et compléter sa dernière ligne.

12 Chacun sa place

a) Faire le schéma de l'expérience réalisée ci-dessous :

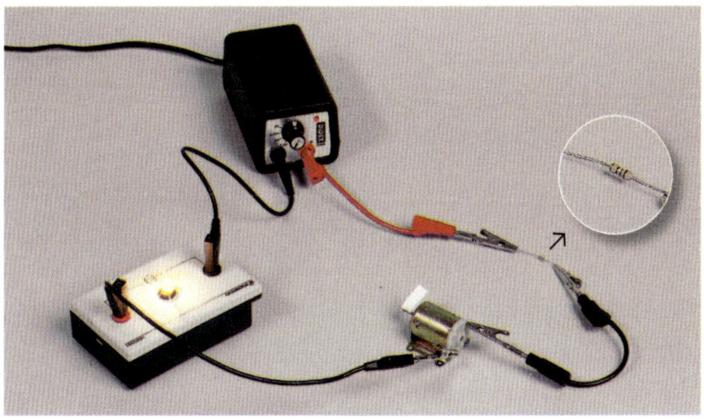

b) Préciser si la lampe brillera plus, autant ou moins ou bien sera éteinte si :

- on inverse les positions de la lampe et du moteur. Justifier.
- on ajoute un interrupteur dans le circuit. Justifier.
- on ajoute une lampe dans le circuit. Justifier.

13 Lampes différentes

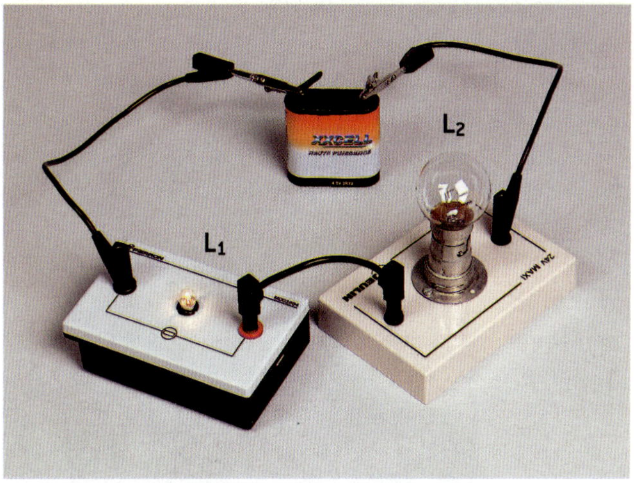

a) Quels sont les éléments avec lesquels on a constitué le circuit ?
b) Peut-on en conclure que la lampe L_2 est « grillée » ? Justifier votre réponse.
c) La lampe L_2 serait-elle allumée si on la plaçait « avant » la lampe L_1 ? Justifier votre réponse.
d) La lampe L_2 est-elle parcourue par un courant électrique ? Justifier.

Je protège ma planète pour un développement durable

14 Une technologie lumineuse

1) Pourquoi l'utilisation d'une lampe où fonctionnent des DEL blanches est-elle intéressante ?
2) Il existe des torches à DEL blanches qui fonctionnent sans pile. Est-il possible qu'une lampe fonctionne sans générateur électrique ?
3) Quel intérêt y a-t-il à ne pas utiliser une pile ?
4) Pourquoi ne faut-il surtout pas jeter les piles usagées à la poubelle ?

La science en construction

Les calculateurs

Les personnages

Stephen Wozniak et Steve Jobs

En 1976, Stephen Wozniak et Steve Jobs créent le premier ordinateur Apple dans un garage. Cet ordinateur possède un clavier, un microprocesseur à 1 MHz, 4 kilo-octets de RAM et 1 kilo-octet de mémoire vidéo. La petite histoire a retenu que nos deux inventeurs ne trouvaient pas de nom pour leur ordinateur : Steve Jobs voyant un pommier dans le jardin décida que l'ordinateur s'appellerait Apple (pomme en anglais) s'il ne trouvait pas un nom dans les 5 minutes.

La curiosité

L'ENIAC (Electronic Numerical Integrator and Computer) est un ordinateur de 30 tonnes, construit en 1945, à la demande de l'armée des États-Unis, pour effectuer des calculs de balistique. Cet énorme ordinateur n'était programmable qu'à la main, avec des commutateurs ou des fils à brancher.

Les dates importantes

- **Environ 400 av. J.-C.** Découverte du boulier en Chine.
- **1642** Le Français Blaise Pascal construit la « Pascaline » : première machine à calcul.
- **1673** Machine à calculer de Leibniz.
- **1874** Première caisse enregistreuse du Français Pottin.
- **1890** Apparition des machines à cartes perforées.
- **1945** ENIAC, premier calculateur électronique
- **1969** Mise au point du premier microprocesseur de l'industrie.
- **1981** La société IBM commercialise le premier PC (personal computer).
- **2000** La société INTEL commercialise la puce « Pentium 4 » contenant 42 millions de transistors.
- **2006** Ordinateur portable Apple 30 ans plus tard.

-400 – 1600 – 1700 – 1800 – 1900 – 2000

Un métier : électricien automobile

Depuis quelques années, les automobiles sont équipées de systèmes électriques et électroniques. En cas de panne, de dysfonctionnement, c'est l'électricien automobile qui résout les problèmes.

Le travail

- Il consiste à s'occuper de la maintenance des divers systèmes électroniques que comportent les voitures modernes. La direction assistée et le système antipatinage se sont généralisés. D'autres systèmes arrivent : régulateur de vitesse, suspensions pilotées, détecteur de somnolence.
- La part de l'électronique peut dépasser plus de 20 % du prix d'une voiture actuelle. L'électricien automobile devient un véritable électronicien informaticien de la maintenance automobile.
- Il faut aussi préparer les factures et gérer le garage et le personnel lorsque l'on devient chef d'entreprise.

Le lieu de travail

- Dans l'atelier d'un garage ou dans un atelier spécialisé en électricité automobile.
- Sur route, pour faire l'essai du véhicule avant de remettre son véhicule au client.

Des évolutions possibles

- Devenir chef d'atelier ou créer son entreprise.

Est-ce un métier pour moi ?

- J'aime la précision, je suis méthodique, patient.
- Je suis habile de mes mains.
- J'ai une bonne vision des couleurs.
- L'évolution rapide des techniques ne me fait pas peur.
- J'aime l'électricité et la mécanique.

Dans le même domaine

- Câbleur, bobinier
- Contrôleur de fabrication
- Installateur dépanneur audio vidéo
- Installateur de matériel électrique de sécurité

Les contraintes du métier

- Les horaires sont lourds.
- Il faut maintenir ses connaissances en électronique et en informatique car l'évolution des connaissances est rapide.

Chapitre **4**

Circuits comportant des dérivations

Dans un circuit électrique en boucle simple, les dipôles ne sont pas indépendants les uns des autres : quand l'un tombe en panne, les autres ne fonctionnent plus. Pourtant, dans nos habitations, nous pouvons, heureusement, utiliser un appareil électrique sans avoir besoin de mettre en marche tous les autres.
Quel montage électrique permet ce fonctionnement ?

1 **Les lustres de la Galerie des Glaces, au château de Versailles**

2 **Les illuminations de Noël à Paris**

3 **Une voiture avec un éclairage défectueux**

Situation problème

4 **Une fiche dangereuse : court-circuit imminent**

J'observe et je m'interroge

a. Si l'une des lampes d'un lustre est détériorée, les autres lampes s'éteignent-elles ? (doc. 1)

b. Les lampes utilisées dans ces guirlandes forment-elles un circuit en boucle simple ? Pourquoi ? (doc. 2)

c. Si une lampe de phare d'automobile est en panne, quelle sorte de circuit permet à l'autre lampe de briller ? (doc. 3)

d. Pourquoi ne faut-il pas utiliser cette fiche ? Que va-t-il se produire ? (doc. 4)

1 Circuit comportant deux boucles

Comment fonctionne un circuit comportant deux boucles ?

Situation problème

Une lampe de phare de la voiture, détériorée, s'est éteinte, mais l'autre fonctionne toujours.

Quel est le circuit électrique qui permet de faire fonctionner un phare sans l'autre ?

Hypothèse

Le circuit électrique comporte plusieurs boucles.

Je réalise des expériences

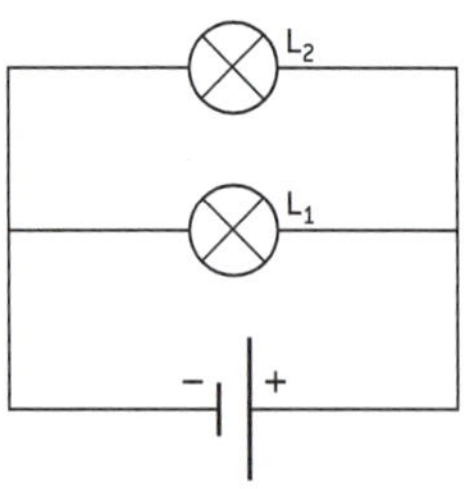

A On schématise le circuit à réaliser.

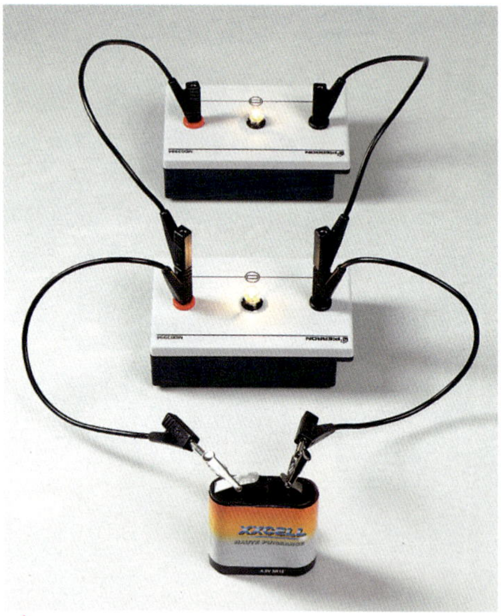

B On réalise le circuit.

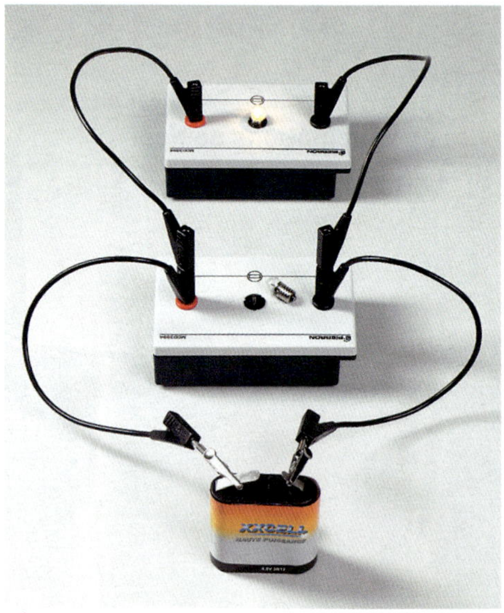

C On dévisse la lampe L_1.

Je réponds aux questions

1. Sur le schéma électrique, suivre le trajet du courant de la borne (+) du générateur à sa borne (−), sans passer deux fois au même endroit (**A**).
2. De combien de boucles est constitué le circuit des deux dipôles (**B**) ?
3. Les deux lampes brillent-elles normalement (**B**) ? Que se produit-il lorsque l'une des lampes est dévissée (**C**) ?
4. Les lampes sont-elles alimentées par la pile ensemble ou séparément (**C**) ?

Compétence expérimentale

Réaliser un montage à partir d'un schéma

▶ voir p. 219

Conclusion : • Lorsque deux dipôles sont montés **en dérivation**, ils forment avec le générateur, **deux boucles indépendantes**. Chaque boucle est alimentée séparément par la pile.

• Si un dipôle ne fonctionne plus, les dipôles présents dans l'autre boucle **fonctionnent toujours**.

Question test : Si on dévisse la lampe L_2, la lampe L_1 brille-t-elle toujours ?

Je m'entraîne exercices 3, 5, 7 et 10

2 Circuit comportant trois boucles

Que se passe-t-il avec une boucle supplémentaire ?

Compétence expérimentale
Faire un schéma à partir d'un montage
▶ voir p. 219

Je réalise des expériences

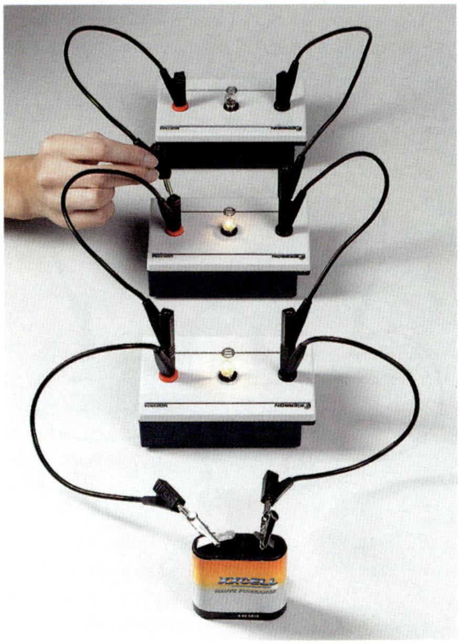

A On ajoute au circuit précédent une troisième lampe en dérivation, identique aux deux premières.

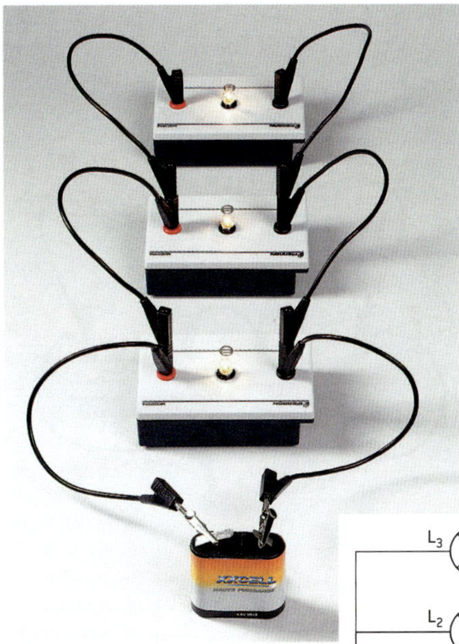

B On obtient un circuit avec trois boucles.

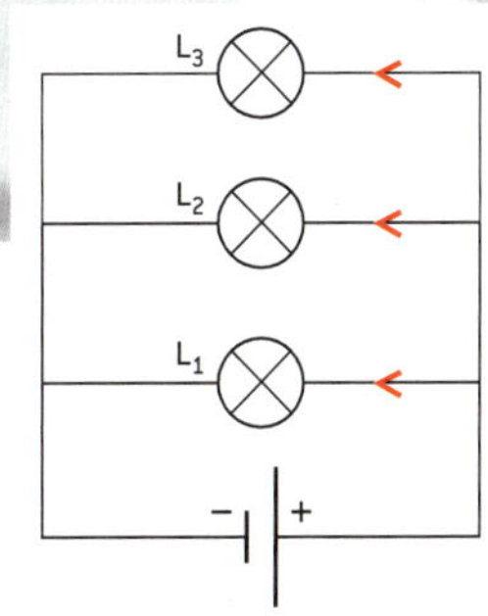

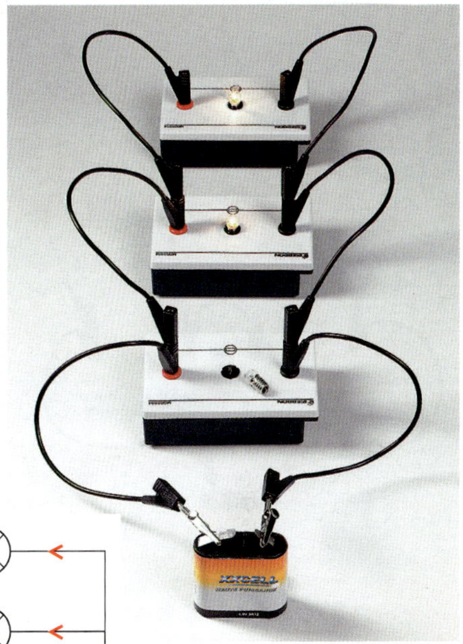

C On dévisse la lampe L_1.

Je réponds aux questions

1. Lorsque l'on ajoute une troisième lampe, l'éclat des autres lampes change-t-il (A et B) ?
2. L'ajout d'une boucle supplémentaire modifie-t-il le fonctionnement des boucles précédentes ? Pourquoi ? (A et B)
3. Lorsque l'on dévisse une lampe, les autres continuent-elles à briller ? Leur éclat a-t-il changé ? (C)
4. La boucle contenant la lampe dévissée est-elle ouverte ou fermée (C) ?
5. Lorsque l'on dévisse une lampe, les boucles contenant les autres lampes sont-elles ouvertes ou fermées ? Les lampes peuvent-elles briller (C) ?

Conclusion : Lorsque plusieurs dipôles sont montés **en dérivation**, ils forment **plusieurs boucles**. Chaque boucle est alimentée directement par la pile.
Si, dans une boucle, un dipôle tombe en panne, les dipôles des autres boucles continuent de fonctionner normalement.
L'ajout d'une boucle ne modifie pas le fonctionnement des boucles précédentes.

Question test : Un appareil branché sur une prise de courant forme-t-il un circuit en boucle simple ou en dérivation avec le reste du circuit ?

Je m'entraîne exercices 6, 12 et 13

3 Retour sur le court-circuit

➔ Dans un circuit comportant des dérivations, le court-circuit peut-il être dangereux ?

Je réalise une expérience

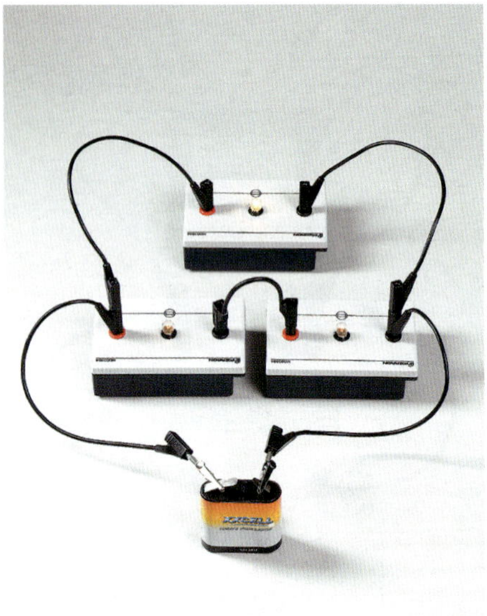

A On réalise un circuit où L_1 et L_2 sont en série dans la première boucle.

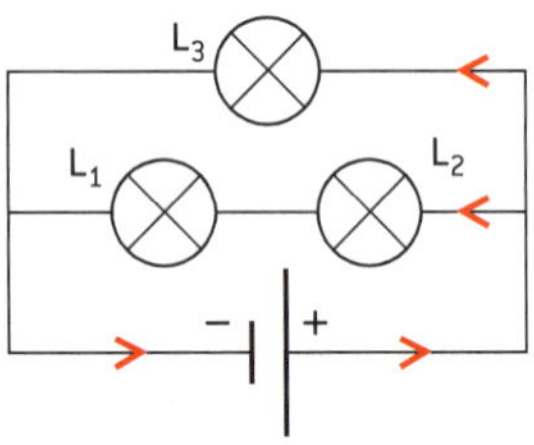

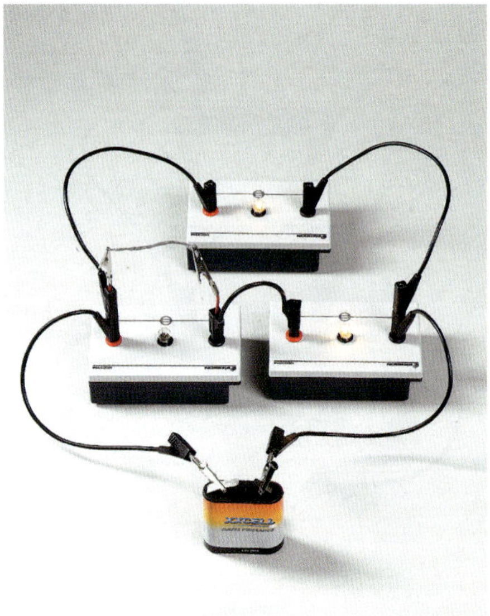

B On court-circuite la lampe L_1 avec de la laine de fer.

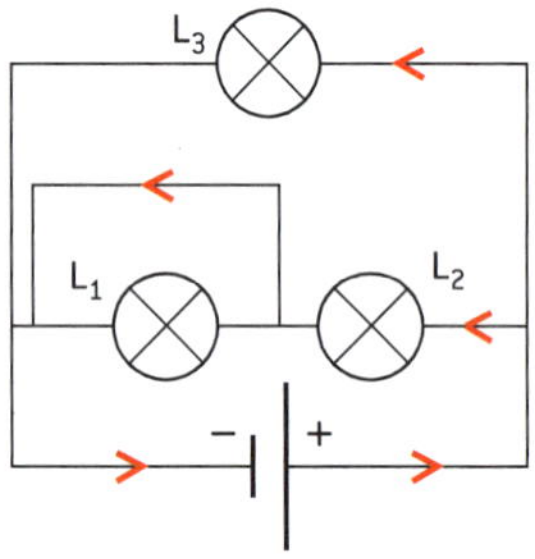

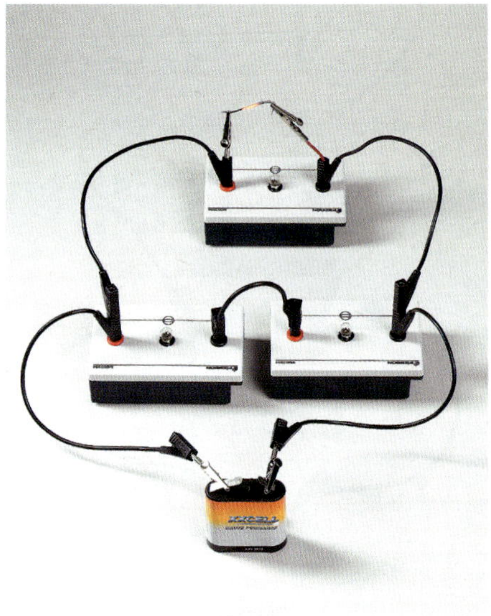

C On court-circuite la lampe L_3 avec de la laine de fer.

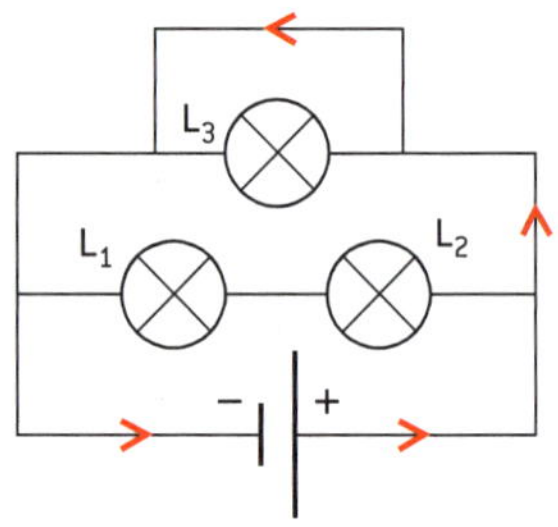

J'observe et j'interprète

- Lorsque l'on court-circuite la lampe L_1, celle-ci s'éteint. La lampe L_2 brille plus fort : le courant qui y circule est plus intense et risque de la détériorer (**B**).
- Lorsque l'on court-circuite la lampe L_3, toutes les lampes s'éteignent. On a créé une nouvelle boucle sans dipôle qui relie les bornes de la pile (**C**).
- La pile est court-circuitée et elle s'échauffe. Le courant qui circule dans la nouvelle boucle est important et la laine de fer brûle.

Conclusion : Le **court-circuit d'une lampe** dans une **dérivation** peut entraîner le **court-circuit de la pile**.
Avec le **courant du secteur**, un **court-circuit** accidentel peut, sans protection, entraîner un **incendie**.

Question test : Pourquoi un court-circuit dans un appareil branché sur une prise est-il dangereux ?

Je m'entraîne exercices 2, 8, 9 et 11

J'apprends et je retiens...

... avec des dessins

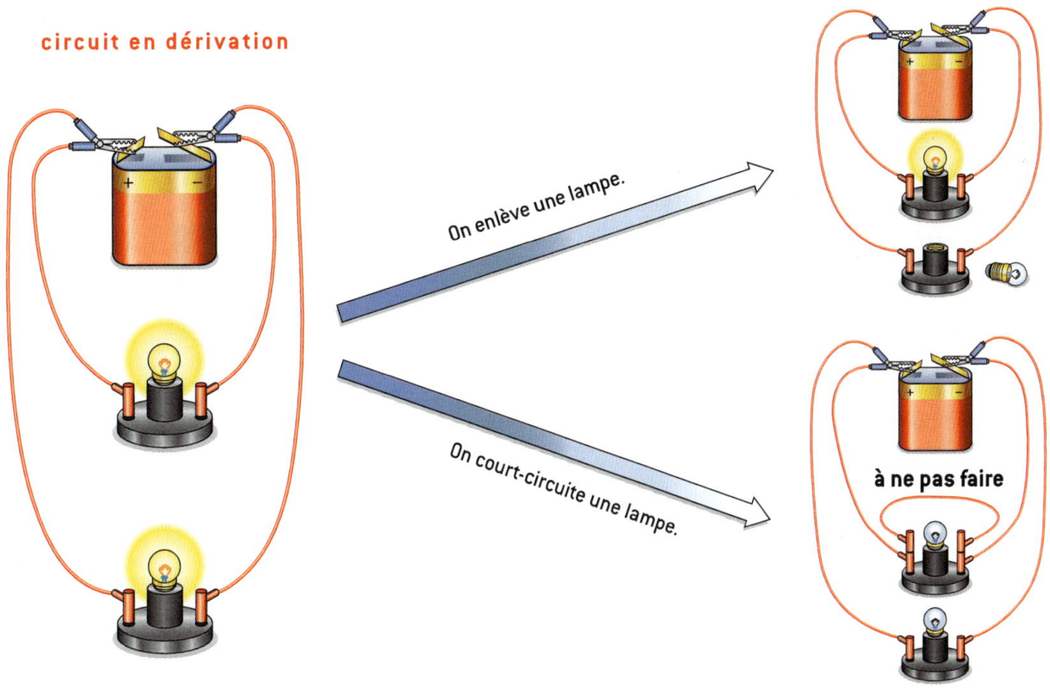

... avec un résumé

- Dans un circuit comportant des **dérivations**, les dipôles forment **plusieurs boucles**.
- Chaque boucle est **alimentée directement par la pile**.
- Si un dipôle tombe en panne, la boucle qui le contient est ouverte. Les dipôles des autres boucles continuent de fonctionner normalement.
- Si on court-circuite un dipôle en dérivation, celui-ci ne fonctionne plus. Un dipôle court-circuité, seul dans sa boucle, entraîne le **court-circuit du générateur** : il y a **risque d'incendie** si le circuit n'est pas protégé par des fusibles ou par un disjoncteur.

Je m'évalue

Est-ce que je sais...

- distinguer un circuit en boucle simple d'un circuit comportant des dérivations ?
- repérer les différentes boucles d'un circuit comportant des dérivations ?
- prévoir si les dipôles fonctionnent toujours quand l'un d'entre eux tombe en panne ?
- réaliser un circuit comportant des dérivations ?
- repérer qu'un dipôle est en court-circuit et quelles conséquences cela peut avoir ?
- repérer qu'un générateur est en court-circuit et quelles conséquences cela peut avoir ?

Ça s'explique par la physique

Comment fonctionne l'éclairage d'un vélo ?

Tous les véhicules doivent avoir un système d'éclairage pour rouler en toute sécurité la nuit. Les vélos, en particulier, doivent être équipés d'un phare et d'un feu arrière, sous peine d'amende. En général, un système d'éclairage est constitué de deux lampes alimentées par le même générateur.

Le circuit électrique d'un VTT

Questions

📖 : la réponse est dans le texte

1 Citer les différents éléments du circuit électrique du vélo. Quel est le rôle de la génératrice ? 📖

2 L'éclairage fonctionne-t-il quand le vélo est à l'arrêt ? 📖

3 Décrire comment chaque lampe est reliée à la génératrice. 📖

4 À quoi servent les garde-boue et le cadre métallique dans ce circuit électrique ? 📖

5 Si la lampe du phare grille, le feu arrière fonctionne-t-il toujours ?

6 Quel est le montage utilisé pour les deux lampes ?

7 Faire un schéma normalisé du circuit.

Le carnet du petit chercheur

L'éclat de deux lampes, alimentées ensemble par la même pile, change-t-il selon le type de circuit utilisé ?

Je réalise l'expérience suivante pour avoir la réponse.

Exercices

Je vérifie ce que j'ai retenu

1 Choisir le bon mot

a) Dans un circuit comportant des dérivations, les dipôles forment **plusieurs boucles / une seule boucle**.

b) Dans un circuit avec des dérivations, la pile alimente **une seule / chaque** boucle.

c) Lorsque l'on ajoute une boucle dans un circuit comportant des dérivations, le fonctionnement des boucles précédentes **ne change pas / est modifié**.

d) Dans un circuit avec deux lampes montées en dérivation, si on court-circuite une lampe, l'autre **reste allumée / s'éteint**.

2 Un montage dangereux ?

Nabil réalise le circuit schématisé ci-contre :

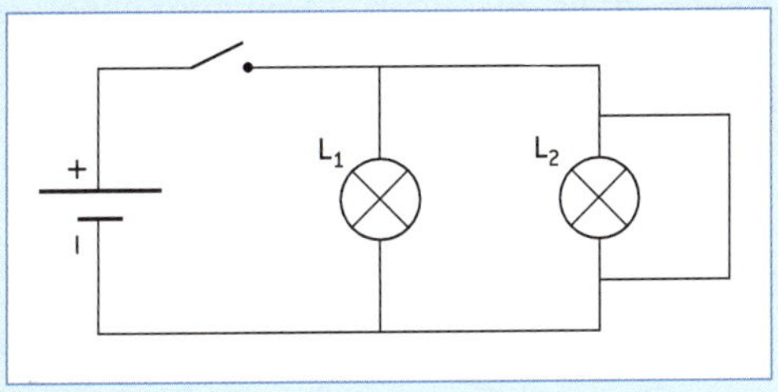

a) Quel est le rôle du fil de connexion qui relie les deux bornes de la lampe L_2 ?

b) Si Nabil ferme l'interrupteur, que va-t-on observer pour chaque lampe ?

c) Ce circuit présente-t-il un risque ?

3 Une photo de circuit

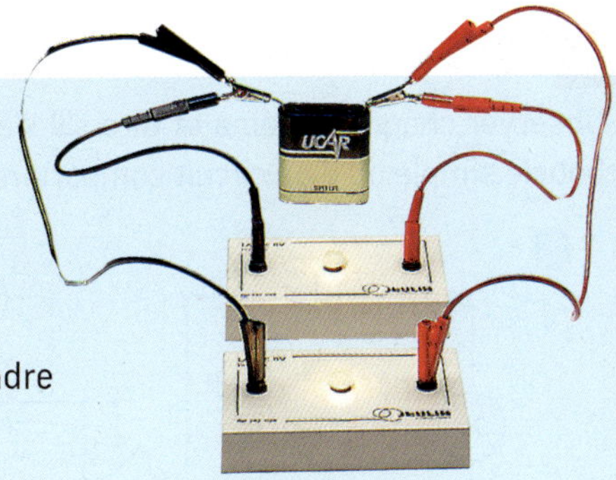

Observer la photographie ci-contre et répondre aux questions suivantes.

a) Comment les lampes sont-elles montées ?

b) Faire le schéma normalisé du circuit et repasser d'une couleur différente chaque boucle contenant la pile.

4 Compléter le texte suivant

a) Dans un circuit comportant des ...., les dipôles forment plusieurs boucles.

b) Dans un circuit comportant des dérivations, si on dévisse une lampe, la boucle contenant cette lampe est ....

c) Dans un circuit avec deux lampes montées en dérivation, si une lampe est grillée, l'autre lampe ....

d) Dans un circuit avec deux lampes montées en dérivation, si on court-circuite une lampe, le générateur est également en ....

e) Si on court-circuite la pile, il y a un risque .... si le circuit n'est pas protégé.

LE TEST

Êtes-vous incollable sur les circuits en dérivation ?

Pour chaque question, une seule réponse est exacte.

1 Deux lampes en dérivation sont :
a) placées l'une à la suite de l'autre.
b) chacune directement alimentée par la pile.
c) branchées en ne formant qu'une boucle.

2 Si on dévisse une lampe branchée en dérivation :
a) le reste du circuit cesse de fonctionner.
b) la lampe dévissée brille toujours.
c) le reste du circuit fonctionne toujours.

3 Si une lampe branchée en dérivation « grille » :
a) la boucle contenant cette lampe est ouverte.
b) le circuit ne fonctionne plus.
c) la pile « grille ».

4 Dans un circuit avec deux lampes en dérivation, si une lampe est court-circuitée :
a) elle brille toujours.
b) l'autre lampe brille toujours.
c) la pile est en court-circuit.

5 Dans un circuit avec deux lampes en dérivation, si on ajoute une lampe en dérivation :
a) tout s'éteint.
b) l'éclat des lampes faiblit.
c) l'éclat des lampes ne change pas.

Barème :

Réponse bonne = 4 pts
Réponse fausse = –1 pt
Pas de réponse = 0 pt

▶Votre score : ... / 20

- **15 et plus :** Très bien ! Aucun court-circuit n'est à déplorer dans vos acquis !
- **Entre 8 et 14 :** Moyen. Vos connaissances dérivent !
- **7 et moins :** Les boucles de vos leçons ne sont pas alimentées...

Réponses page 224 ▶

J'applique ce que j'ai appris

5 Série ou dérivation

Observer chaque schéma et dire s'il s'agit d'un circuit en boucle simple ou d'un circuit comportant des dérivations.

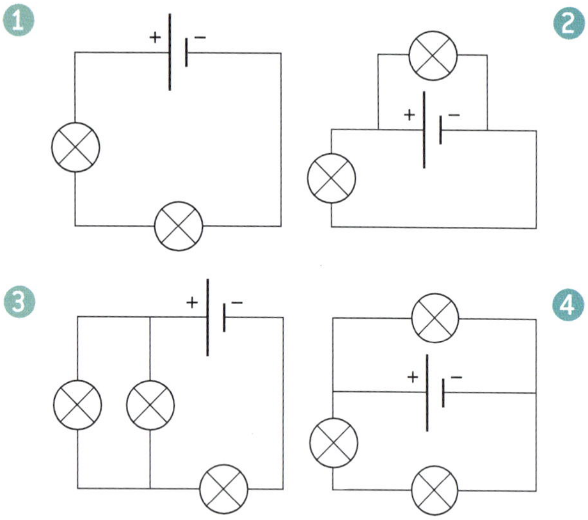

6 Association de lampes

On réalise le circuit suivant :

a) S'agit-il d'un circuit en série ou en dérivation ?
b) Faire le schéma normalisé du circuit et indiquer le sens du courant dans toutes les boucles.
c) Lorsque l'on dévisse L_2, qu'observe-t-on pour chaque lampe ?
d) Lorsque l'on dévisse L_1, qu'observe-t-on pour chaque lampe ?

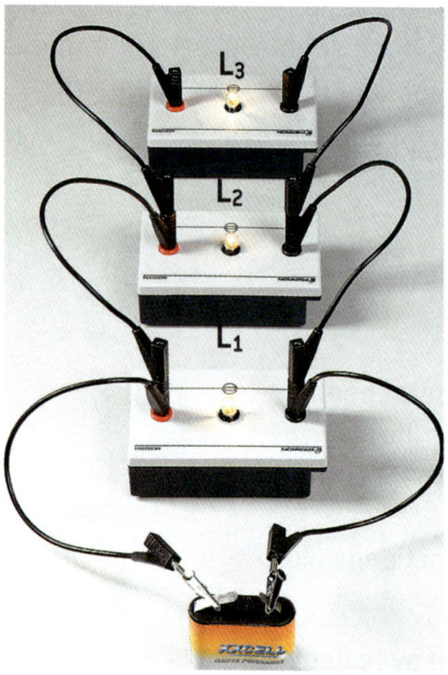

7 Qui a raison ?

Dans une classe de Cinquième, le professeur demande aux élèves de réaliser un circuit avec une pile, un interrupteur et deux lampes, puis d'en faire le schéma. Erwan et Solène obtiennent les schémas suivants :

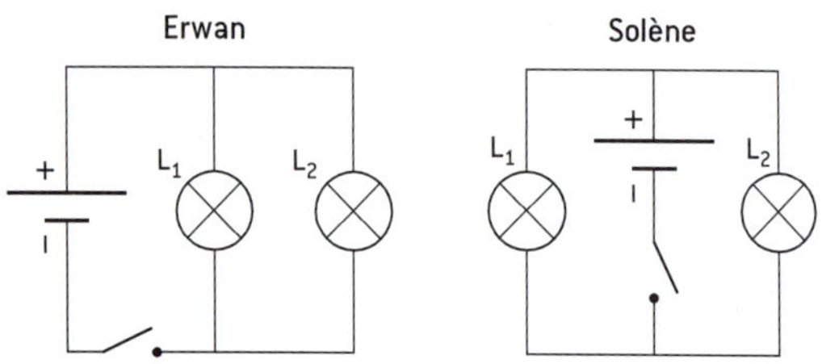

Erwan accuse Solène d'avoir copié sur lui : « Regarde, lui dit-il, on a les mêmes circuits ! ».

Solène proteste : « Mais non, ces deux circuits ne sont pas identiques ! ».

Qui a raison ? Les deux schémas représentent-ils le même circuit ? Pourquoi ?

8 Un mélange de montage

On réalise le montage suivant :

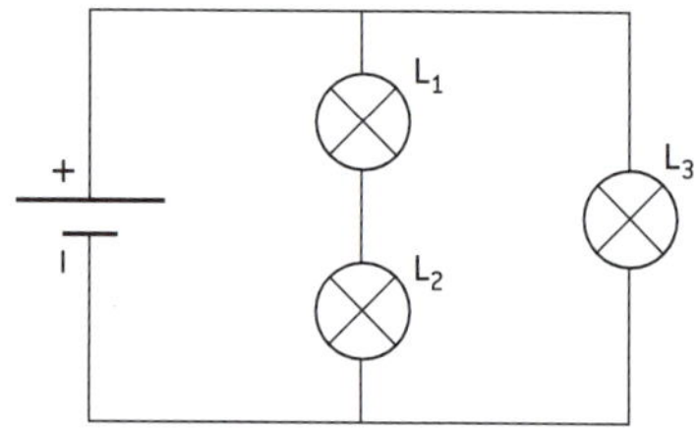

a) Comment les deux lampes L_1 et L_2 sont-elles montées ?
b) Comment est montée la lampe L_3 par rapport aux lampes L_1 et L_2 ?
c) Si L_1 grille, qu'observe-t-on pour chaque lampe ?
d) Si L_3 grille, qu'observe-t-on pour chaque lampe ?

9 Un début d'incendie

Un élève imprudent réalise le circuit suivant :

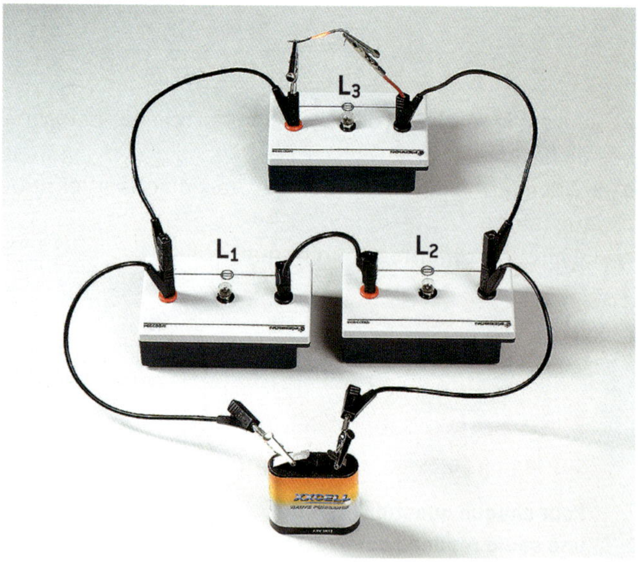

a) Faire le schéma normalisé du circuit.
b) Quel dipôle a été court-circuité par l'élève ?
c) Le générateur est-il en court-circuit ? Pourquoi ?
d) Expliquer pourquoi la paille de fer brûle.

10 Éclairage d'un scooter

Un scooter en stationnement a le phare et le feu arrière allumés. Une batterie alimente ces lampes.

a) Combien de lampes fonctionnent dans cette situation ?
b) Si le phare « grille », que se passe-t-il pour le feu arrière ?
c) Quel est le montage utilisé pour ces lampes ?
d) Proposer un schéma normalisé du circuit d'éclairage du scooter et noter le sens du courant.

Aide : On utilisera le symbole normalisé de la pile pour représenter la batterie.

11 Une lampe en court-circuit

On réalise le circuit photographié ci-dessous :

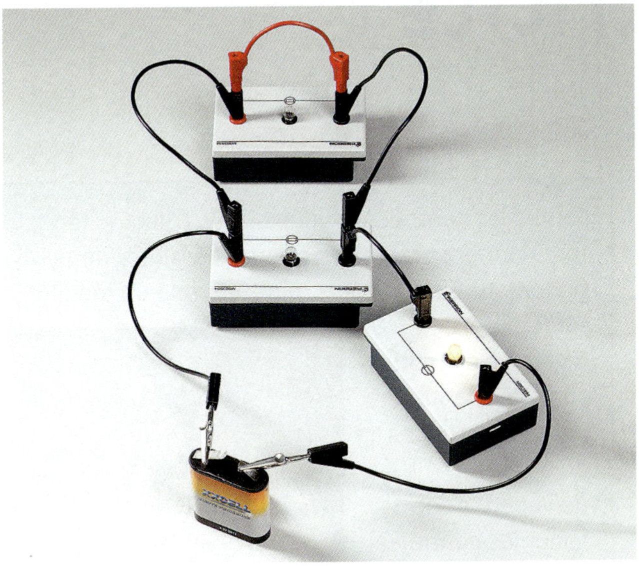

a) Faire le schéma normalisé du circuit. De quelle sorte de circuit s'agit-il ?
b) Quel est le dipôle qui a été court-circuité ? Risque-t-il d'être abîmé ?
c) Le générateur est-il en court-circuit ?
d) La lampe qui continue de briller risque-t-elle de griller ? Pourquoi ?

J'utilise ce que je sais

12 À la maison, je construis un feu tricolore.

Objectif

Fabriquer un feu tricolore pour un circuit de voiture ou un train électrique.

Matériel

• une DEL verte • une DEL rouge • une DEL jaune • une lampe avec douille de tension 3,5 V • du fil de connexion (à un fil) • une pile de tension 4,5 V • un petit tournevis • 3 petits interrupteurs • 2 pinces crocodile ou 2 trombones • un petit fer à souder et de la soudure (s'il y a un adulte pour aider).

Protocole

- Réaliser le circuit d'après le schéma suivant :

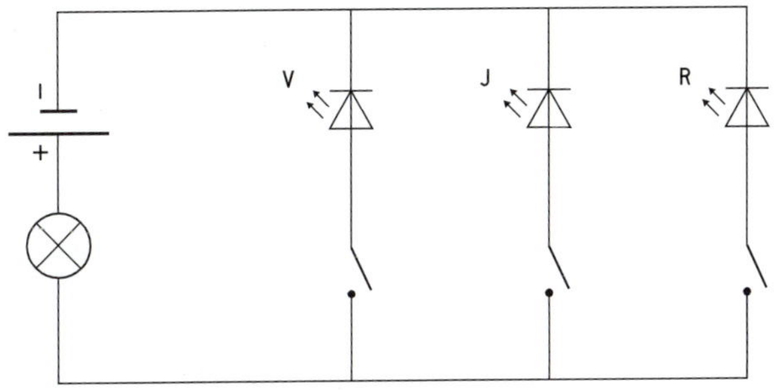

- Fixer les DEL sur un support vertical.
- Terminer par le branchement de la pile à l'aide des pinces crocodile ou des trombones.

13 Double allumage

Voici le schéma électrique d'un lustre à quatre lampes.

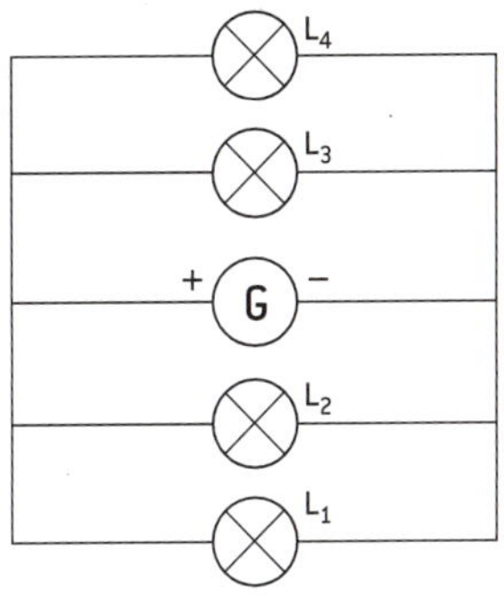

a) Comment les quatre lampes sont-elles montées?
b) Où faut-il placer deux interrupteurs pour allumer L_1 et L_2 d'une part ou L_3 et L_4 d'autre part ?
Faire le schéma du montage.

Je protège ma planète
pour un développement durable

14 Économies d'énergie

1) Pour utiliser les différents appareils de façon indépendante, quel montage est utilisé pour le circuit de la maison ?
2) Rechercher pour quelle raison et en quelle année, les horaires d'été et d'hiver ont été mis en place en France.
3) Pourquoi fait-on des économies si l'on est attentif à éteindre les lumières en sortant d'une pièce ?
4) Au niveau d'un pays, si tout le monde prend cette précaution, en quoi cela sera-t-il bénéfique pour l'environnement ?

La science en construction

Production et transport de l'électricité

Le personnage

Aristide Bergès (1833-1904)

Ingénieur français né en Couserans (Ariège), il travaille un temps à la papeterie familiale. Puis installé en Isère, il monte une usine de pâte à bois qu'il décide d'alimenter avec de l'électricité d'origine hydraulique. Il fait construire une conduite forcée de 200 m de haut, puis de 500 m, qui amène l'eau dans les turbines de l'usine. En 1898, il crée la « Société d'Éclairage Électrique de Grésivaudan », ancêtre de EDF, qui amène le courant à Grenoble et dans les environs. C'est lui qui a inventé l'expression « houille blanche » en comparant l'eau au charbon et les glaciers aux mines de charbon.

La curiosité

Toutes les centrales produisant de l'électricité fonctionnent grâce à un alternateur entraîné par une turbine. Cette turbine, comme un moulin, tourne grâce à la force de l'eau (pour les centrales hydro-électriques), ou à l'aide de vapeur d'eau (pour les centrales thermiques ou nucléaires).

Les dates importantes

Bergès

1837 Benoît de Fourneyron met au point la première turbine hydraulique.

1882 Thomas Edison crée la première centrale électrique.

1883 Première centrale hydraulique dans l'Isère.

1887 Première centrale thermique à Paris.

1959 Premières éoliennes en France.

1963 Première centrale nucléaire construite en France à Chinon .

1966 Inauguration de l'usine marémotrice de la Rance, en Bretagne.

1800 — 1850 — 1900 — 1950 — 2000

2005 Mise en place du projet ITER à Cadarache : prototype de centrale à fusion nucléaire.

Des éoliennes

Usine marémotrice de la Rance.

Un métier : ingénieur électricien

Le travail de l'ingénieur électricien est centré sur la production, le transport et l'utilisation de l'électricité mais il inclut également les dispositifs automatisés qui permettent par exemple de régler la vitesse d'un moteur d'ascenseur ou la température d'une chaudière.

Les divers « métiers »

● Il peut exercer des métiers divers comme chercheur, ingénieur d'études, ingénieur d'essais, responsable de chantier ou ingénieur d'affaires, dans l'automobile, la chimie, l'agroalimentaire, ou chez les constructeurs de matériel électrique ou bien sûr dans l'entreprise EDF.

À la fois informaticien et gestionnaire

● Travailler en équipe, être autonome, être disponible, savoir gérer une équipe et respecter à la lettre les normes de sécurité sont les qualités requises pour l'ingénieur électricien.

● Outre l'électricité, il maîtrise la conception assistée par ordinateur (CAO). De plus, une bonne connaissance de l'anglais est nécessaire pour les relations avec l'Europe et le déchiffrage des documents techniques.

Est-ce un métier pour moi ?

- J'aime les sciences et je veux faire des études longues.
- J'aime les expériences.
- Je ne crains pas les voyages.
- J'aime le travail en équipe.
- L'imprévu ne me fait pas peur et je sais m'adapter.
- Je sais tenir compte de la sécurité.
- J'aime travailler sur un ordinateur.

Dans le même domaine

- Ingénieur électronicien
- Monteur électricien
- Technicien en électrotechnique
- Électricien de maintenance

Les contraintes du métier

- Les déplacements sont fréquents.
- Une formation continue est indispensable.
- Les heures de travail supplémentaire sont fréquentes.
- Les normes de sécurité doivent être respectées.

Partie 2

La lumière

« Quand le soleil décline à l'horizon, le moindre caillou fait une grande ombre et se croit quelque chose. » Victor Hugo

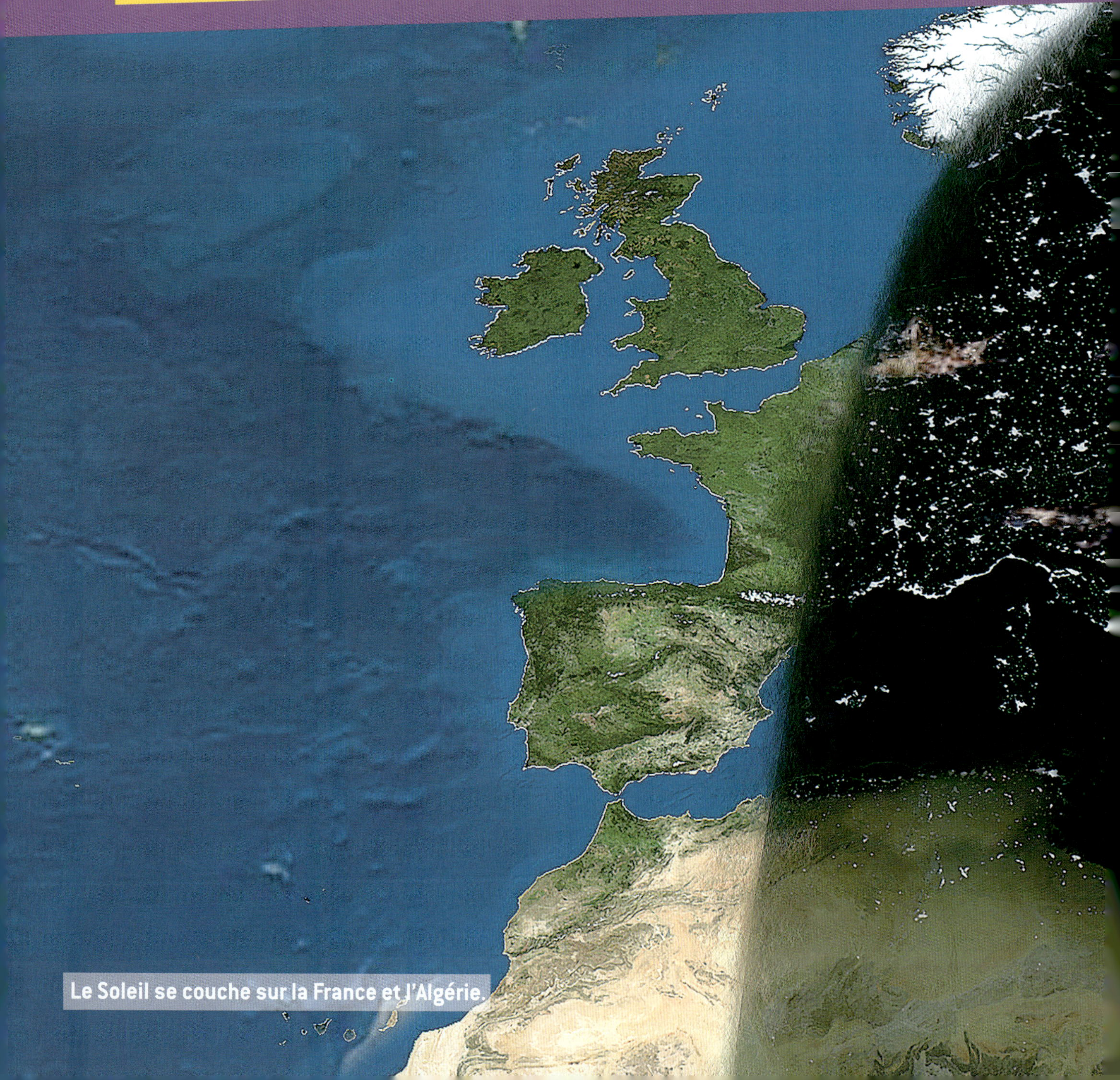

Le Soleil se couche sur la France et l'Algérie.

J'ai vu à l'école

La lumière et les ombres

- Un objet opaque éclairé a une partie sombre.
- Un objet opaque éclairé crée une zone d'ombre.

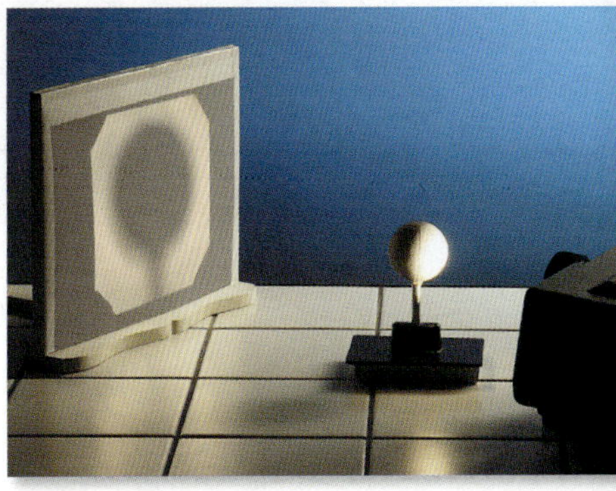

La rotation de la Terre sur elle-même

- La durée de la rotation de la Terre sur elle-même est de 1 jour ou vingt-quatre heures.
- Le Soleil semble se déplacer dans le ciel d'un mouvement apparent.
- La trajectoire apparente du Soleil dans le ciel varie au fil de l'année.

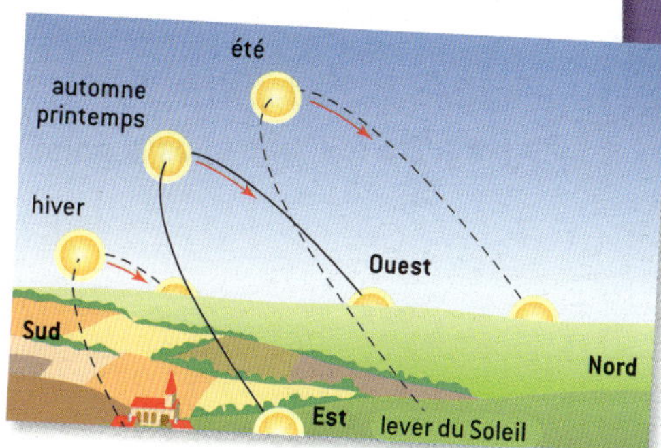

Le mouvement de la Terre autour du Soleil

- La Terre fait un tour complet autour du Soleil en 365 jours et 6 heures.
- La durée des jours et des nuits sur la Terre varie au cours des saisons.

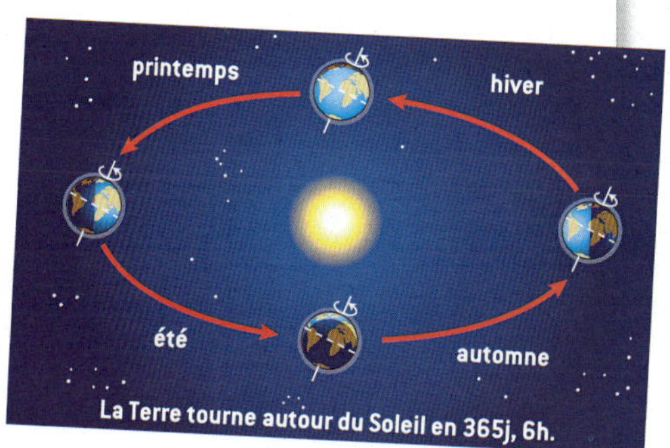

Le mouvement de la Lune autour de la Terre

- La Lune tourne autour de la Terre en 28 j.

Chapitre 5

Sources de lumière

La lumière nous est familière car elle est partout. La Terre reçoit de la lumière du Soleil, nos maisons sont éclairées, les objets qui nous entourent envoient de la lumière vers nos yeux… Mais d'où vient cette lumière ? Quand il n'y a plus de lumière, nous ne voyons rien. À quelles conditions peut-on alors voir un objet ?

1 Paysage de Toscane sous le soleil (Italie)

2 Clair de Lune

Lumière de phares de voiture dans le brouillard (photographie de Brassaï). 3

Situation problème

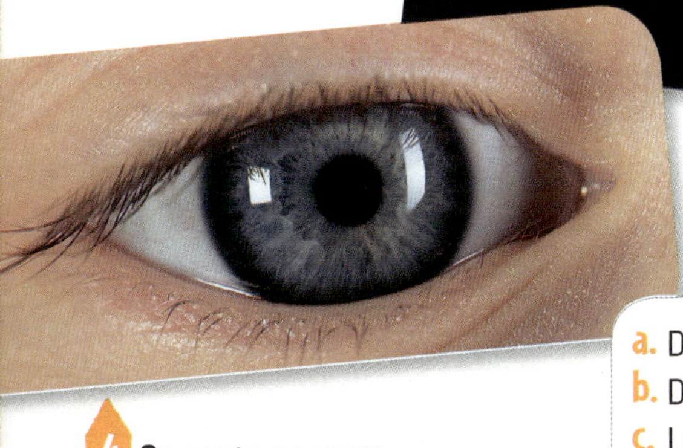

4 Ce sont nos yeux qui nous permettent de voir.

J'observe et je m'interroge

a. D'où provient la lumière qui éclaire la Terre ? (doc. page 60)
b. D'où provient la lumière qui éclaire le paysage ? (doc. 1)
c. La Lune produit-elle de la lumière ? (doc. 2)
d. À quelle condition l'observateur peut-il voir un objet ? (doc. 4)
e. Pourquoi la lumière des phares de la voiture est-elle visible ? (doc. 3)

1 Pour voir un objet

→ Comment un objet est-il visible ?

Je réalise des expériences

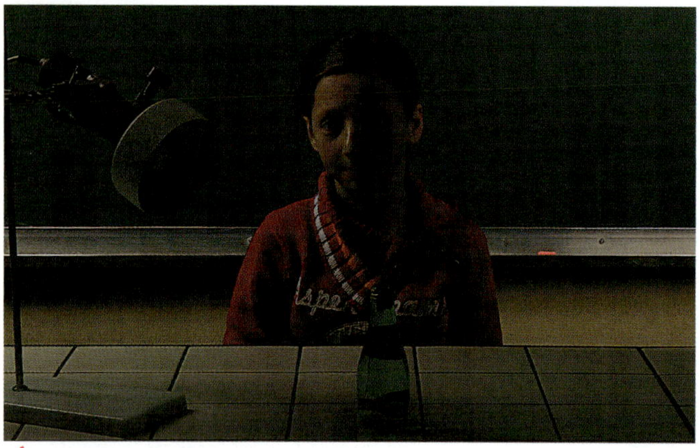

A Julie dispose une bouteille d'eau devant une lampe éteinte dans une salle obscure.

B Julie allume la lampe et dirige la lumière vers ses yeux.

C Elle place un cache opaque entre ses yeux et la lampe orientée vers la bouteille et ses yeux.

D Elle enlève le cache.

Je réponds aux questions

1. Julie voit-elle la bouteille dans la salle obscure (**A**) ?
2. Julie voit-elle la lampe allumée et la bouteille lorsque la lumière est orientée vers ses yeux (**B**) ?
3. Julie voit-elle la bouteille lorsqu'un cache opaque est placé entre ses yeux et l'objet éclairé par la lampe (**C**) ?
4. Julie voit-elle la lampe allumée et l'objet lorsque le cache est enlevé (**D**) ?
5. À quelle condition Julie peut-elle voir la bouteille d'eau dans la salle obscure ?

Conclusion : Pour voir un objet il faut que l'œil reçoive de la lumière provenant de cet objet.

Vocabulaire

• **opaque** qui ne se laisse pas traverser par la lumière.

Question test : À quelle condition voit-on un objet ?

Je m'entraîne exercice 6

2 Sources de lumière

Toutes les sources de lumière sont-elles de même nature ?

Je réalise des expériences

A On place une figurine à côté d'une torche allumée.

B On interpose un écran blanc sur le trajet de la lumière et on l'oriente pour rendre la figurine visible.

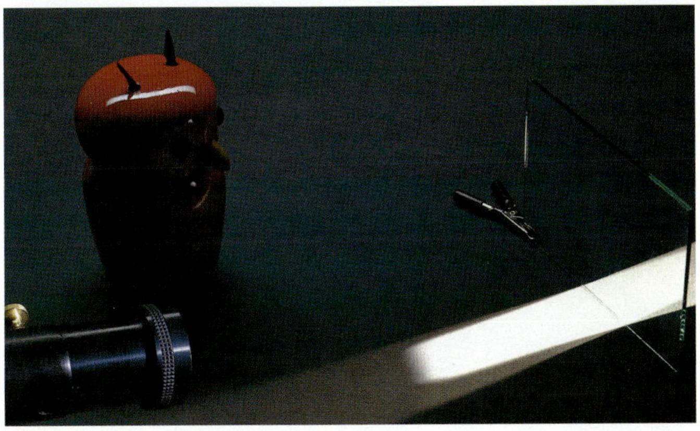

C On remplace l'écran blanc par un écran transparent, en verre.

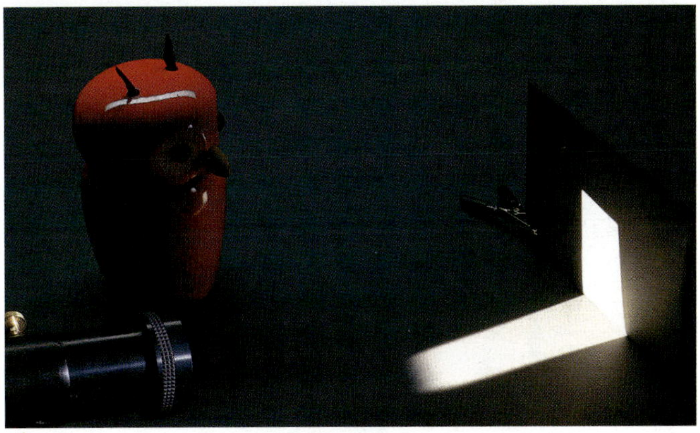

D On remplace l'écran blanc par un écran noir de mêmes dimensions.

J'observe et j'interprète

- La lampe produit la lumière qu'elle **émet** : c'est une **source primaire de lumière** comme le Soleil, la flamme d'une bougie, une source laser.
- La lampe éclaire l'écran blanc, qui renvoie de la lumière dans toutes les directions. La figurine est éclairée par l'écran blanc : on dit que l'écran **diffuse** la lumière.
- Tous les objets que l'on voit lorsqu'on les éclaire sont des **objets diffusants** (la Lune, la Terre, les objets qui nous entourent…).
- Le verre est traversé par la lumière : il ne la diffuse pas car il est **transparent**.
- Un écran noir ne diffuse pas la lumière : ce n'est pas une source de lumière.

Conclusion : Une **source primaire** de lumière produit la lumière qu'elle émet. Un **objet diffusant** est une source de lumière quand il est éclairé.

Vocabulaire

- **émettre de la lumière** produire et envoyer de la lumière.

Question test : Les planètes sont-elles des sources primaires de lumière ou des objets diffusants ?

Je m'entraîne exercices 3, 5, 7, 8, 9 et 13

3 Pour voir la lumière

La lumière est-elle visible ?

Situation problème

Pour voir la route dans le brouillard, le conducteur a allumé les phares de sa voiture.

Le trajet de la lumière est-il toujours visible ?

Hypothèses

1. Il faut être dans le noir.
2. Il doit y avoir du brouillard ou autre chose pour voir la lumière.

Compétence expérimentale

Visualisation avec un milieu diffusant

▶ voir p. 219

Je réalise une expérience

A On fait bouillir de l'eau dans un bécher. On éclaire au-dessus du bécher avec un projecteur de diapositives.

B On fait tomber de la poussière de craie devant un projecteur de diapositives allumé.

Je réponds aux questions

1. Entre le projecteur et le bécher, voit-on la lumière du projecteur ?
2. Quand l'eau bout, que se forme-t-il ? Que peut-on observer au-dessus du bécher, pourquoi (**A**) ?
3. Qu'observe-t-on lorsque l'on met de la poussière de craie devant le projecteur allumé (**B**) ?
4. À quelle condition la lumière est-elle visible ? Est-il nécessaire d'être dans le noir ?

Conclusion : On ne peut **visualiser le trajet de la lumière** qu'en présence d'objets diffusants (gouttelettes d'eau, poussières,...) sur ce trajet.

Question test : Dans une salle de spectacle, pourquoi la lumière des projecteurs est-elle visible ?

Je m'entraîne exercices 4, 11 et 12

J'apprends et je retiens...

... avec des dessins

... avec un résumé

- **Pour voir un objet, il faut que l'œil reçoive de la lumière provenant de cet objet.**
- Une **source primaire** de lumière produit elle-même la lumière qu'elle émet.
- Un **objet diffusant** envoie de la lumière dans toutes les directions parce qu'il est lui-même éclairé.
- Il est possible de voir la lumière si des objets la diffusent vers les yeux de l'observateur.
- Un objet **transparent** ou noir n'est pas diffusant lorsqu'il est éclairé.

Je m'évalue

Est-ce que je sais...

- à quelle condition il est possible de voir un objet ?
- définir une source primaire de lumière et en citer quelques-unes ?
- définir ce qu'est un objet diffusant et en citer quelques-uns ?
- à quelles conditions un écran diffusant peut en éclairer un autre ?
- que pour voir un objet, l'œil doit recevoir de la lumière de cet objet ?
- comment il est possible de visualiser le trajet de la lumière ?

Ça s'explique par la physique

Pourquoi le ciel est-il rouge au lever du Soleil et bleu le jour ?

La Terre est entourée d'une enveloppe de gaz, l'atmosphère. Des particules diffusantes présentes dans l'atmosphère diffusent la lumière du Soleil et influent sur la couleur du ciel : il est donc bleu ou rouge selon le moment de la journée.

Lever de Soleil

Questions

📖 : la réponse est dans le texte.

1 Qu'est-ce qui est responsable du changement de couleur de la lumière issue du Soleil ? 📖

2 Les particules de l'atmosphère sont-elles des sources de lumière primaires ou des objets diffusants ? Pourquoi ?

3 Quelle différence y a-t-il entre la manière de regarder le ciel le jour ou le Soleil le soir ou le matin ? 📖

Le carnet du petit chercheur

La lumière est-elle rougie par des objets diffusants lorsqu'elle parcourt un long trajet dans l'atmosphère ou lorsque l'on regarde perpendiculairement à sa direction ?

Exercices

Je vérifie ce que j'ai retenu

1 Compléter le texte suivant :

a) Pour voir un objet il faut que .... reçoive de la lumière provenant de cet objet.

b) Une source .... de lumière produit la lumière qu'elle émet.

c) Un objet .... est une source de lumière quand il est éclairé.

d) Seule la présence d'objets .... permet de rendre la lumière visible.

e) Un objet de couleur .... n'est pas une source de lumière.

2 Choisir le bon mot

a) Un écran **blanc / noir / transparent** diffuse la lumière quand il est éclairé.

b) Un écran noir **est / n'est pas** une source de lumière quand il est éclairé.

c) **Le Soleil / la Lune** est une source primaire de lumière.

d) Une diode électroluminescente (DEL) **diffuse / émet** de la lumière.

4 Quelle est l'erreur ?

Le dessin ci-dessous comporte une erreur, la retrouver parmi les affirmations suivantes et justifier la réponse.

a) La source de lumière est rouge.

b) La lumière ne doit pas être visible à la sortie de la lampe.

c) La lampe torche est une source de lumière.

3 Source de lumière ?

Recopier le tableau ci-contre et cocher la case lorsque la réponse est oui :

objet	source de lumière	source primaire	objet diffusant	objet transparent
une DEL allumée				
une vitre				
la flamme d'une bougie				
la Terre				
l'eau d'un aquarium				
un écran blanc éclairé				

LE TEST

Êtes-vous incollable sur les sources de lumière ?

Pour chaque question, une seule réponse est exacte.

1 On peut voir une pomme parce que :

a) elle est rouge.

b) elle est mûre.

c) elle diffuse la lumière qu'elle reçoit.

2 Le Soleil :

a) est une source de lumière.

b) est un objet diffusant.

c) tourne autour de la Terre.

3 Les vitres de la classe sont invisibles car :

a) elles ne diffusent pas la lumière.

b) elles sont fragiles.

c) elles ne sont pas assez éclairées.

4 Une lampe de bureau éteinte :

a) est une source de lumière.

b) est un objet diffusant.

c) consomme de l'électricité.

5 Le brouillard permet :

a) de visualiser le trajet de la lumière.

b) d'observer de la vapeur d'eau.

c) d'améliorer l'éclairage.

Barème :

Réponse bonne = 4 pts
Réponse fausse = – 1 pt
Pas de réponse = 0 pt

▶ Votre score : ... / 20

- **15 et plus :** Bravo ! Vous êtes une lumière.
- **Entre 8 et 14 :** Bien moyen. Vos connaissances ont besoin d'être éclairées.
- **7 et moins :** Vous êtes transparent !

Réponses page 224 ▶

J'applique ce que j'ai appris

5 Photographie de studio

Dans un studio de photographie on utilise souvent un parapluie dont l'intérieur est blanc.

a) Pour quelle raison l'intérieur du parapluie est-il blanc ?

b) Quelle est la source primaire ?

c) Quels sont les objets diffusants observés sur le document ?

6 Visibles ou invisibles

On place successivement trois écrans devant une figurine éclairée. Un écran est opaque, un autre transparent, et un troisième est translucide .

a) Préciser la nature de l'écran pour chacune des photographies. Justifier les réponses.

b) Dans quel cas est-il possible de voir l'objet entier ? Justifier la réponse.

Aide : translucide, qui laisse passer la lumière mais ne permet pas de distinguer les objets.

7 Lumière et architecture

La façade de l'Institut du Monde arabe à Paris est composée d'un ensemble de cellules qui s'ouvrent et se ferment selon la quantité de lumière qu'elles reçoivent. Plus celle-ci est importante, plus les cellules se ferment.

a) Quelle est la source de lumière qui éclaire la façade ?

b) Est-ce une source de lumière primaire ? Justifier la réponse.

c) À quel moment de la journée a-t-on le plus de chance de voir la façade avec ses cellules fermées ? Pourquoi ?

8 La Lune cendrée

Sur le document ci-dessus, la Lune est éclairée sur une faible partie (le croissant observé) par le Soleil, cependant le reste du globe lunaire est visible.

a) Comment qualifie-t-on un objet éclairé qui émet de la lumière ? La Terre peut-elle être cet objet ?

b) La Lune qui tourne autour de la Terre, peut-elle alors être éclairée par la lumière diffusée par la Terre ?

c) La Lune peut-elle à son tour diffuser la lumière qu'elle reçoit vers la Terre ?

d) Faire un schéma bilan légendé qui permet d'expliquer la couleur cendrée de la Lune.

9 Un peu de vocabulaire

Rechercher dans le dictionnaire ou sur Internet la définition des mots suivants :

fluorescence électroluminescence bioluminescence incandescence

Associer ensuite chacun de ces mots à l'une des images ci-dessous :

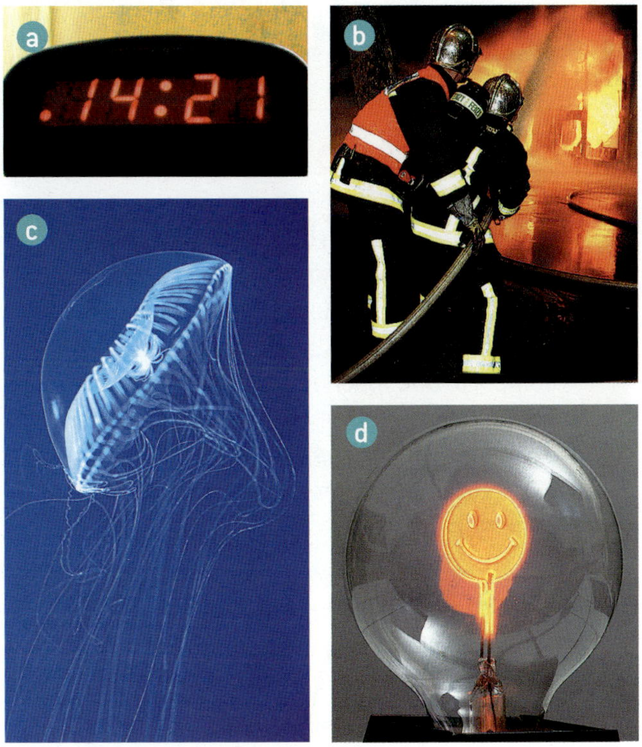

J'utilise ce que je sais

10 À la maison, je dors à la belle étoile.

Objectif
Voir des étoiles briller dans sa chambre.

Matériel
• étoiles phosphorescentes.

Protocole

• Pour dormir tous les jours à la belle étoile, il suffit de coller au plafond de la chambre des étoiles phosphorescentes. Mais à quelle condition ces étoiles émettent-elles de la lumière ?

• Placer les étoiles dans une boîte opaque pendant une journée. Les sortir une fois la nuit tombée. Que peut-on observer ?

• Un autre jour, coller les étoiles au plafond de la chambre tout en y laissant entrer la lumière du Soleil pendant toute une journée. Que peut-on alors observer la nuit ?

11 Au cinéma !

a) Pour quelle raison les écrans sont-ils blancs ?
b) Que se passerait-il si les écrans de cinéma étaient noirs ?
c) Où se trouve la source primaire de lumière ? Les spectateurs la voient-ils ?
d) Quelle est la source de lumière pour les spectateurs ?

12 Diffusion

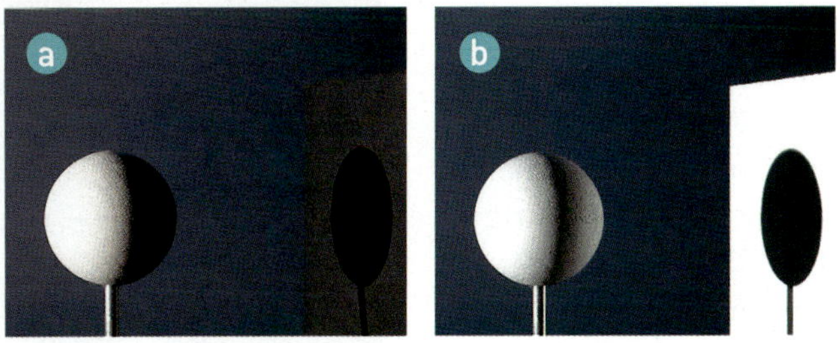

On éclaire une boule blanche derrière laquelle on place successivement un écran noir et un écran blanc.

a) Quelle différence observe-t-on sur la boule blanche entre les deux photographies ?
b) Quelles sont les sources de lumière sur les deux photographies ? Quelle est la nature de ces sources ?

Je protège ma planète
pour un développement durable

13 Un éclairage raisonné

1) Savez-vous si dans la ville proche de chez vous, il existe une heure limite pour éclairer les monuments ?
2) L'heure limite d'éclairement de la Tour Eiffel, 1 h du matin l'hiver et 2 h l'été, vous paraît-elle raisonnable ?
3) Pour quelle raison a-t-on institué une heure limite ?
4) Dans une centrale thermique, on brûle du fioul ou du pétrole. Rechercher en quoi cette technique est polluante.

La science en construction

Les hommes et les sources de lumière

Le personnage

William D. Coolidge (1873-1975)

C'est un physicien et chimiste américain. Après des études universitaires au Massachusetts et en Allemagne, il rejoint le laboratoire de recherche de la « General Electric ». C'est là qu'il travaille à la production de **filaments de tungstène** pour remplacer les fragiles filaments de carbone des lampes à incandescence. C'est le début du formidable essor des lampes d'éclairage. Il a découvert aussi le tube de rayons X utilisé en radiographie et toujours d'actualité.

La curiosité

Le quinquet, du nom de son inventeur français, Antoine **Quinquet**, est une amélioration de la lampe à huile de l'inventeur suisse Aimé Argand. Cette lampe, dite à double courant d'air, comporte une mèche cylindrique portée par un bec ajouré, ce qui laisse l'air circuler et supprime la fumée. Elle est coiffée d'une tubulure en verre qui augmente encore le tirage.

Les dates importantes

- À l'époque préhistorique, feu de bois
- À l'époque romaine, lampes à huile
- 1000 – 1100 – 1200 – 1300 – 1400 : Au Moyen Âge, chandelles recouvertes de suif
- Au XIIIe siècle bougie.
- 1700 – 1800 : Début du XIXe siècle, lampes à pétrole et becs de gaz
- 1809 Arc électrique de Humphrey Davy
- Edison – 1879 lampe à incandescence d'Edison
- 1900 – 2000 : XXe siècle, lampe halogène
- Fin du XXe siècle, lampe à économie d'énergie

La science au quotidien

Un métier : régisseur lumière

Entre art et science, le rôle du régisseur lumière est de préparer les systèmes d'éclairage pour la mise en scène d'une situation donnée : film, pièce de théâtre, spectacle en plein air, photographies de mode…

Les activités

- Au sein d'une équipe de réalisation (tournage de films, photos de mode…), le régisseur lumière a en charge la préparation et la mise en place du matériel d'éclairage (projecteurs et autres sources d'éclairage). Il suit les directives du réalisateur artistique et doit trouver le bon positionnement du matériel afin de mettre en valeur acteurs et décors. Il encadre aussi les techniciens lumière.
- Son rôle est important car de la qualité de l'éclairage dépendent tous les effets visuels du film ou de la photographie.
- En outre, il est chargé de l'installation, du réglage et du démontage des installations ainsi que de l'entretien du matériel.

Est-ce un métier pour moi ?

- J'aime observer.
- J'aime l'art et aussi les matières scientifiques.
- Je suis prêt à me déplacer beaucoup.
- J'aime le travail d'équipe.
- Je suis autonome.
- J'aime l'informatique .

Dans le même domaine

- Technicien lumière
- Éclairagiste

Les contraintes du métier

- Fortes exigences au niveau des connaissances techniques relatives aux sources de lumière et au matériel.
- Faire évoluer ses connaissances avec le développement de nouveaux matériels.

Chapitre 6

Propagation de la lumière

Lorsque le temps est clair, nos yeux ne voient pas le trajet suivi par la lumière du Soleil, mais seulement de l'ombre derrière les objets éclairés. Si un peu de brouillard ou quelques nuages apparaissent, on observe alors des traits de lumière.
Quel est le trajet suivi par la lumière et comment se forment les ombres ?

1 **Lumière solaire dans la brume matinale, en Chartreuse (Isère)**

Situation problème

2 Ombre et lumière sur le Pont-Neuf à Paris

3 Les lumières du phare du Créac'h (Finistère) dans le brouillard

4 À l'ombre d'un parasol coloré

J'observe et je m'interroge

a. Quel est le trajet suivi par les rayons de lumière ? (doc. 1 et 2)
b. Le trajet suivi par les rayons de lumière est-il toujours visible ? (doc. 3 et 4)
c. À quelles conditions et où peut-on observer des ombres ? (doc. 2 et 4)
d. De quoi dépend la forme d'une ombre ? (doc. 4)
e. Quelle est la couleur d'une ombre ? (doc. 2 et 4)

1 Propagation de la lumière

→ Quel est le trajet suivi par la lumière ?

Situation problème

Il fait beau et un brouillard matinal a envahi la forêt.

Pourquoi la lumière du soleil dessine-t-elle des lignes droites dans le brouillard ?

Hypothèse

Le trajet suivi par la lumière est en ligne droite.

Je réalise une expérience

■ On perce d'un trou trois écrans en carton que l'on dispose devant une **source de lumière ponctuelle**. Un fil non tendu passe par les trous des trois écrans.

A Nathaniel positionne les écrans de manière à voir la source de lumière par le trou du dernier écran.

B Nathaniel tend le fil sans déplacer les écrans.

Compétence expérimentale

Visées

▶ voir p. 218

Je réponds aux questions

1. Quel est le rôle joué par les écrans ?
2. Qu'observe-t-on lorsque Nathaniel a positionné les écrans ? Que peut-on en conclure sur le trajet de la lumière ?
3. Comment sont positionnés les trous des écrans ?
4. Que matérialise le fil tendu ?

Vocabulaire

- **source ponctuelle** source qui a la dimension d'un point, en réalité de très petite dimension.
- **homogène** dont tous les points sont semblables.

Conclusion : La lumière se propage en **ligne droite, de la source vers l'objet éclairé**, dans un milieu **homogène** et **transparent**.
La ligne droite représente un rayon de lumière.

Question test : Comment se propage la lumière dans l'eau ?

Je m'entraîne exercices 12 et 16

2 Faisceau de lumière, rayon de lumière

Qu'est-ce qu'un rayon de lumière ?

Compétence expérimentale
Visualisation de faisceaux
▶ voir p. 218

Je réalise une expérience

A On place un vase transparent devant une source de lumière ponctuelle.

B On introduit de la fumée dans le vase en y faisant brûler des morceaux de papier.

J'observe et j'interprète

- En présence de fumée, on observe une zone lumineuse à l'intérieur du vase lorsque des particules de fumée diffusent la lumière. Les bords de cette zone sont rectilignes et délimitent un **faisceau de lumière**.
- **Un faisceau de lumière** est constitué de l'ensemble des **rayons de lumière** émis par la source.
- Un **pinceau de lumière** est un faisceau de lumière très étroit.

Je modélise

- Pour **modéliser** un rayon de lumière, on trace une **ligne droite munie d'une flèche** qui indique le sens de **propagation** de la lumière, de la source ponctuelle S vers l'objet éclairé O. On modélise un faisceau de lumière, en traçant les deux rayons limites qui bordent le faisceau.

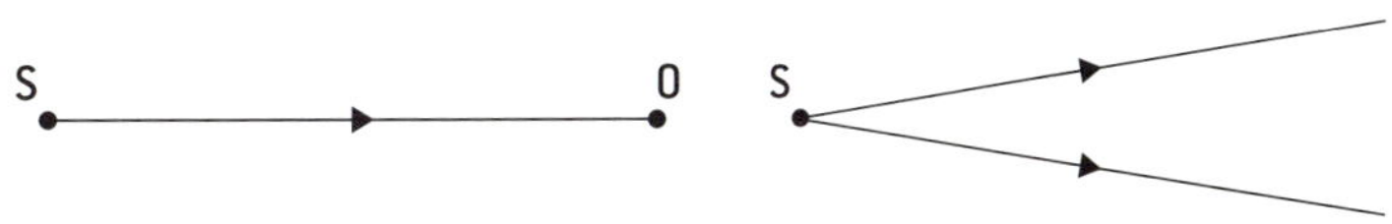

Conclusion : Un **faisceau de lumière** est un ensemble de **rayons de lumière** émis par une source.
Un **rayon de lumière est modélisé** par une droite munie d'une flèche qui indique le **sens de propagation**.

Vocabulaire

- **modéliser** représenter la réalité de façon simple.
- **propagation** déplacement à partir d'une source de lumière.

Question test : Peut-on voir un rayon de lumière ?

Je m'entraîne exercices 5, 9, 15 et 18

3 Les ombres

Qu'est-ce que l'ombre d'un objet ?

J'observe une expérience

A Nathaniel observe par deux trous M et N d'un écran blanc, une sphère blanche éclairée par une source ponctuelle.

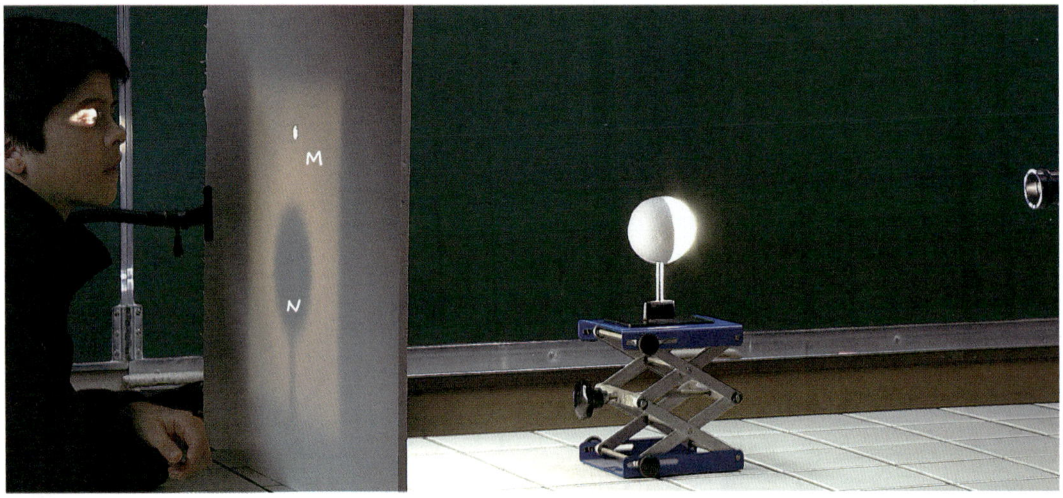

B Sphère éclairée vue de profil.

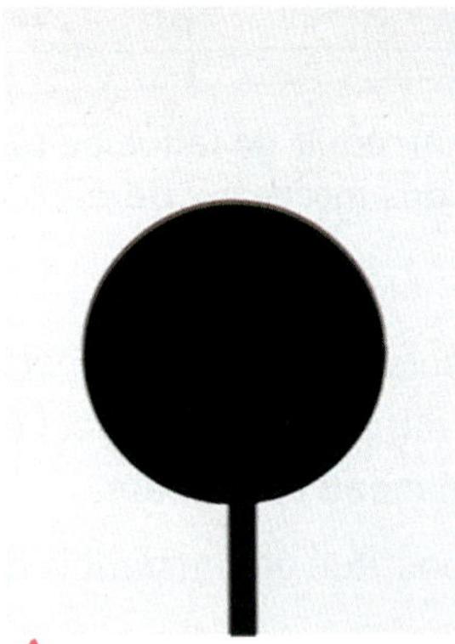

C Écran vu de face.

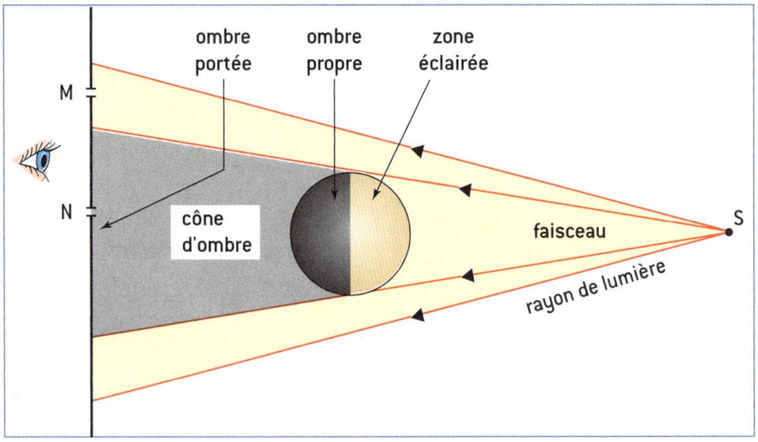

Je réponds aux questions

REMARQUE :
L'ombre propre de la sphère n'est pas parfaitement noire car l'écran diffuse de la lumière.

1. Combien de zones observe-t-on sur la sphère vue de profil ? Décrire ces zones.
2. Comment se nomment la zone sur la sphère et la zone située entre l'écran et la sphère qui ne reçoivent pas de lumière ?
3. Combien de zones observe-t-on sur l'écran vu de face ? Décrire ces zones et les nommer.
4. Voit-on la source de lumière lorsqu'on l'observe depuis M ou N ? Expliquer pourquoi.

Conclusion : La partie non éclairée d'un objet opaque éclairé est son **ombre propre**. Sur un écran, l'ombre d'un objet éclairé par une source ponctuelle est l'**ombre portée**. Le **cône d'ombre** est la zone située entre l'ombre propre et l'ombre portée. Depuis le cône d'ombre, un observateur ne voit pas la source de lumière.

Question test : À quelle sorte d'ombre correspond la nuit sur la Terre ?

Je m'entraîne exercices 2, 3, 6, 7, 8, 10, 13, 14 et 17.

4 Position, forme et couleur des ombres

Comment prévoir la position, la forme et la couleur d'une ombre ?

J'observe des expériences

A Une éolienne miniature est éclairée par une source ponctuelle de lumière placée devant et à droite.

B On déplace la source vers la gauche de l'éolienne en l'approchant de celle-ci.

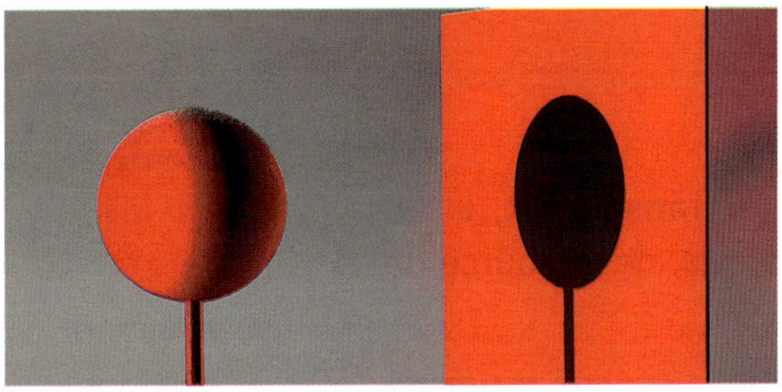

C On éclaire une balle blanche avec une source de lumière rouge.

Je réponds aux questions

1. Comment sont positionnés la source de lumière, l'objet et son ombre portée (**A**) ?
2. Comment la position de l'ombre portée est-elle modifiée (**B**) ?
3. Comment est modifiée la taille de l'ombre sur la photographie **B** ?
4. Quelle est la forme de l'ombre portée (**A** et **B**) ? Pourquoi ?
5. De quelle couleur est la zone éclairée sur la balle (**C**) ?
6. De quelle couleur sont l'ombre propre et l'ombre portée (**C**) ? Pourquoi ?

Conclusion : La **position et les dimensions d'une ombre portée** dépendent des positions relatives de la source de lumière, de l'objet éclairé et de l'écran. La **forme d'une ombre** dépend de la forme de l'objet éclairé et de la position de la source de lumière. La **couleur d'une ombre** est noire quelle que soit la couleur de la source de lumière car la zone d'ombre ne diffuse pas de lumière.

Question test : Comment la forme et la position de l'ombre d'un parasol varient-elles au cours de la journée ?

Je m'entraîne exercices 7, 8, 10, 11 et 13.

J'apprends et je retiens...

... avec des dessins

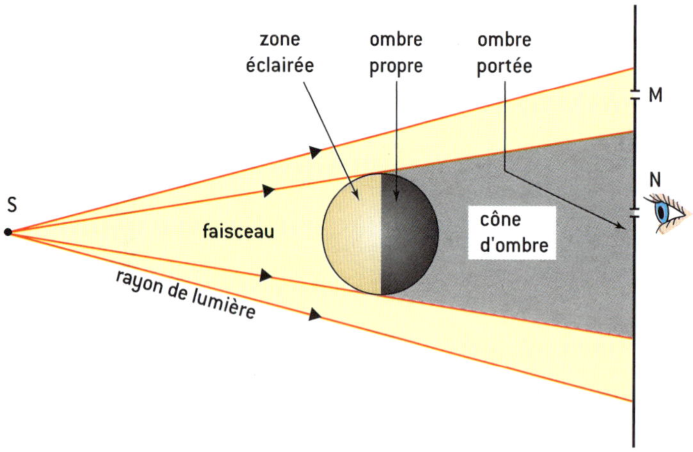

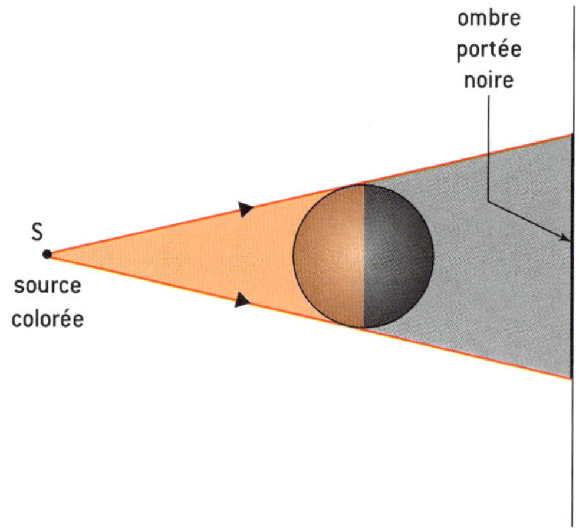

... avec un résumé

- Dans un **milieu homogène** et **transparent**, la lumière **se propage en ligne droite**, de la source de lumière vers l'objet éclairé.
- Le trajet de la lumière est modélisé par **un rayon de lumière** : c'est une droite munie d'une flèche qui indique le **sens de propagation** de la lumière.
- Un **faisceau de lumière** est un ensemble de rayons de lumière.
- **L'ombre propre** d'un objet opaque placé devant une source de lumière est la partie de cet objet qui n'est pas éclairée. **L'ombre portée** est l'ombre d'un objet projetée sur un écran. La zone de l'espace qui n'est pas éclairée est le **cône d'ombre**.
- La **position** et les **dimensions** de l'ombre portée dépendent de la position de la source.
  La **forme** de l'ombre portée dépend de la forme de l'objet et de la position de la source.
- L'ombre portée d'un objet est **noire** quelle que soit la couleur de la source de lumière qui l'éclaire.

Je m'évalue

Est-ce que je sais...

- comment la lumière se propage dans un milieu homogène et transparent ?
- quel est le sens de propagation de la lumière entre la source et l'objet ?
- schématiser un rayon de lumière et un faisceau de lumière ?
- prévoir si une source de lumière est visible ou non ?
- distinguer ombre propre et ombre portée ?
- prévoir comment sont modifiées la position, la dimension et la forme d'une ombre lorsque l'on change la position de la source ou de l'objet opaque ?
- qu'une ombre portée reste noire même dans le cas d'une source colorée ?

Ça s'explique par la physique

Comment connaître l'heure avec le soleil ?

Plantez un bâton dans le sol, observez son ombre et vous obtiendrez le plus simple des cadrans solaires. Ce bâton est appelé gnomon.

L'ombre d'un gnomon sur le sol tourne « avec » le Soleil au cours de la journée. Pour lire l'heure, il faut graduer les positions de l'ombre mais la position et la longueur de l'ombre changent aussi avec les saisons. En hiver, à la même heure qu'en été, le Soleil est plus bas sur l'horizon et l'ombre plus longue.

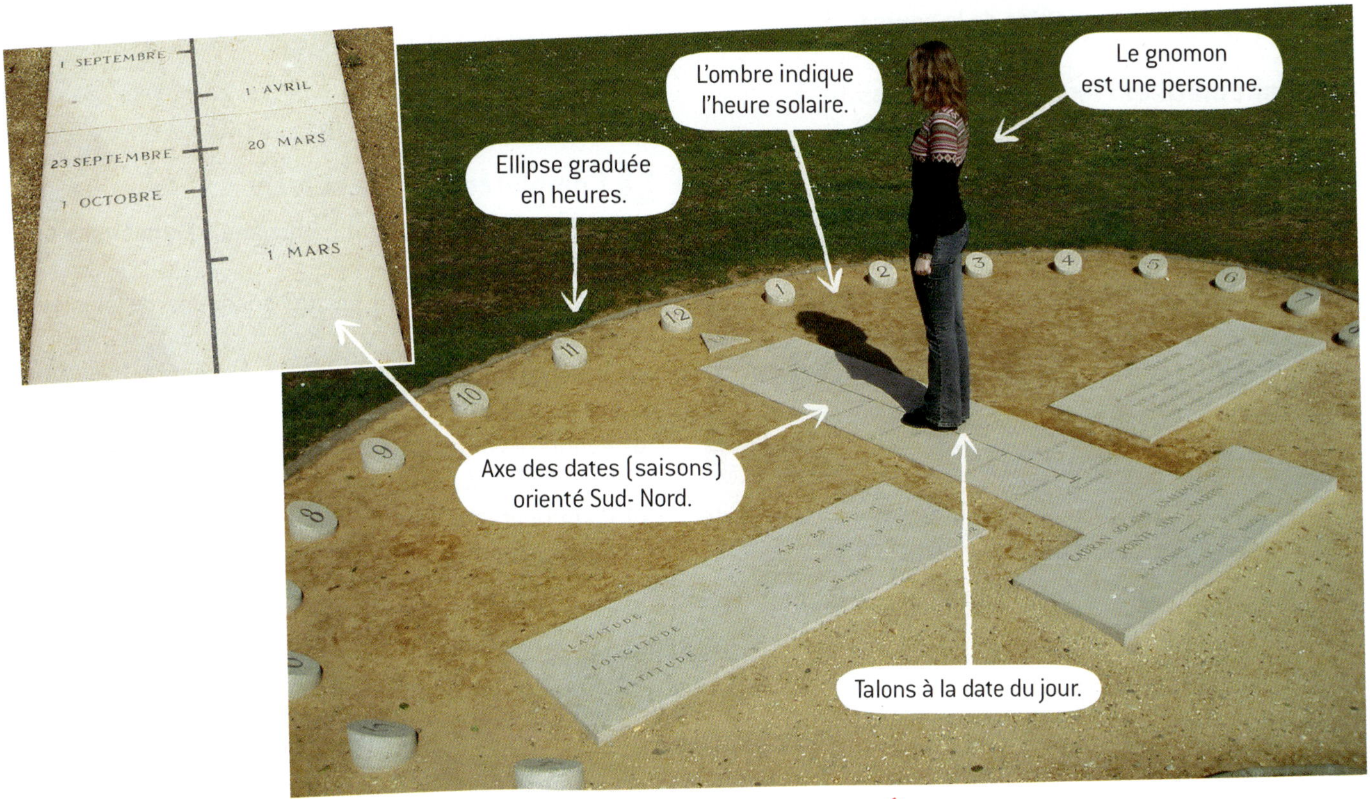

Cadran solaire au sol

Questions

📖 : la réponse est dans le texte

1 Pour quel usage un cadran solaire est-il construit ? 📖

2 Un cadran solaire est-il utilisable à tout moment ? 📖

3 Comment s'appelle la partie du cadran solaire qui crée l'ombre permettant ainsi de lire l'heure ? 📖

4 L'ombre qui permet de lire l'heure est-elle une ombre propre ou une ombre portée ?

5 Qu'est-ce qui joue le rôle du gnomon dans le cas de ce cadran solaire ? Est-ce toujours ainsi ? Rechercher des exemples.

6 À quelle heure la photographie du document a-t-elle été prise (au mois de mars) ? Justifier votre réponse.

Le carnet du petit chercheur

Peut-on repérer le Nord avec l'ombre la plus courte d'un gnomon planté en terre ? Je réalise l'expérience ci-contre pour avoir la réponse.

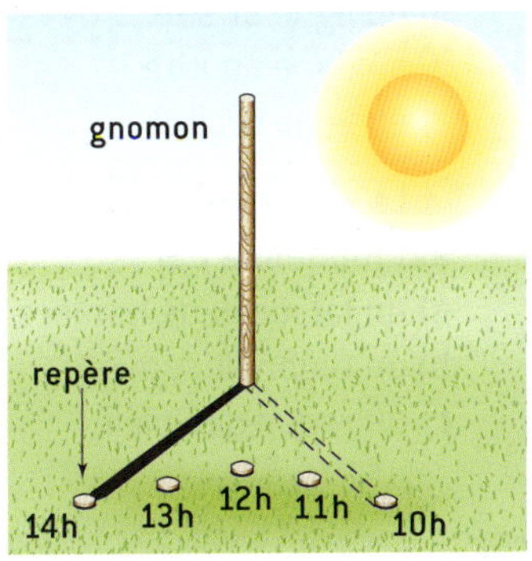

Exercices

Je vérifie ce que j'ai retenu

1 Choisir le bon mot

a) Dans l'air d'une salle de classe, la lumière se propage **en ligne droite / en ligne courbe**.

b) Pour visualiser un faisceau de lumière, il doit y avoir **des particules diffusantes / un milieu transparent** sur le trajet du faisceau.

c) L'ombre portée d'un objet opaque éclairé par une source de lumière colorée est **colorée / noire**.

d) La position de l'ombre portée sur un écran d'un objet éclairé par une source de lumière dépend de **la forme de l'objet éclairé / de la position de la source**.

2 Schématiser l'expérience représentée sur la photographie

Pour schématiser, placer la source, représenter l'objet et l'écran (de profil), puis tracer correctement les rayons qui « s'appuient » sur l'objet pour délimiter l'ombre sur l'écran.

3 Recopier et compléter la légende

Avec les mots : source pontuelle, rayon de lumière, ombre propre, cône d'ombre, ombre portée, zone éclairée.

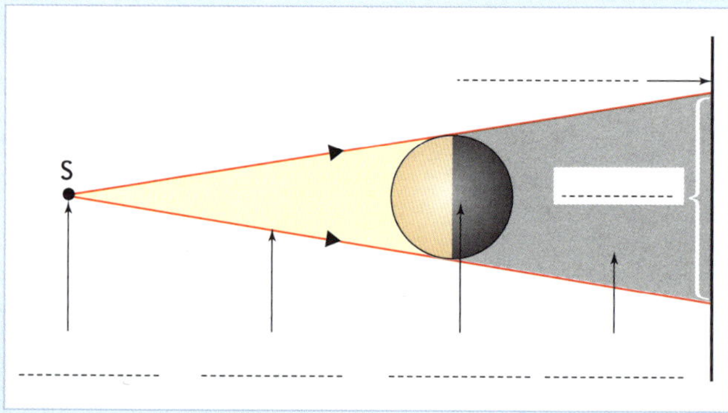

4 Compléter le texte suivant

a) Dans un milieu .... et homogène, la lumière se propage ....

b) Un .... de lumière est un ensemble de plusieurs .... de lumière.

c) Si un objet opaque est éclairé par une source, il se forme une .... sur un écran correctement placé.

d) Depuis la zone .... d'un objet, il est possible de voir la source qui éclaire cet objet.

e) L'ombre propre d'un objet opaque éclairé par une source de lumière rouge a une couleur ....

LE TEST

Êtes-vous incollable sur la propagation de la lumière et les ombres ?

Pour chaque question, une seule réponse est exacte.

1 Dans un milieu homogène, la lumière se propage :
a) en ligne brisée.
b) en ligne courbe.
c) en ligne droite.

2 Le trajet suivi par la lumière est modélisé par :
a) un faisceau de lumière.
b) un rayon de lumière.
c) un rayon de Soleil.

3 La partie non éclairée d'un objet opaque est appelée :
a) ombre portée.
b) cône d'ombre.
c) ombre propre.

4 La forme de l'ombre portée d'un objet opaque dépend :
a) de la couleur de la lumière.
b) des dimensions de l'écran.
c) de la forme de l'objet opaque.

5 L'ombre portée d'un objet éclairé par une source de lumière rouge est toujours :
a) rouge.
b) noire.
c) incolore.

Barème :

Réponse bonne = 4 pts
Réponse fausse = –1 pt
Pas de réponse = 0 pt

▶ Votre score : ... / 20

- **15 et plus :** Bravo ! Vous êtes une lumière !
- **Entre 8 et 14 :** Bien moyen. Il faut sortir de l'ombre.
- **7 et moins :** Vos connaissances sont dans le noir.

Réponses page 224 ▶

J'applique ce que j'ai appris

5 Une enquête lumineuse

L'inspectrice mène son enquête et souhaite savoir quelle est la source de lumière située derrière la porte. Face à quelle(s) ouverture(s), A, B ou C pratiquée dans la porte doit-elle se positionner ? Reproduire ou décalquer le dessin et tracer les rayons de lumière qui permettent de justifier la réponse.

6 L'ombre du lapin

Observer le dessin. L'ombre du lapin est-elle réaliste ? Critiquer et expliquer pourquoi.

7 Réponse à un ancêtre...

Quelle réponse pouvez vous donner à la question que posait Abû Al Faraj (897-967) : « Comment l'ombre peut-elle être droite quand le style est tordu ? ».

8 De la photographie au schéma

a) Représenter par un schéma l'expérience représentée sur la photographie suivante. La source, l'objet éclairé et l'écran seront représentés de profil (en coupe).

b) Indiquer les différentes zones d'ombre sur le schéma.

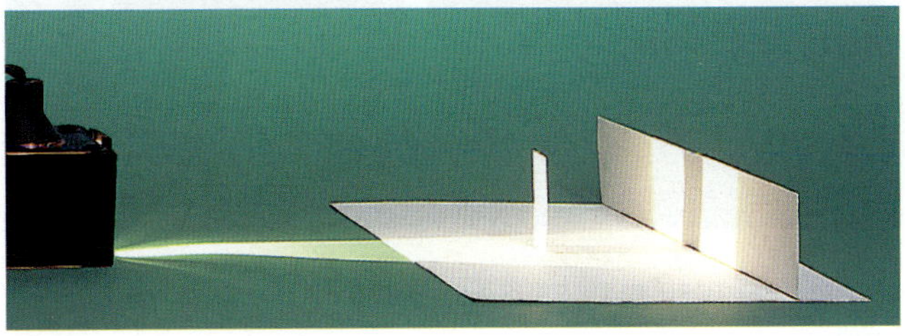

9 Éclairée ou non ?

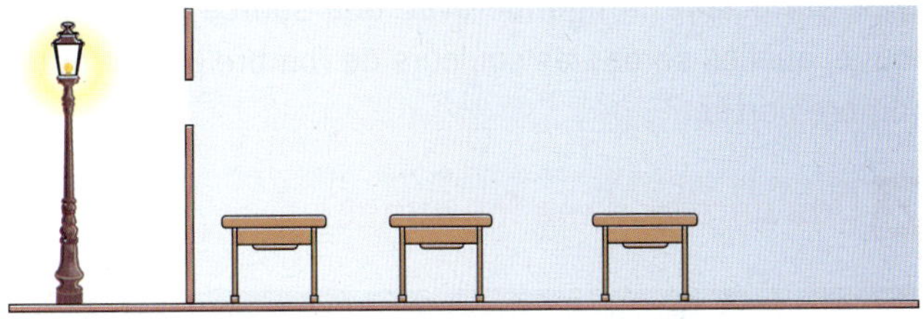

Observer le dessin et le reproduire. Indiquer si les tables sont éclairées après avoir tracé le faisceau de lumière issu de la lampe placée derrière une ouverture.

10 La forme des ombres

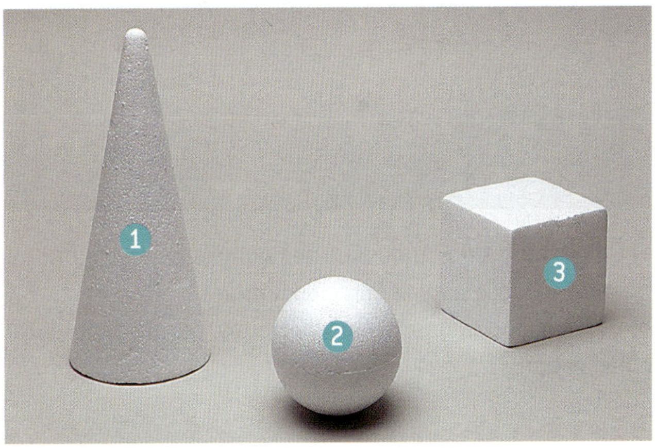

On éclaire avec une source de lumière divers objets placés sur un support horizontal.

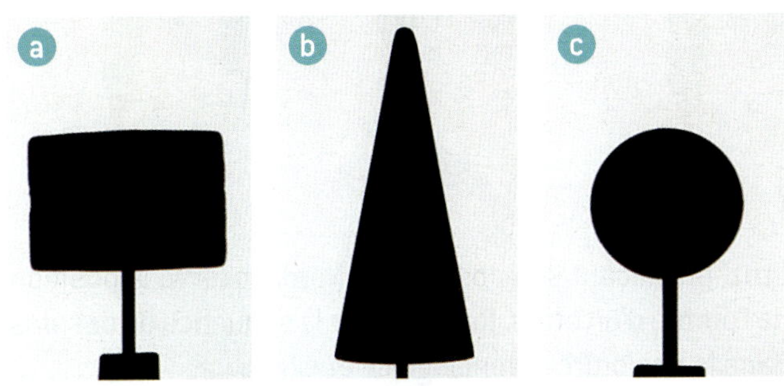

On observe leur ombre sur un écran. Attribuer son ombre à chaque objet et justifier la réponse.

11 Ombres et couleurs

La figurine rose ci-dessus est éclairée par une source de lumière.

a) Quelle est la couleur de son ombre propre ?

b) Quelle est la couleur de son ombre portée ?

c) Si l'on éclaire la figurine avec une source de lumière rouge, quelles seront les couleurs de l'ombre propre et de l'ombre portée ?

12 Des cordes dans les nuages

a) Qu'observe-t-on au-dessus des nuages sur cette photographie ? Quelle est la source de lumière ?

b) Quelles conditions atmosphériques permettent cette observation ?

13 Un film à reconstituer

Cruz, en plaçant son dos face au Nord, observe la position de l'ombre d'un arbre. Reconstituer la séquence de dessins dans le bon ordre chronologique et expliquer.

Aide : Le Soleil se lève à l'Est, donc à gauche lorsque l'on regarde en direction du Sud.

J'utilise ce que je sais

14 À la maison, je fais un portrait réussi.

Objectif

Dessiner une silhouette par la méthode des ombres chinoises.

Matériel

- un projecteur de photographie ou une lampe de bureau orientable
- des grandes feuilles à dessin
- des feutres
- de la pâte adhésive ou autre.

Protocole

- Se placer devant un mur et fixer la feuille sur le mur.
- Éclairer le papier à dessin avec la source de lumière.
- Placer le modèle de profil, entre la source de lumière et la feuille, le plus près possible de la feuille (garder de la place pour le dessinateur) et lui demander de rester immobile.
- Repasser le contour de l'ombre portée avec un crayon-feutre ;

...et l'on obtient le portrait le plus fidèle, selon la méthode de Étienne de Silhouette, contrôleur des finances de Louis XV, qui dessinait ainsi le profil de ses amis.

15 Par où passe la lumière ?

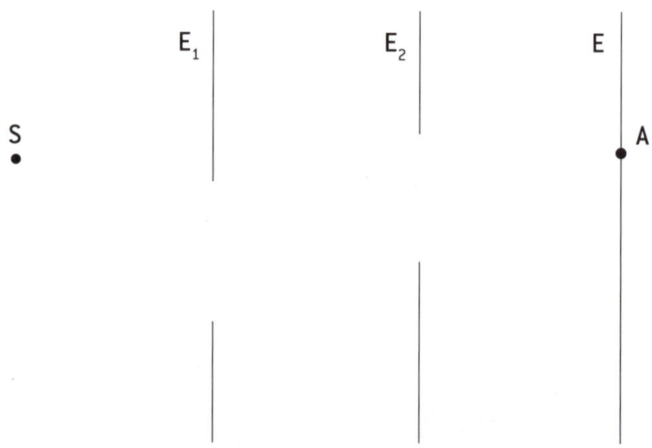

Devant une source de lumière S on place deux écrans E_1 et E_2 percés d'un trou circulaire. La lumière se propage de la source S à un écran E. On a représenté l'expérience vue de profil.

a) Reproduire le schéma et tracer en bleu les rayons de lumière limites du faisceau qui passe par le premier trou de E_1. L'écran E reçoit-il toute la lumière passant par ce premier trou ? Pourquoi ?

b) Tracer en rouge les rayons limites du faisceau qui passe par les deux trous (de E_1 et E_2).

c) Le point A est-il éclairé par la source ?

16 Un alignement de poteaux

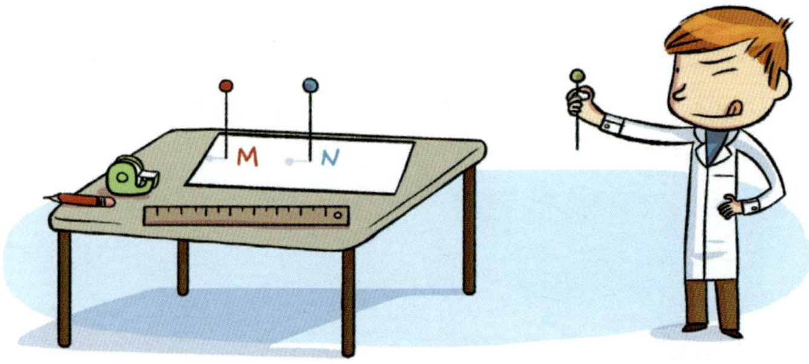

Prosper utilise 3 épingles en guise de poteaux et une plaque de polystyrène.

Il plante 2 épingles en position verticale en M et N. Il vise avec un œil les 2 épingles de sorte que la première épingle cache la deuxième (l'autre œil est fermé).

Dans cette position, il plante, en un point P, une troisième épingle qui cache les deux autres.

a) Est-ce que le rayon de lumière qui se propage à partir de M arrive dans l'œil de Prosper lorsque la première épingle cache la deuxième ? Justifier.

b) Pourquoi les points M, N et P sont-ils sur la même droite ?

c) Réaliser l'expérience et vérifier l'alignement des points avec une règle.

17 À l'heure ancienne !

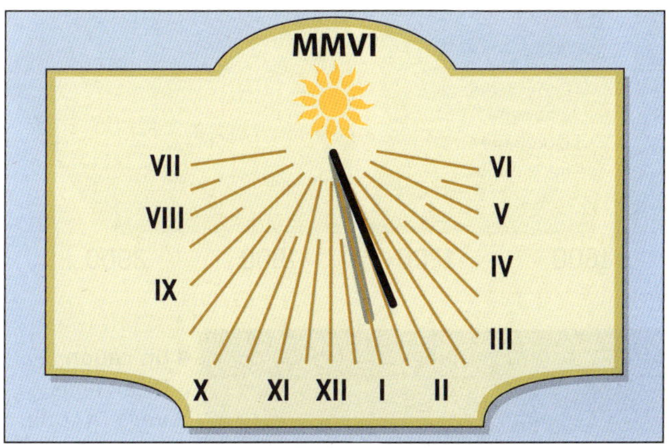

Observer le dessin du cadran solaire.

a) Quelles sont les parties principales du cadran ?

b) Quelle source de lumière éclaire le cadran ? Que produit cette source sur le cadran ?

c) Où lit-on l'heure et à l'aide de quel objet ? En réalité l'heure lue sur une montre est différente : pourquoi ?

18 Mirage, mirage !

On saupoudre du sucre à la surface de l'eau d'un aquarium. Celui-ci s'y dissout lentement créant des couches de moins en moins sucrées. On éclaire l'eau avec une source laser.

a) Rappeler comment se propage la lumière dans un milieu homogène et transparent ? Donner la définition des mots homogène et transparent.

b) Observer le faisceau de lumière dans l'aquarium. Comment la lumière se propage-t-elle ? L'eau sucrée est-elle transparente ? homogène ?

Justifier chaque réponse.

Je protège ma planète
pour un développement durable

19 Soleil et électricité

1) Quelle source de lumière est utilisée pour des panneaux solaires ?

2) À quel usage sont réservés les panneaux solaires dans une habitation ?

3) Pourquoi dit-on que l'énergie solaire est une « énergie propre » ?

4) Connaissez-vous d'autres sources d'« énergie propre » ?

La science en construction

Ombre et propagation de la lumière

Le personnage

Thalès de Milet (624 av. J.-C. – 547 av. J.-C.)

Il était à la fois mathématicien, astronome et philosophe. La légende raconte qu'il avait été invité par le pharaon Amasis, qui, averti de sa réputation, voulait connaître la hauteur des fantastiques pyramides. Thalès planta sa canne verticalement dans le sable et dit au roi : « l'ombre de ma canne est exactement égale à sa hauteur ; il doit en être de même pour votre pyramide. Faites mesurer son ombre vous aurez sa hauteur ! ».

La curiosité

Les trois principales pyramides d'Égypte, Kheops, Képhren et Mykérinos, ont été construites les unes par rapport aux autres de telle façon qu'aucune ne fasse de l'ombre à l'une des autres, quel que soit le moment de la journée.

Les dates importantes

- 400 / - 300 : **Aristote** (– 384 - – 322). À cette époque on imagine un « rayon visuel » issu de l'œil et qui agit sur les objets.

400 : Pour Théon d'Alexandrie, la géométrie des ombres indique que la lumière se propage en ligne droite.

900 / 1000 : **Alhazen** (965-1039). Alhazen combat l'idée que la lumière puisse sortir de l'œil pour aller aux objets.

1600 / 1700 : **Fermat** (1601-1665). Fermat démontre que la lumière se propage en ligne droite.

1900 / 2000 :
- 1960 : Le laser.
- 1970 : Fibre optique.

Un rayon laser émis vers la Lune.

Un métier : technicien en optique

La science au quotidien

Le technicien en optique réalise des composants utilisés pour les télescopes, les lasers, les caméras infrarouges, etc. grâce à des machines qui permettent de tailler et de polir le verre.

La fabrication des miroirs de télescopes

- Les très grands télescopes fabriqués aujourd'hui mesurent entre 8 m et 10 m de diamètre. Ces pièces d'optique géantes nécessitent plusieurs mois de travail. Le miroir est tout d'abord rendu liquide puis il est mis en rotation afin d'obtenir la forme souhaitée. Enfin il est refroidi, durant plusieurs semaines. Le technicien en optique intervient ensuite pour polir le miroir avec la plus extrême précision. De la qualité et de la précision du travail du technicien en optique, dépendent les performances ultérieures du futur télescope, l'une en particulier est de fournir des images de très haute qualité.

Est-ce un métier pour moi ?

- J'aime la physique et l'optique.
- J'aime bricoler.
- J'aime faire des expériences.
- Je suis méticuleux.
- J'aime travailler en équipe.

Dans le même domaine

- Opticien lunetier
- Technicien en ophtalmie
- Technicien en photonique

Les contraintes du métier

- Les études peuvent être longues.
- C'est un travail de très grande précision.
- Il faut respecter des règles de sécurité strictes.
- Ce métier nécessite de se former régulièrement aux nouvelles technologies.

Chapitre 7

Soleil Terre et Lune

Le Soleil est une étoile autour de laquelle tourne la planète Terre. La Lune tourne autour de la Terre dont elle est l'unique satellite naturel.

Pourquoi l'aspect de la Lune change-t-il au cours d'un mois ?

Comment expliquer qu'à certaines dates, la Lune ou le Soleil « disparaisse » ?

1 Les positions du Soleil dans le ciel au cours de la journée

2 **Phases de la Lune au cours d'un mois sur Stonehenge**

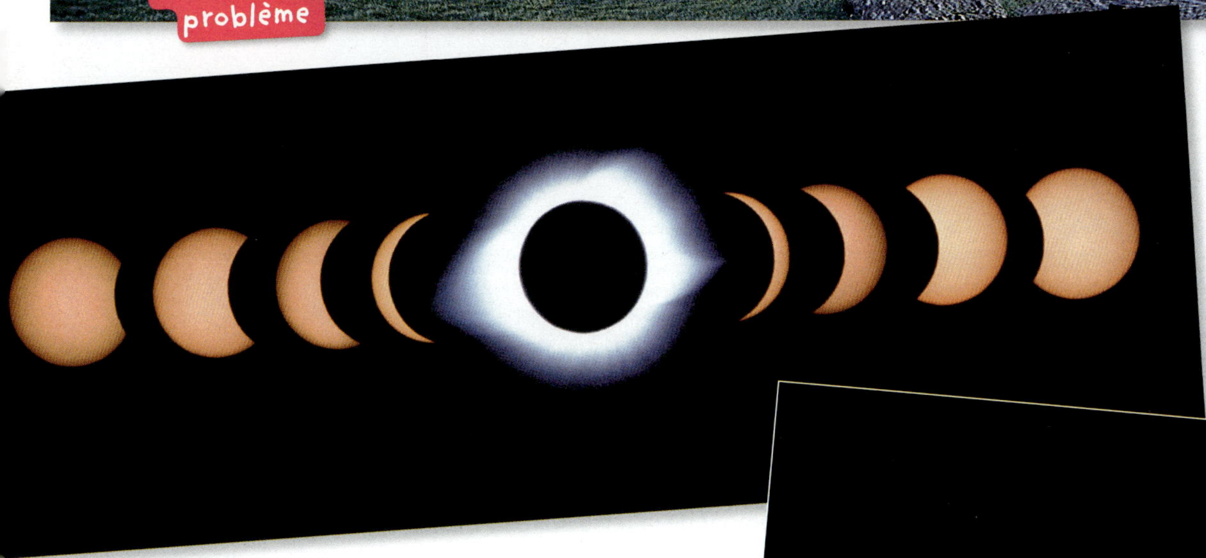

3 **Éclipse totale de Soleil (1999) photographiée à intervalles de temps réguliers**

4 **Éclipse de Lune photographiée à intervalles réguliers**

J'observe et je m'interroge

a. Autour de quelle étoile la Terre tourne-t-elle ? (doc. 1)
b. Quelle est la source de lumière qui éclaire la Terre et la Lune ?
c. Pourquoi, selon les jours, voit-on un croissant de Lune, ou une Lune gibbeuse, ou une Lune toute ronde ? (doc.2)
d. Pourquoi voit-on parfois, d'un point de la Terre, le Soleil se masquer en plein jour ? (doc. 3)
e. Comment la Lune peut-elle être momentanément cachée en partie dans un ciel sans nuage ? (doc.4)

1 Les mouvements dans le système Soleil Terre Lune

Comment se déplacent la Terre et la Lune autour du Soleil ?

J'analyse un document

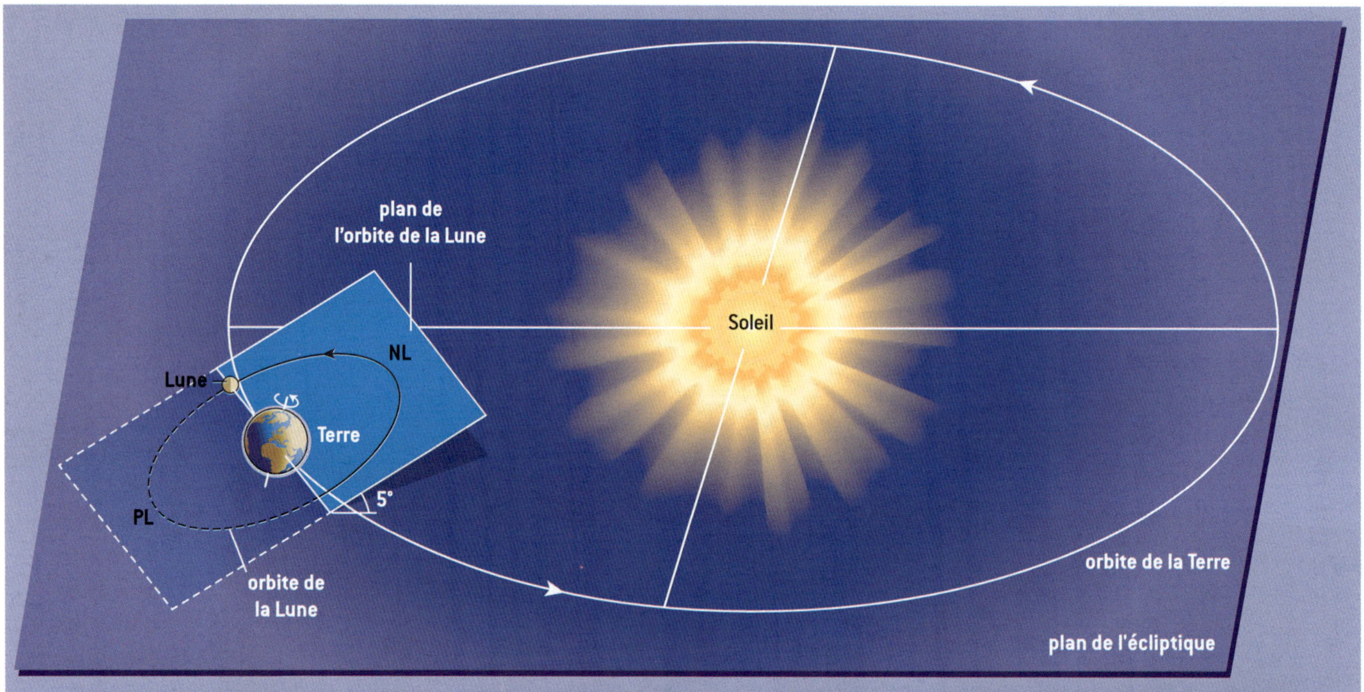

La Terre tourne en 24 h sur elle-même et en 365,25 jours autour du Soleil. La Lune tourne en 28 jours sur elle-même et en 28 jours autour de la Terre : depuis la Terre, on observe toujours la même face de la Lune.

Les orbites de la Terre et de la Lune ne sont pas représentées à l'échelle.
PL : Pleine Lune
NL : Nouvelle Lune

A Les mouvements dans le système Soleil, Terre, Lune

Je réponds aux questions

1. Quel est le mouvement de la Terre sur elle-même et autour du Soleil ?
2. Quel est le mouvement, vu depuis la Terre, de la Lune dans le ciel ? Pourquoi ?
3. En combien de temps la Terre tourne-t-elle sur elle-même et autour du Soleil ?
4. En combien de temps la Lune tourne-t-elle sur elle-même et autour de la Terre ?
5. Qu'est-ce que le plan de l'écliptique ?
6. Que peut-on dire du plan de l'écliptique et du plan de l'orbite de la Lune ?

Conclusion : La Terre effectue un tour complet autour du **Soleil** en **365,25 jours**, dans un plan appelé **plan de l'écliptique**. La Terre effectue un tour sur elle-même en **24 h** (1 jour). **La Lune** unique **satellite** de la Terre tourne en **28 jours** sur elle-même et autour de la Terre. Elle se déplace dans un plan incliné de 5° par rapport au plan de l'écliptique.

Vocabulaire

• **satellite** vient du latin « escorte » car un satellite escorte la planète autour de laquelle il orbite.

Question test : Pourquoi la Lune et le Soleil semblent-ils se déplacer dans le ciel ?

Je m'entraîne exercices 2, 8, 12, 14 et 17

2 Les phases de la Lune

→ Pourquoi la Lune n'a-t-elle pas toujours le même aspect, vue de la Terre ?

Situation problème

Marie observe la Lune chaque soir et remarque que son aspect change.

Pourquoi la Lune change-t-elle d'aspect au cours d'un mois ?

Hypothèses

1. La Lune est éclairée différemment par le Soleil d'un jour à l'autre.
2. On ne voit qu'une partie de la face éclairée de la Lune depuis la Terre.

J'analyse des documents

A Les positions respectives du Soleil, de la Terre et de la Lune permettent d'expliquer l'existence des phases de la Lune.

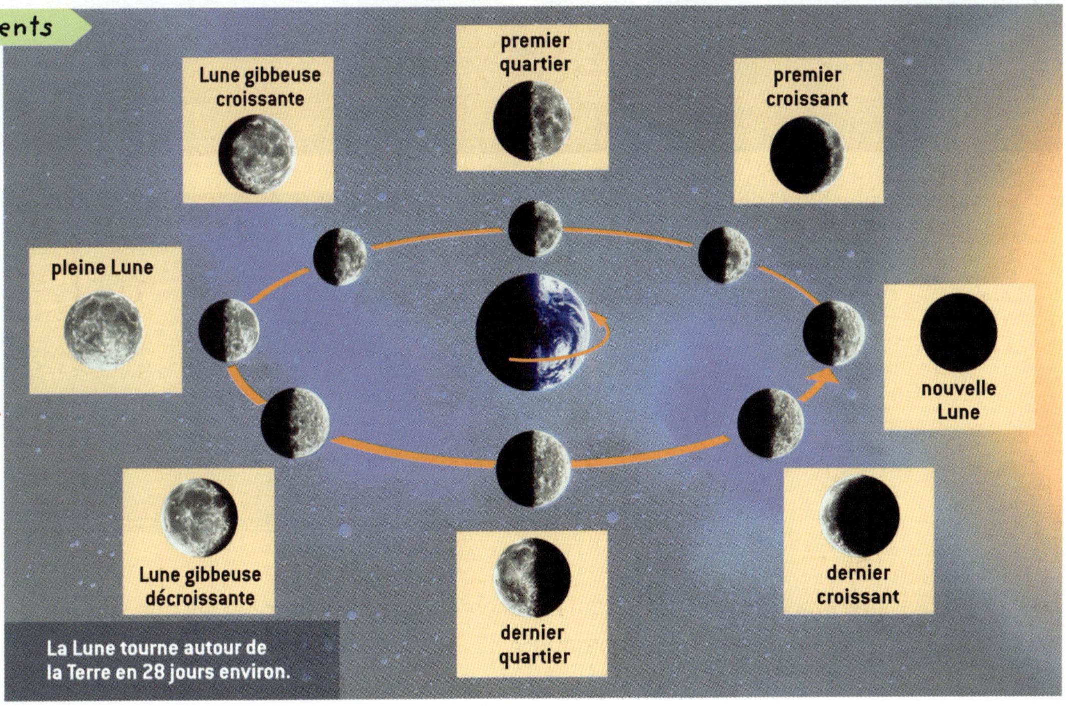

Je réponds aux questions

1. D'où provient la lumière qui éclaire la Lune ?
2. Pourquoi la Lune est-elle totalement visible au moment de la pleine Lune ?
3. Pourquoi la Lune n'est-elle pas visible au moment de la nouvelle Lune ?
4. Nommer les différents aspects de la Lune. Pourquoi sont-ils différents ?
5. Dans quel ordre sont la Terre, la Lune et le Soleil à la pleine Lune et à la nouvelle Lune ? Quel intervalle de temps sépare ces deux phases ?

Conclusion : Depuis la Terre, seule une partie de la surface de la Lune éclairée par le Soleil est visible. La partie non visible de la Lune est son ombre propre. Les différents aspects de la Lune, appelés phases évoluent sur une période de 28 jours environ, appelée **lunaison**. Une lunaison correspond à un tour complet de la Lune autour de la Terre.

Vocabulaire

- **Lune gibbeuse** Lune bossue.

Question test : Combien y a-t-il de lunaisons dans une année ?

Je m'entraîne exercices 7, 8, 12 et 16

3 Les éclipses de Lune

Dans quel cas une éclipse de Lune se produit-elle ?

J'analyse des documents

A Le déroulement d'une éclipse de Lune photographiée à intervalles réguliers.

B Lors d'une éclipse de Lune, la Lune passe dans le cône d'ombre de la Terre.

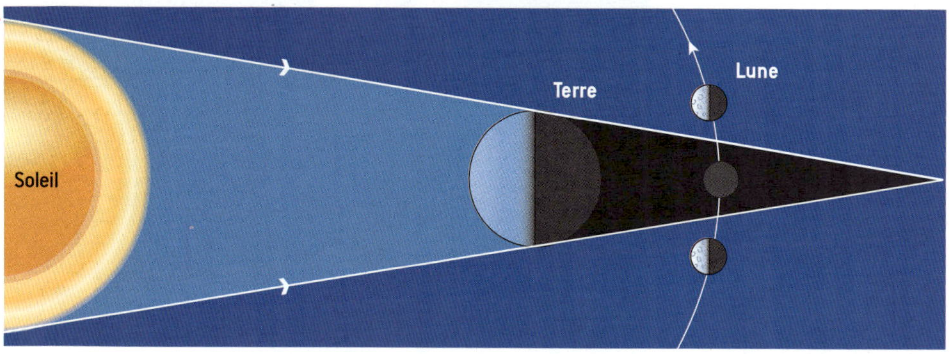

Je réponds aux questions

1. Dans quel ordre le Soleil, la Terre et la Lune sont-ils lorsqu'une éclipse de Lune se produit ?
2. Pour quelle phase de la Lune, une éclipse de Lune se produit-elle ? Pourquoi n'a-t-on pas une éclipse de Lune chaque fois que l'on observe cette phase ?
3. Dans quelle zone de l'espace, la Lune doit-elle se trouver pour qu'il y ait une éclipse totale de Lune ?
4. Vue depuis la Terre, comment la Lune apparaît-elle au cours d'une éclipse de Lune (A) ?

Conclusion : Lorsque le Soleil, la Terre et la Lune sont parfaitement alignés dans cet ordre, il se produit une **éclipse de Lune**. Cela n'est possible qu'à la pleine Lune 2 à 4 fois par an.
Le plan de l'orbite de la Lune est incliné de 5° par rapport au plan de l'écliptique : lorsque la Lune tourne autour de la Terre, elle passe tantôt au-dessus, tantôt au-dessous de l'écliptique et il n'y a alors pas d'éclipse.

Question test : Une éclipse de Lune est-elle visible le jour ou la nuit ?

Je m'entraîne exercices 3, 5 et 15

Vocabulaire

- **éclipse** mot qui vient du grec « abandon » et qui révèle la crainte des hommes que le dieu Soleil les abandonne.

4 Les éclipses de Soleil

Dans quel cas une éclipse de Soleil se produit-elle ?

ATTENTION : Ne jamais observer le Soleil sans protection !

J'analyse des documents

A L'éclipse de Soleil du 11 août 1999 photographiée, en France, demi minute par demi minute

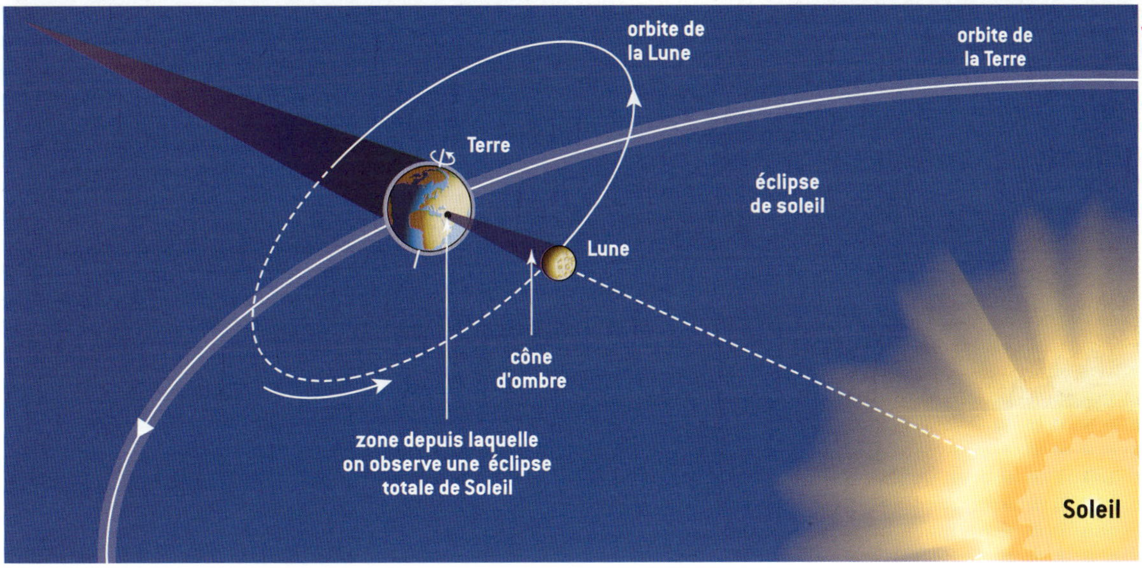

B Le mécanisme d'une éclipse totale de Soleil.

Je réponds aux questions

1. Dans quel ordre le Soleil, la Terre et la Lune se trouvent-ils pour qu'une éclipse de Soleil se produise ?
2. Quelle est la phase de la Lune à ce moment-là ?
3. Observe-t-on une éclipse de Soleil le jour ou la nuit sur la Terre ?
4. Que peut-on observer sur la Terre depuis un satellite au moment d'une éclipse de Soleil ?
5. Où se situe la pointe du cône d'ombre de la Lune lors d'une éclipse ?

REMARQUE :
La phase de totalité d'une éclipse de Soleil dure au plus 6 minutes et 30 secondes environ.
Un éclipse de Soleil n'est visible que deux fois par an sur la Terre en raison de l'inclinaison de l'orbite de la Lune sur l'écliptique.

Conclusion : Lorsque la Terre, la Lune et le Soleil sont parfaitement alignés dans cet ordre, il se produit une **éclipse de Soleil**. L'ombre de la Lune se projette sur la Terre ; l'éclipse totale n'est visible que depuis cette zone.

Question test : Pourquoi la nuit tombe-t-elle au cours d'une éclipse totale de Soleil ?

Je m'entraîne exercices 3, 9, 10, 17 et 18

J'apprends et je retiens...

... avec des dessins

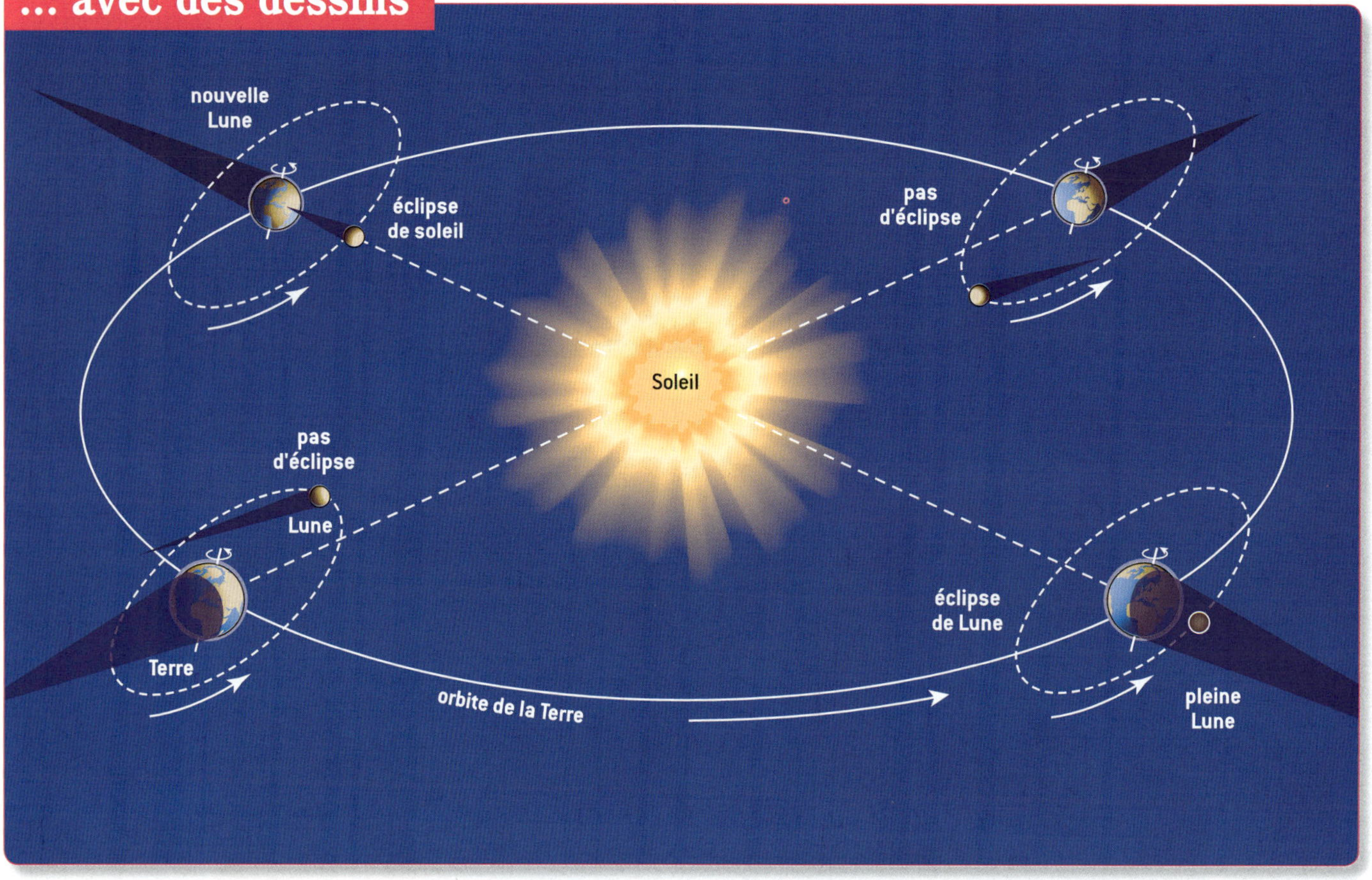

... avec un résumé

- La Terre effectue **un tour autour du Soleil en 365,25 jours et un tour sur elle-même en 24 h** environ.
- La Lune effectue **un tour autour de la Terre en 28 jours environ et un tour sur elle-même en 28 jours** également.
- Les positions respectives du Soleil, de la Terre et de la Lune expliquent l'existence de **phases de la Lune** : le cycle des phases est appelé **lunaison**. La Lune, éclairée par le Soleil, diffuse de la lumière vers la Terre : la partie de la Lune que l'on voit correspond à une phase.
- Les **éclipses de Lune** se produisent lorsque le Soleil, la Terre et la Lune sont alignés dans cet ordre à la **pleine Lune**.
- Les **éclipses de Soleil** se produisent lorsque le Soleil, la Lune et la Terre sont alignés dans cet ordre à la **nouvelle Lune**.

Je m'évalue

Est-ce que je sais...

- décrire le mouvement de la Terre autour du Soleil ?
- décrire le mouvement de la Lune autour de la Terre ?
- expliquer l'existence des phases de la Lune ?
- expliquer les éclipses de Lune ?
- expliquer les éclipses de Soleil ?
- prévoir le phénomène visible dans une configuration donnée du système Soleil, Terre, Lune ?

Ça s'explique par la physique

Pourquoi la Lune est-elle rouge lors d'une éclipse ?

Le Soleil éclaire la Lune qui diffuse la lumière reçue dans toutes les directions, et en particulier, vers la Terre. La plupart du temps, la couleur de la Lune est blanc gris. Cependant, au cours des éclipses de Lune, alors que la Lune est dans le cône d'ombre de la Terre, sa couleur est rougeâtre. À quoi est due cette couleur qui, autrefois, effrayait tant certains peuples d'Amérique latine... ? Ils pensaient alors voir le sang de la Lune se répandre à sa surface à cause de la morsure d'un dragon géant parti à sa poursuite...

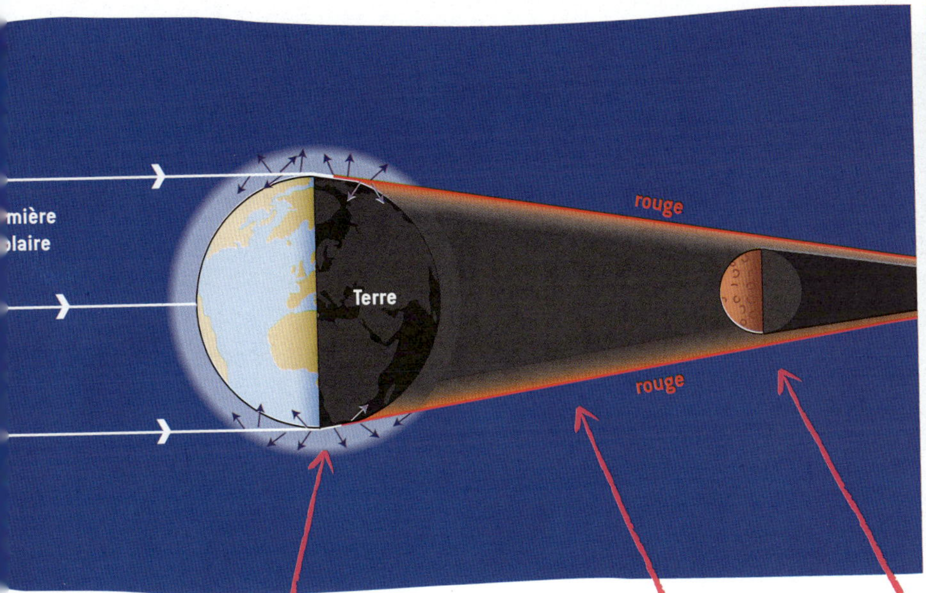

Les particules de l'atmosphère reçoivent la lumière du Soleil et la diffusent.

La lumière du Soleil est rougie et déviée par une épaisse couche d'atmosphère.

La lumière rougie éclaire la Lune qui diffuse ensuite cette lumière vers la Terre. Quand nous recevons cette lumière, la Lune nous apparaît rouge.

Questions

📖 : la réponse est dans le texte

1. Quelle source de lumière éclaire la Terre ? 📖
   Cette lumière est-elle colorée ?
2. Où se situe la Lune lorsque l'éclipse est totale ?
   De quelle couleur devrait-elle être ? 📖
3. Que se passe-t-il lorsque la lumière du Soleil traverse une épaisse couche d'atmosphère de la Terre ? 📖
4. De quelle couleur est la lumière qui éclaire la Lune ? 📖
5. Lorsque le Soleil est bas sur l'horizon, on sait que sa lumière est rouge. Est-ce le même phénomène ?

Le carnet du petit chercheur

Les rayons du Soleil les plus bas sur l'horizon, teintent-ils la Lune en rouge lors d'une éclipse ? Je réalise l'expérience ci-contre pour avoir la réponse.

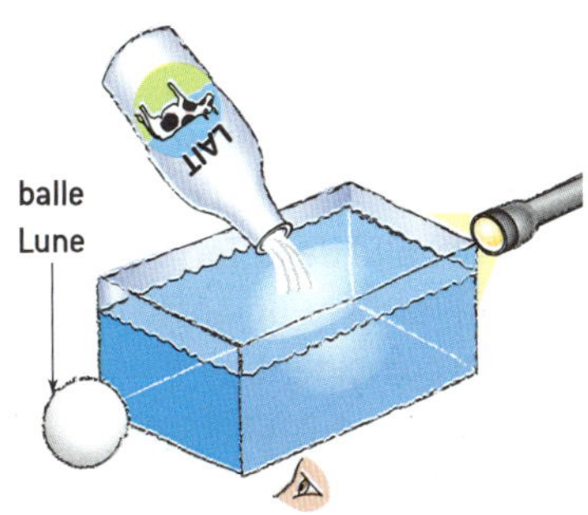

Exercices

Je vérifie ce que j'ai retenu

1 Choisir le bon mot

a) La Terre tourne sur elle-même en **un mois / un jour**.

b) La Lune tourne autour **de la Terre / du Soleil** en 28 jours environ.

c) Les éclipses de Lune se produisent **tous les mois / environ deux fois par an** en un endroit donné de la Terre.

d) Lorsque le Soleil, la Terre et la Lune sont alignés dans cet ordre, il se produit une éclipse de **Lune / Soleil**.

2 Légender le schéma ci-dessous

en utilisant les mots suivants : Soleil, Terre, Lune, plan de l'écliptique.

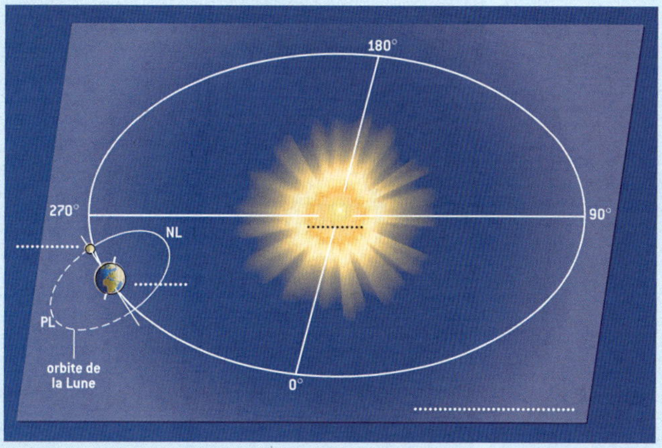

3 Des éclipses à reconnaître

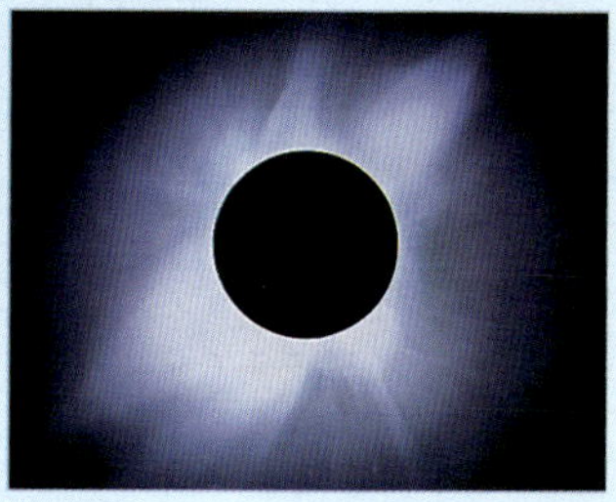

Des deux éclipses photographiées ci-dessus, trouver celle qui est une éclipse de Soleil et celle qui est une éclipse de Lune. Justifier votre choix.

4 Recopier et compléter le texte suivant

a) La Terre tourne autour du .... en .... jours environ et la Lune tourne autour de .... en .... jours environ.

b) Le plan de l'orbite de la .... autour du Soleil est appelé plan de l'écliptique.

c) Lorsque la Terre est située entre le Soleil et la Lune, la phase de la Lune s'appelle la ....

d) Lors d'une éclipse totale de la Lune, celle-ci se situe dans .... de la Terre.

e) Une éclipse de Soleil ne peut se produire qu'à la .... Lune. Dans ce cas, la Terre, la Lune et le Soleil sont .... dans cet ordre.

LE TEST

Êtes-vous incollable sur le système Soleil Terre Lune ?

Pour chaque question, une seule réponse est exacte.

1 La Terre tourne autour du Soleil :

a) en un jour.

b) en un mois.

c) en un an.

2 Les éclipses sont rares parce que le plan de l'orbite de la Lune et celui de la Terre :

a) forment un angle de 5°.

b) coïncident.

c) sont quelconques.

3 L'ombre de la Lune projetée sur la Terre correspond à :

a) une éclipse de Lune.

b) une éclipse de Soleil.

c) une phase de la Lune.

4 La nouvelle Lune survient lorsque :

a) la Terre est entre le Soleil et la Lune.

b) le Soleil est entre la Terre et la Lune.

c) La Lune est entre la Terre et le Soleil.

5 Une éclipse de Soleil se produit quand :

a) la Terre masque le soleil.

b) le Soleil disparaît derrière la Lune.

c) le Soleil ne brille plus.

Barème :

Réponse bonne = 4 pts
Réponse fausse = –1 pt
Pas de réponse = 0 pt

▶ Votre score : ... / 20

- **15 et plus :** Bravo ! Vous brillez comme un Soleil !
- **Entre 8 et 14 :** Bien moyen. Vous êtes dans la Lune.
- **7 et moins :** Il faut atterrir... sur la Terre.

Réponses page 224 ▶

J'applique ce que j'ai appris

5 Répondre par vrai ou faux et corriger les phrases fausses.

a) Les phases de la Lune sont dues à l'ombre projetée par la Terre sur la Lune.
b) Les éclipses de Lune sont plus fréquentes quand on voit une demi-Lune que lorsque celle-ci est pleine.
c) Il faut se protéger les yeux pour observer une éclipse de Soleil.

6 Un peu de français

Compléter les phrases suivantes en utilisant une seule fois les mots : si, alors, donc, car.

a) La Terre effectue un tour sur elle-même en un jour, ... le Soleil et la Lune semblent se déplacer dans le ciel.
b) .... la Terre se trouve entre la Lune et le Soleil et alignée avec eux, ... il se produit une éclipse de Lune.
c) Il ne se produit pas d'éclipse de Soleil à chaque nouvelle Lune .... le plan de l'orbite de la Lune et le plan de l'écliptique ne sont pas confondus.

7 Les phases de la Lune en désordre

Remettre dans le bon ordre les différentes phases de la Lune.

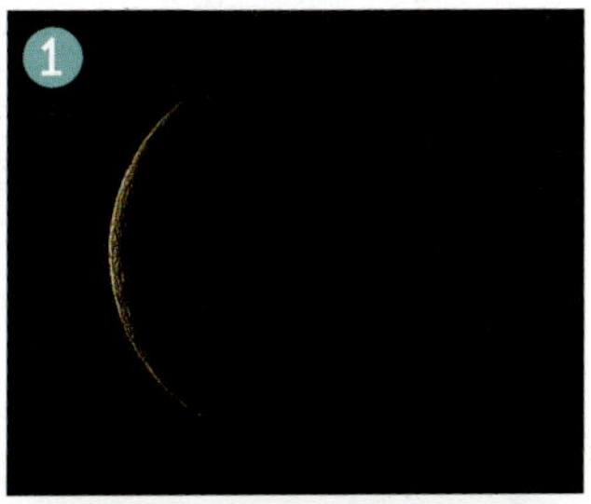

8 La Lune et le Soleil en questions !

Manon et Maxime ne sont pas d'accord. Manon affirme que la Lune et le Soleil ne sont jamais présents simultanément dans le ciel. Maxime affirme quant à lui que la Lune n'est visible que la nuit.
Pour chaque affirmation, indiquer lequel de Manon ou de Maxime à raison. Justifier votre réponse.

9 Étude de texte : frayeurs cosmiques

« Lorsqu'au milieu d'un beau jour, par un ciel pur et sans nuage, le disque éblouissant du Soleil, rongé par un dragon invisible, diminue peu à peu d'étendue […] et disparaît entièrement, comment ne serait-on pas impressionné de cette mystérieuse extinction ? Si l'on ignore que ce fait est dû à l'interposition momentanée de la Lune devant l'astre lumineux, et qu'il est un résultat inévitable du mouvement régulier de notre satellite, comment ne craindrait-on pas la prolongation de cette nuit extraordinaire […] ? »

Extrait de l'*Astronomie populaire*, Camille Flammarion, éditions Marpon et Flammarion, 1880.

a) Quel est le phénomène décrit dans ce passage ?
b) Pourquoi peut-on croire qu'un dragon dévore le Soleil ?
c) À quel « mouvement régulier de notre satellite » le texte fait-il allusion ?
d) Expliquer l'expression « mystérieuse extinction ». Ces termes vous paraissent-ils justifiés ?

10 Une tache mystérieuse...

Cette photographie de la Terre vue de l'espace a été prise le 11 août 1999 par la station spatiale Mir.
a) À quoi correspond la tache sombre observée sur cette photographie ?
b) Comment s'appelle le phénomène visible depuis la Terre ?
c) Comment sont alors positionnés le Soleil, la Lune et la Terre ?

J'utilise ce que je sais

11 À la maison, j'observe les dimensions de la Lune selon l'heure.

Objectif
Vérifier si les dimensions apparentes de la Lune changent lorsque celle-ci se trouve haute dans le ciel ou basse sur l'horizon.

Matériel
• 1 feuille de papier cartonné • 1 compas • 1 règle • 1 paire de ciseaux.

Protocole
- Découper dans la feuille de papier cartonné des trous circulaires de diamètres : 3 mm, 6 mm et 9 mm.
- Trouver à travers lequel de ces trous il est possible d'observer toute la Lune quand la feuille est tendue à bout de bras. Faire cette expérience quand la Lune est haute dans le ciel, puis lorsqu'elle est proche de l'horizon.

12 Trouver les saisons

L'axe des pôles de la Terre est légèrement incliné. Lorsque la Terre tourne autour du Soleil, chaque pôle est selon la saison, au Soleil ou à l'ombre. L'orbite de la Terre autour du Soleil n'est pas un cercle parfait : elle est un peu allongée. Quand la Terre est le plus proche du Soleil et quand le pôle Nord est dans l'ombre (nuit), c'est l'hiver dans l'hémisphère Nord. Quand elle est le plus éloignée du Soleil et quand le pôle Nord est dans la lumière (jour), c'est l'été.

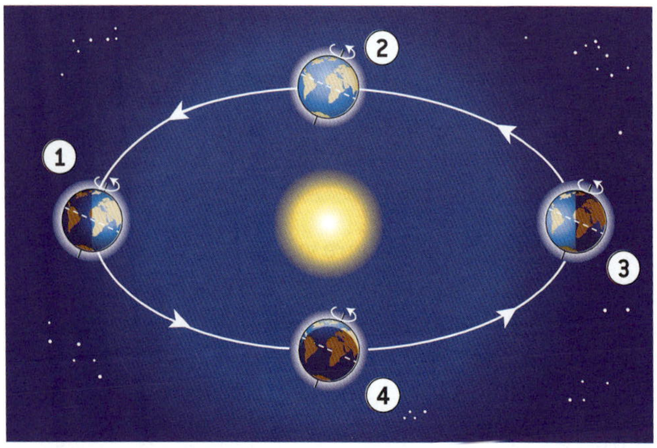

Préciser à quelles saisons correspondent les différentes positions de la Terre représentées sur ce schéma.

13 La Lune de Galilée

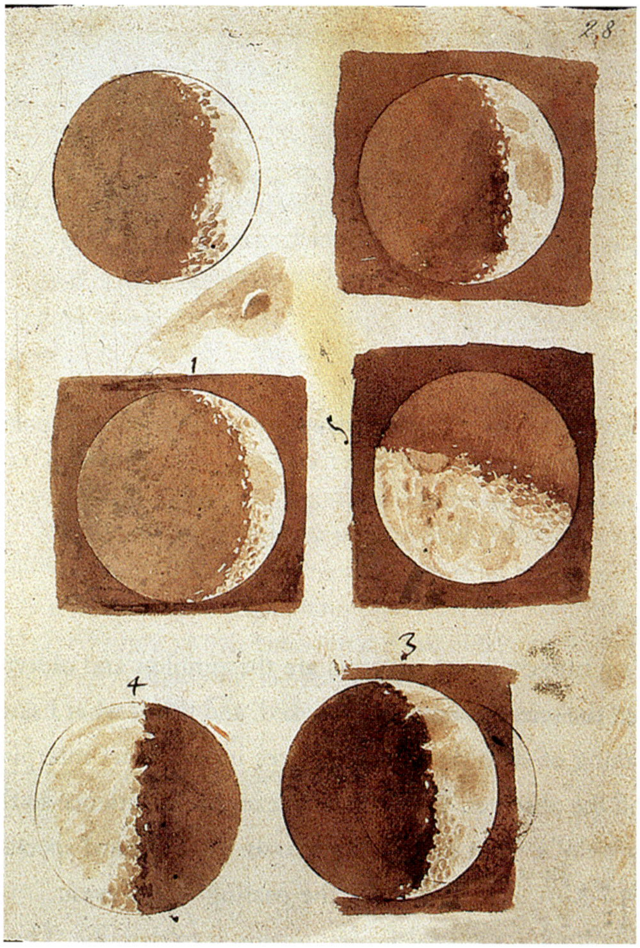

Au XVIIe siècle, Galilée a dessiné l'aspect de la Lune qu'il voyait à travers sa lunette.

a) Comment se nomment les différents aspects de la Lune au cours d'un mois ?

b) Citer le nom des phases de la Lune dessinées par Galilée.

14 Des jours et des nuits

a) Quelle est la durée en jours d'une année ?

b) Combien y a-t-il de jours et de nuits sur Terre au cours d'une année ? Justifier votre réponse.

c) Quelle est la durée d'un jour lunaire en jours terrestres ?

d) Combien y a-t-il de jours et de nuits sur la Lune au cours d'une année ? Justifier votre réponse.

Aide : La Lune tourne sur elle-même en 28 jours.

15 Prédiction des éclipses de Lune

Les Chaldéens connaissaient il y a plus de 2000 ans, une méthode appelée Saros pour déterminer les dates des éclipses de Lune. Celles-ci se reproduisent en effet à l'identique tous les 18 ans et 11 jours.
Déterminer quand reviendront les éclipses de Lune des 7 septembre 2006 et 3 mars 2007.

16 Éclipse sur Mars

Sachant que la planète Mars, qui appartient au système solaire, possède deux satellites, Phobos et Déimos, indiquer ce que représente la photo ci-dessus et comment ces images ont pu être obtenues.

17 À la recherche d'exoplanètes

On appelle exoplanète, une planète qui tourne autour d'une autre étoile que le Soleil. Pour les découvrir, car elles n'émettent pas assez de lumière pour être visibles de la Terre, l'une des méthodes utilisées consiste à analyser la lumière reçue de l'étoile centrale depuis la Terre.

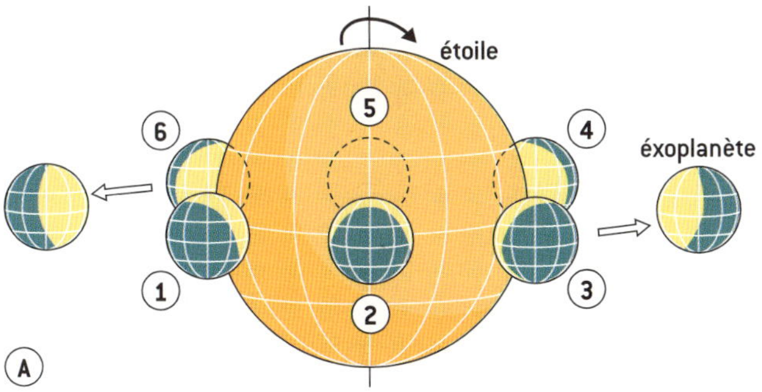

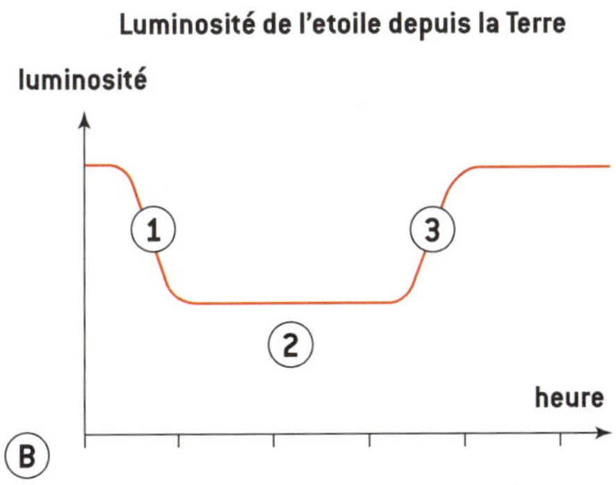

a) Expliquer pourquoi la baisse de luminosité de l'étoile observée pendant les phases 1, 2 et 3 permet de dire qu'une planète tourne autour de l'étoile observée (A).

b) Comment s'appelle le phénomène qui se produit entre les phases 1 et 3 (B)?

c) Chercher sur Internet le nom des deux astrophysiciens qui ont découvert la première exoplanète en 1995. Où cette découverte a-t-elle été faite ?

d) Chercher combien d'exoplanètes ont été découvertes aujourd'hui.

18 Un peu d'anglais

Consulter le site Internet : http://www.spaceplace.nasa.gov/en/kids/phonedrmarc/2002_august.shtml

Lire le texte proposé et répondre aux questions suivantes :

a) La Terre est-elle la seule planète à avoir un satellite naturel ?

b) De combien de fois la Lune est-elle plus petite que le Soleil ?

c) De combien de fois la Lune est-elle plus rapprochée de la Terre que le Soleil ?

d) Quel phénomène est la conséquence de ces deux observations ?

e) La Lune s'éloigne de la Terre. Rechercher sur un autre site Internet de combien de cm par an.

f) Quelle est la conséquence de ce phénomène à long terme ?

Je protège ma planète
pour un développement durable

19 La pollution lumineuse du ciel nocturne

1) Comparer les deux systèmes d'éclairages. Quel est le meilleur et pourquoi ?

2) Pourquoi peut-on économiser de l'électricité en changeant de lampadaire ?

3) Quelle est la caractéristique des espèces auxquelles appartiennent les chouettes, les papillons de nuit, les chauves-souris ? Quel est leur problème avec la lumière ?

4) Pourquoi le travail des astronomes est-il perturbé ?

5) Pourquoi parle-t-on de pollution lumineuse ? Quelles sources de lumière pourraient être supprimées ?

Le système solaire

Le personnage

Johannes Kepler (1571-1630)

Astronome allemand du XVIe siècle, Kepler reprend le travail de l'astronome Tycho Brahé, et va percer le mystère des mouvements des planètes, en particulier celui de la planète Mars. Protestant, il se battra toute sa vie, contre l'avis de Tycho Brahé et contre l'Inquisition catholique, pour montrer que la Terre et les planètes tournent autour du Soleil. Les lois de Kepler restent les lois de base du mouvement des planètes.

La curiosité

Le **monde d'Anaximandre**
La Terre est suspendue immobile au centre de l'Univers infini. Le Zodiaque, la Lune et le Soleil, sont en équilibre tout autour comme des tuyaux à travers lesquels jaillit le feu. Les éclipses et les phases de la Lune sont causées par l'ouverture ou la fermeture partielles de ces tuyaux.

Les dates importantes

– 600
Le monde d'Anaximandre

– 570 à – 480
Le **système pyrocentrique de Pythagore** (VIe av. J.-C.) : tous les corps célestes y compris le Soleil sont sphériques et tournent autour d'un feu central.

98 à 168
Le **système géocentrique de Ptolémée** (IIe siècle apr. J.-C.) : les planètes tounent autour du Soleil qui tourne autour de la Terre, centre de l'Univers.

1473 à 1543
Dans le **système héliocentrique de Copernic,** le Soleil est au centre de l'Univers et toutes les planètes, y compris la Terre, tournent autour du Soleil.

1546 à 1601
Dans le **système géo-héliocentrique de Tycho Brahé,** les planètes tournent autour du Soleil, qui tourne lui-même autour de la Terre, centre de l'Univers.

Kepler

- 600 | - 500 | - 400 | 0 | 100 | 200 | 1400 | 1500 | 1600 | 1700

1685
Lois de la gravitation de Newton : le système solaire est définitivement héliocentrique.

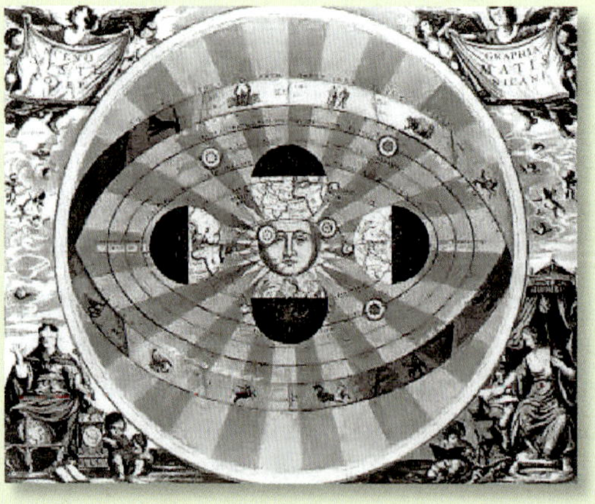

Un métier : astronome

La science au quotidien

L'astronome est chargé d'effectuer des observations du ciel, puis d'analyser les données obtenues et enfin, il doit en déduire des résultats et construire des théories. Cette activité, souvent vécue comme une passion, exige un investissement important.

Le travail de recherche

- L'observation s'effectue dans des observatoires, souvent isolés pour que le ciel soit transparent, sans pollution chimique ni lumineuse.
- Après quelques jours d'observation, l'astronome revient à son laboratoire pour analyser ses données sur ordinateur.
- Avec les résultats de l'ordinateur, l'astronome décrit les phénomènes physiques qui régissent les étoiles ou galaxies, les comètes...

Les mesures

- L'astronome mesure la luminosité des astres, analyse la lumière qu'ils émettent, calcule leur mouvement, leur distance... Il surveille les astéroïdes. Il travaille aussi sur l'évolution de l'Univers.

Un observatoire pour les jeunes

- L'observatoire de Buthiers a été construit spécialement pour les jeunes. Il abrite un télescope, équipé d'instruments modernes de capture d'images, qui permet d'observer aussi bien les planètes du système solaire que les galaxies.

Est-ce un métier pour moi ?

- J'aime la physique, la chimie, les mathématiques
- J'aime observer le ciel
- J'aime faire des expériences
- J'aime le travail de précision
- J'aime bricoler
- J'aime le travail en équipe
- J'aime parler et écrire l'anglais

Dans le même domaine

- Astrophysicien
- Technicien en optique
- Technicien en électronique
- Ingénieur en instrumentation scientifique
- Enseignant-chercheur en astronomie

Les contraintes du métier

- Les observations du ciel ont lieu la nuit et souvent plusieurs nuits à la suite.
- Il faut travailler l'hiver et dans des observatoires souvent situés en montagne.
- Il y a des déplacements fréquents à l'étranger (observatoires, colloques...).
- L'analyse des données et les calculs en laboratoire peuvent être longs et fastidieux.

Partie 3

L'eau

« À l'échelle de l'univers, l'eau est plus rare que l'or. » Hubert Reeves

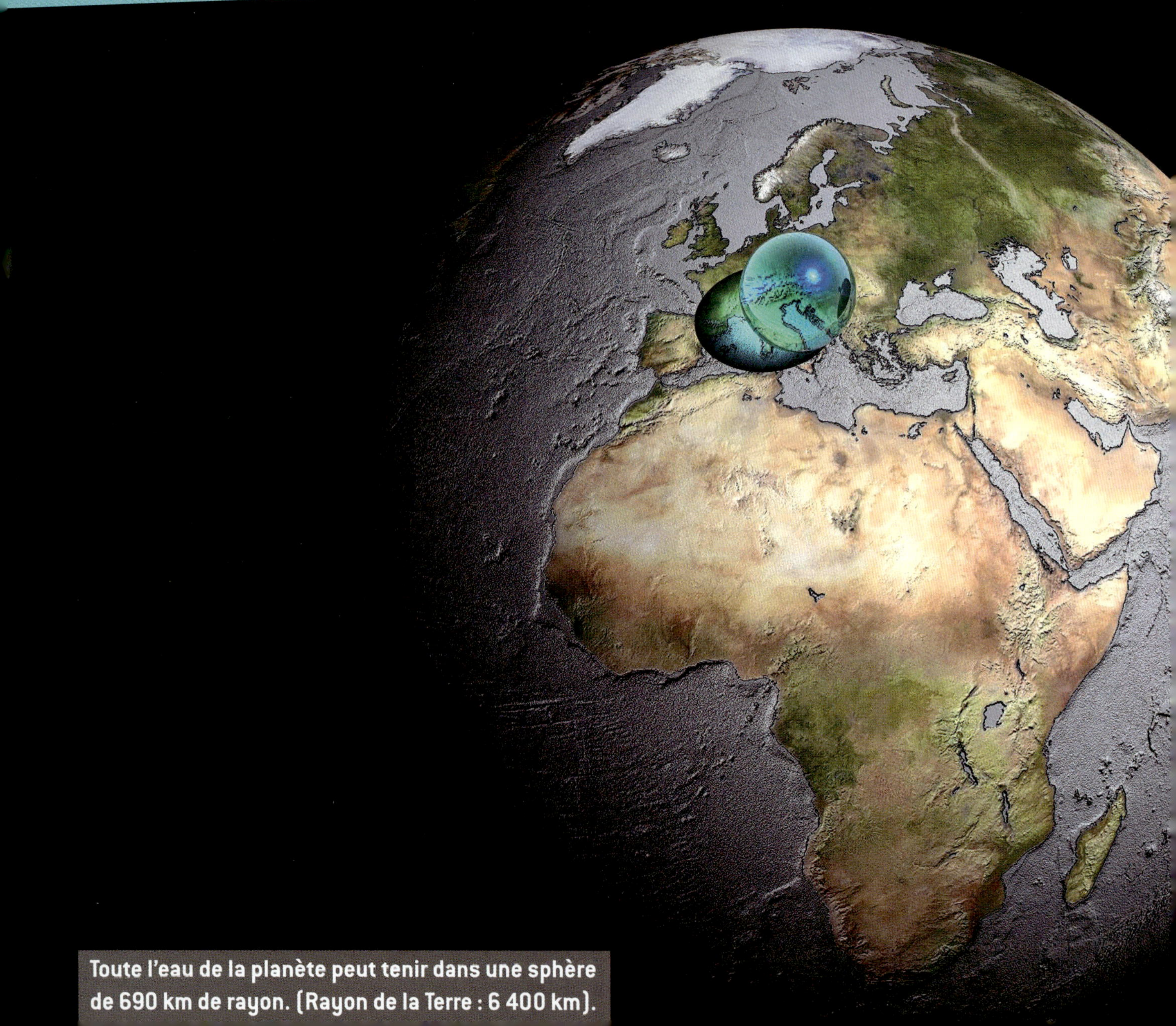

Toute l'eau de la planète peut tenir dans une sphère de 690 km de rayon. (Rayon de la Terre : 6 400 km).

J'ai vu à l'école

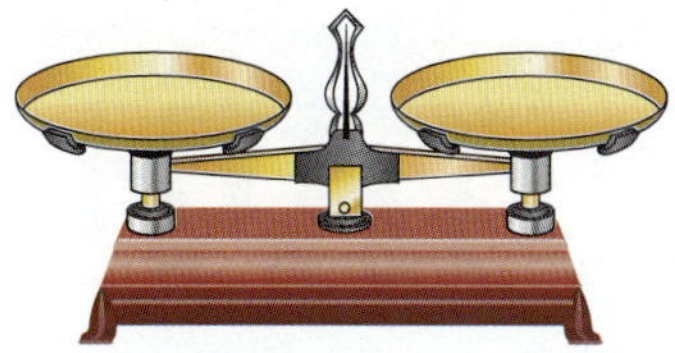

Des mesures

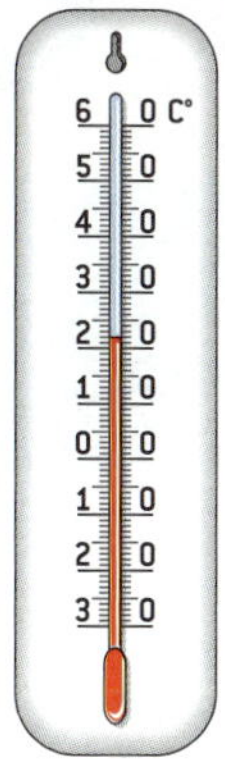

- de durée en heures (h), minutes (min), secondes (s) avec un chronomètre,
- de masse en grammes (g), multiples et sous-multiples avec une balance,
- de température en degrés Celsius (°C) avec un thermomètre.

L'eau existe sous trois états

- L'eau liquide, la glace, la vapeur d'eau.
- L'eau gèle à 0°C ; la glace fond à 0°C.
- L'eau bout vers 100°C ou s'évapore. La vapeur d'eau se condense.

Cascade du Nideck, Bas Rhin

L'eau peut contenir des solides dissous

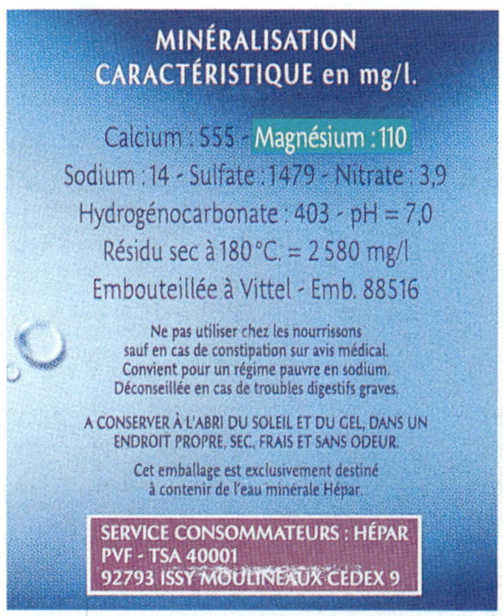

Chapitre 8

L'eau dans notre environnement

Quelquefois invisible, pas toujours abondante, l'eau est partout ! Elle n'a pas toujours le même aspect et elle n'est pas toujours là où on l'attend.
Comment la reconnaître ?

1 Le lac de Baranof Island, Alaska (États-Unis)

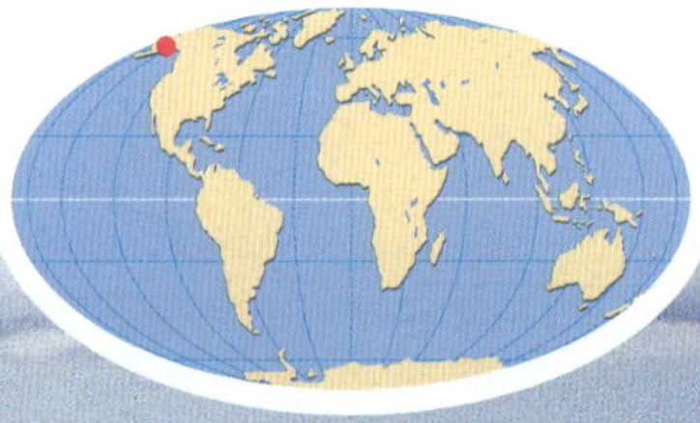

2 **L'eau, lieu de vie : un bébé avant sa naissance dans son milieu aquatique**

L'eau, dans l'océan et dans les végétaux : des palmiers cocotiers (Antilles) **3**

4 **L'eau, source d'énergie : le barrage de Serre-Ponçon (Hautes-Alpes)**

J'observe et je m'interroge

a. Où observez-vous la présence de l'eau sur tous ces documents ?
b. Sous quelles formes observe-t-on l'eau en montagne ? (doc. 1)
c. Dans quel milieu le fœtus humain se développe-t-il ? (doc. 2)
d. Quel climat favorise le développement de la végétation des Antilles ? (doc. 3)
e. Quel est le constituant essentiel des végétaux et des humains ? (doc. 2 et 3)
f. Pourquoi retient-on de l'eau avec un barrage ? (doc. 4)

1 Partout, de l'eau !

Où trouve-t-on de l'eau sur terre ?

J'observe des documents

A Les vignes au bord de la Loire (Loire-Atlantique)
précipitations 600 mm/an

B Chute d'eau à l'anse des cascades (La Réunion)
précipitations 500 à 12 000 mm/an

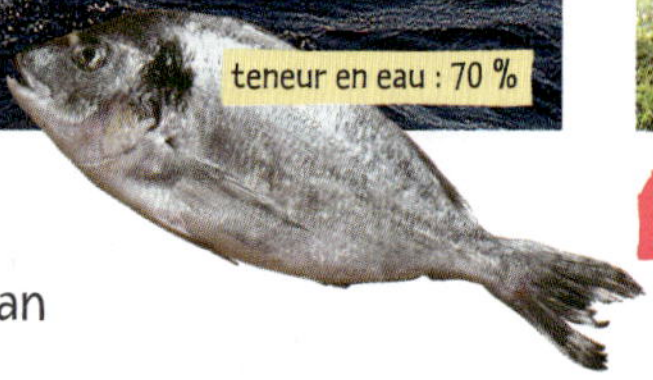

C Belle pêche aux Saintes (Guadeloupe)
précipitations 600 à 900 mm/an

D La pluie tropicale (Guyane)
précipitations 2 700 mm/an

Un désert chaud : le Sahara **E**
précipitations 100 à 200 mm/an

Un désert froid : l'Arctique **F**
précipitations 250 mm/an

Je réponds aux questions

1. Quels sont les grands réservoirs d'eau visibles sur ces documents ?
2. Sous quelle forme apparaît l'eau dans les précipitations ?
3. Classer les différentes régions représentées par moyenne de précipitations croissantes (en mm/an). La répartition de l'eau douce est-elle égale ?
4. Pourquoi l'eau est-elle indispensable à la croissance des végétaux ? Classer les différents aliments présentés de la plus forte **teneur en eau** à la plus faible.
5. D'où vient l'eau contenue dans le corps humain ?

Vocabulaire

- **teneur en eau d'une substance** pourcentage d'eau en masse contenue dans cette substance.
- **précipitations** formes sous lesquelles l'eau tombe à la surface de la Terre.

Conclusion : • **L'eau est omniprésente sur la Terre et sans elle la vie ne pourrait pas exister.** Les êtres vivants contiennent tous de l'eau.
• Les grands réservoirs d'eau sont les océans, les fleuves, les précipitations… L'eau douce n'est pas répartie équitablement sur notre planète.

Question test : La vie serait-elle possible sur la Terre sans eau ?

Je m'entraîne exercices 5, 8, 10, 11, 12, 13, 14

2 Le test de reconnaissance de l'eau

Comment reconnaître la présence de l'eau ?

Je réalise une expérience

Compétence expérimentale
réaliser le test de reconnaissance de l'eau.
▶ voir p. 218

⚠ Manipuler avec précaution le sulfate de cuivre anhydre qui est un composé irritant. (Porter des lunettes et utiliser en faibles quantités.)

A On fait couler avec une pipette un peu d'eau sur du sulfate de cuivre anhydre blanc.

B Un peu de produit bleu est mis dans un bécher et placé sur une plaque de chauffage.

C On chauffe en agitant la poudre.

J'observe et j'interprète

- Le sulfate de cuivre **anhydre** blanc est un produit qui ne contient pas d'eau. Au contact de l'eau, il s'hydrate : il prend une couleur bleue caractéristique. C'est le **test de reconnaissance** de l'eau.
- Lorsque l'on chauffe du **sulfate de cuivre bleu**, de l'eau s'échappe et on obtient de nouveau du sulfate de cuivre anhydre : le sulfate de cuivre bleu se déshydrate et la couleur blanche réapparaît.

Conclusion : Le **sulfate de cuivre anhydre** est le détecteur de l'eau : il devient bleu en présence d'eau.

Vocabulaire
- **anhydre** qui ne contient pas d'eau.

Question test : De quelle couleur est le sulfate de cuivre anhydre ?

Je m'entraîne exercices 3, 4, 6, 9

3 L'eau dans les liquides

Les liquides contiennent-ils tous de l'eau ?

Une expérience est réalisée On met un peu de sulfate de cuivre anhydre dans chaque soucoupe et on y dépose quelques gouttes du liquide à tester :

Je dresse un tableau

	alimentaire				non alimentaire	
liquide testé	lait	jus d'orange	lait de soja	huile	liquide vaisselle	white-spirit
couleur du détecteur	bleu	bleu	bleu	blanc	bleu	blanc
présence d'eau	oui	oui	oui	non	oui	non

Conclusion : De nombreux liquides contiennent de l'eau en particulier les **boissons** : on **détecte** la présence de l'eau avec du **sulfate de cuivre anhydre** qui devient bleu en sa présence.

Vocabulaire

- **white-spirit** essence minérale solvant des peintures grasses.

Question test : Comment détecter la présence de l'eau dans les liquides ?

Je m'entraîne exercices 1, 4, 7

Les machines à monter l'eau

Le personnage

Archimède (287 av. J.-C., 212 av. J.-C)

Savant grec, fils de l'astronome Phidias, Archimède est très rapidement influencé par l'école d'Alexandrie. Après des voyages en Égypte et en Espagne, il s'installe définitivement à Syracuse. Formidable mathématicien, Archimède est aussi un brillant physicien : il est l'inventeur de la vis sans fin.

La curiosité

Une des extrémités de cette grosse vis (la vis d'archimède) est plongée dans un bassin. En actionnant la manivelle, l'eau est acheminée vers le haut du tube jusqu'à se déverser dans un réservoir.

Les dates importantes

- **- 3000 av. J.-C.** Le Chadouf, première machine élévatrice en Mésopotamie
- **- 2500 av. J.-C.** Tuyaux en terre cuite avec adduction d'eau : palais de Cnossos, en Crête
- Archimède
- **- 212 av. J.-C.** Vis d'Archimède
- **1827** La turbine de Fourneyron

- 3000 | - 2000 | - 1000 | 0 | 1000 | 2000

Le chadouf est constitué d'un axe vertical sur lequel bascule une poutre de bois. À une extrémité de la poutre, est fixée une corde qui retient un « seau » en peau ; à l'autre extrémité de la poutre est fixé un contrepoids en pierre. Cette machine permet de puiser l'eau dans le Nil ou dans un canal et de la soulever avec moins de fatigue pour arroser les champs. Inventé il y a 5000 ans, le chadouf est toujours utilisé.

Un métier : aquaculteur

La science au quotidien

L'art de « cultiver » les eaux (eaux de mer et eaux de rivière), s'occuper des coquillages, des poissons, des algues qui y vivent, telle est la fonction de l'aquaculteur.

Les diverses activités

- Les aquaculteurs sont les fermiers de la mer : ils élèvent les huîtres, les moules, les coquilles Saint-Jacques… Ils sélectionnent les espèces de poissons, élèvent les larves et les œufs, les font éclore, les soignent, les nourrissent… Leur travail exige une présence constante sur les bassins, les étangs, en mer et par tous les temps. La pollution est leur ennemie permanente.
- Ils doivent aussi savoir gérer leur exploitation, avoir des connaissances en informatique, suivre l'évolution des prix sur le marché, et avoir une bonne communication avec la clientèle.

Est-ce un métier pour moi ?

- J'aime la mer et la nature. Je sais bien nager et plonger.
- Je veux travailler en plein air.
- J'aime bricoler.
- Je suis résistant. Je ne crains pas le froid en hiver et la chaleur en été. Je suis prêt à travailler dès le point du jour.
- Je veux rentrer assez vite dans la vie active.

Dans le même domaine

- Conchyliculteur (coquillages et crustacés)
- Ostréiculteur (huîtres)
- Mytiliculteur (moules)
- Pisciculteur (poissons)

Les contraintes du métier

- Travailler dans l'eau, par tous les temps et en toutes saisons.
- Se conformer à des règles sanitaires strictes.
- Les journées de travail en haute saison sont longues.
- Travailler dès le lever du Soleil.

Chapitre 9

Mélanges et corps purs

L'air, l'eau de mer, l'acier, les roches...sont des mélanges de plusieurs constituants. Chacun est fait de nombreuses substances que nos yeux ne parviennent pas toujours à distinguer.
Comment séparer les constituants d'un mélange ?

1 La Rivière d'Argent, Le Huelgoat (Bretagne)

Situation problème

2 La filtration des essences de fleurs

3 Un alambic pour extraire l'essence de lavande

4 La décantation d'un vin

J'observe et je m'interroge

a. Les liquides que l'on voit sur les documents contiennent-ils plusieurs constituants ?
b. Pourquoi l'eau de la rivière a-t-elle cet aspect boueux ? (doc. 1)
c. Pourquoi les parfumeurs filtrent-ils les essences de fleurs avant de composer un parfum ? (doc. 2)
d. À quoi sert un alambic ? Est-il seulement utilisé pour extraire l'essence des fleurs ? (doc. 3)
e. Pourquoi verse-t-on le vin dans une carafe avant de le servir ? (doc. 4)

Mélanges hétérogènes et mélanges homogènes

Comment distinguer un mélange homogène d'un mélange hétérogène ?

Je réalise une expérience

A On prépare une menthe à l'eau, du café, un jus d'orange et une infusion de thé.

B On agite et on attend quelques minutes.

Je réponds aux questions

1. Quel est le constituant commun à ces quatre préparations ?
2. Voit-on plusieurs constituants dans les différents béchers ? (A)
3. Comment se présentent la boisson à la menthe et le café après agitation ? (B)
4. Qu'observe-t-on dans la boisson à l'orange et dans le thé ? (B)
5. Quelle différence y a-t-il, hormis la couleur, entre la menthe à l'eau et le thé ?

Conclusion : • Une substance formée de plusieurs constituants dont l'un au moins est l'eau est un **mélange aqueux**.
• Lorsque l'on distingue à l'œil nu au moins deux constituants dans un mélange, on dit que le mélange est **hétérogène**. Lorsque l'on ne distingue pas à l'œil nu les constituants d'un mélange, on dit que le mélange est **homogène**.

Question test : Le lait est-il un mélange homogène ou hétérogène ?

Je m'entraîne exercices 7 et 11

Vocabulaire

- **aqueux** vient du latin *aqua*, eau : qui contient de l'eau.
- **homogène** dont la composition et la structure sont les mêmes en tout point.

2 Décantation et filtration

Comment séparer les constituants d'un mélange aqueux hétérogène?

Situation problème

Après un orage, des randonneurs veulent laver leur matériel avec l'eau de la rivière qui est devenue boueuse.

Comment rendre cette eau limpide pour pouvoir l'utiliser ?

Hypothèses

1. On peut laisser reposer l'eau dans un récipient.
2. On peut passer l'eau à travers un filtre.

Je réalise une expérience

A On met dans un bécher un peu d'eau boueuse.

B Le bécher est laissé plusieurs minutes au repos.

C On verse avec précaution le liquide décanté dans un entonnoir garni d'un papier filtre et placé au-dessus d'un erlenmeyer.

D On observe le liquide et le filtre.

J'observe et j'interprète

- Des substances **lourdes tombent** au fond du récipient, c'est **la décantation**. (B)
- Le papier filtre arrête les grains de matière en suspension dans le liquide décanté : on a réalisé **une filtration**. (C) Le liquide obtenu est clair et limpide. On ne peut plus distinguer plusieurs constituants à l'œil nu : c'est un mélange homogène. (D)

Compétences expérimentales

Réaliser une filtration, une décantation

▶ voir p. 218

Conclusion : • Lors de la **décantation** d'un mélange aqueux hétérogène, des matières solides se déposent au fond du récipient.

• Lors de la **filtration**, les particules solides sont retenues par le filtre : une filtration permet d'obtenir un mélange aqueux homogène.

Question test : Comment enlever la pulpe d'un jus d'orange ?

Je m'entraîne exercices 8, 9 et 16

3 Distillation d'une eau minérale

→ Peut-on séparer les constituants d'un mélange aqueux homogène ?

Une expérience est réalisée

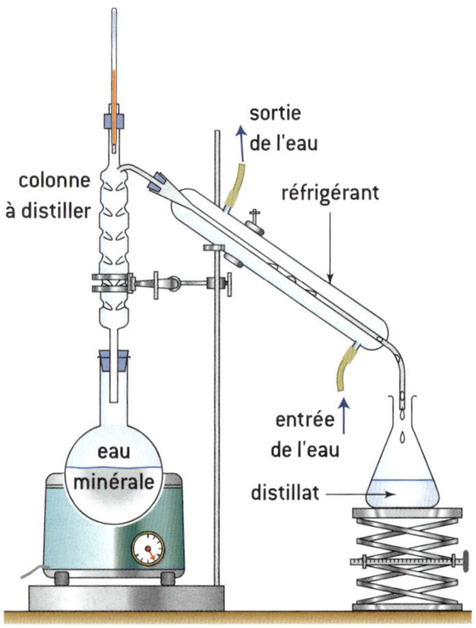

A On réalise le montage représenté sur le schéma.

B On introduit dans le ballon de l'eau minérale que l'on fait bouillir.

C On observe le ballon lorsque toute l'eau minérale a disparu.

D On observe une coupelle qui contenait le distillat quelques jours plus tard.

J'observe et j'interprète

- Lorsque l'eau minérale bout, on voit se former dans le **réfrigérant** des gouttelettes de liquide incolore qui s'écoulent dans l'erlenmeyer. Le volume de liquide dans le ballon diminue. (**B**)
- À la fin de l'expérience, tout le liquide du ballon a disparu et l'on observe au fond un résidu solide blanchâtre : ce solide était dissous dans l'eau. (**C**)
- Dans l'erlenmeyer on recueille un liquide incolore : le distillat. Après quelques jours à l'air libre, ce distillat s'évapore sans laisser de dépôt dans la coupelle. On a obtenu de l'**eau distillée** qui est de l'**eau pure**. (**D**)

REMARQUE :
En réalité, il faudrait dire eau « presque » pure car une seule distillation n'élimine pas tout.

Conclusion : • La **distillation** permet de séparer les constituants d'un **mélange aqueux homogène**.
• L'eau minérale est un mélange homogène car elle contient d'autres substances que l'eau : ce n'est pas de l'**eau pure**.
• Une substance qui n'est pas un mélange est un **corps pur**.

Vocabulaire

• **réfrigérant** colonne où la circulation d'eau froide dans un manchon rend un gaz liquide.

Question test : Comment obtenir de l'eau douce à partir de l'eau de mer ?

Je m'entraîne exercices 4, 13 et 18

4 Chromatographie

Peut-on séparer les colorants contenus dans un mélange aqueux homogène ?

Compétence expérimentale
Réaliser une chromatographie
▶ voir p. 218

Une expérience est réalisée

A Sur le trait de repère tracé sur le papier absorbant, on dépose une goutte de colorant bleu, puis violet, puis rouge et l'on verse un peu d'eau dans un flacon.

B On plonge le bord inférieur du papier dans l'eau, le trait de repère restant au-dessus de l'eau.

J'observe et j'interprète

- Le trait tracé à 1 cm du bord sert de position de référence à la goutte de colorant qui ne doit pas être en contact direct avec l'eau (A).
- Les **pigments** migrent vers le haut, entraînés par le courant d'eau que le papier (plaque de chromatographie) absorbe comme un buvard. (B)
- Lorsque le colorant est formé d'un seul pigment, on n'observe qu'une seule tache colorée, rouge ou bleue. (B)
- Lorsque le colorant est formé de plusieurs pigments différents, on observe plusieurs taches colorées : l'une en haut, de couleur bleue, l'autre plus bas, de couleur rose. (B)
- Les pigments sont entraînés par l'eau vers le haut, avec des **vitesses de migration** différentes pour chaque couleur : cette technique de séparation s'appelle la **chromatographie**.

Conclusion : La **chromatographie** permet de séparer les différents pigments d'un mélange.

Vocabulaire

- **pigment** substance naturelle colorée.
- **migration** déplacement d'un lieu dans un autre.

Question test : La chromatographie peut-elle être utilisée pour préparer des corps purs ?

Je m'entraîne ▶ exercices 10, 12, 14, 17 et 18

J'apprends et je retiens...

... avec des dessins

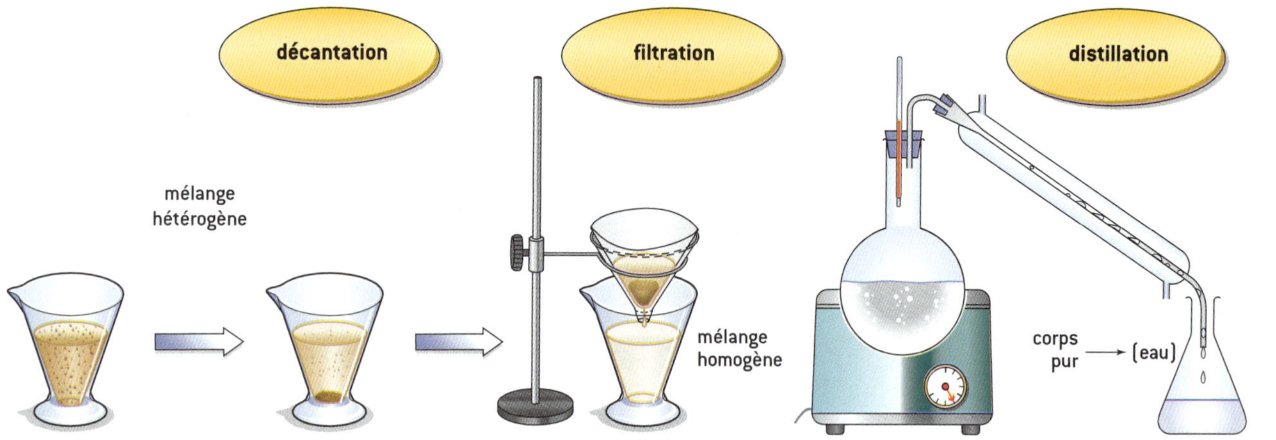

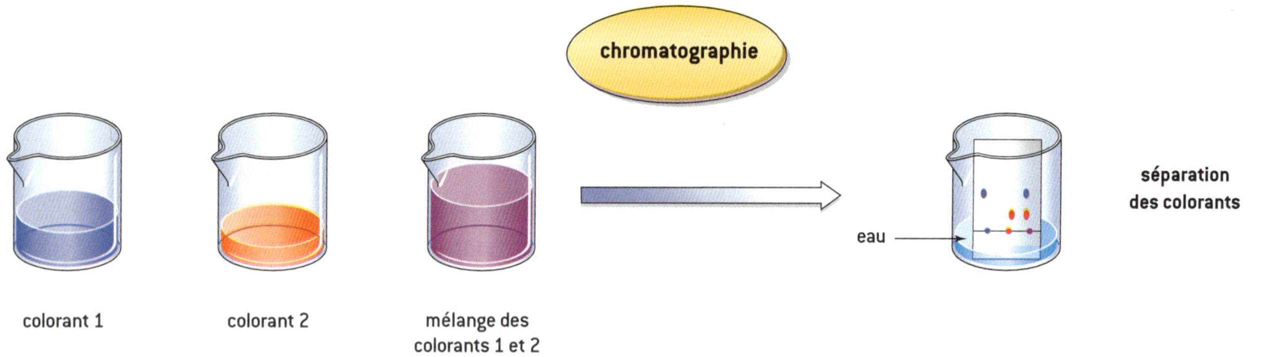

... avec un résumé

- Un mélange dont on distingue à l'œil nu au moins deux constituants est un **mélange hétérogène**.
- Un mélange dont on ne distingue pas à l'œil nu les constituants est un **mélange homogène**.
- Les constituants d'un mélange aqueux hétérogène peuvent être séparés par **décantation** et **filtration**.
- L'eau minérale contient d'autres substances que l'eau : c'est un mélange homogène.
- Les constituants d'un mélange homogène peuvent être séparés lors d'une **distillation**.
- Une substance qui n'est pas un **mélange** est un **corps pur**.
- La **chromatographie** permet de séparer les différents **pigments** d'un mélange.

Je m'évalue

Est-ce que je sais...

- faire la distinction à l'œil nu entre un mélange homogène et un mélange hétérogène ?
- décrire, réaliser et schématiser une décantation et une filtration ?
- que l'apparence homogène d'une substance ne suffit pas pour savoir si un corps est pur ou non ?
- décrire une distillation ?
- décrire et réaliser une chromatographie ?

Ça s'explique par la physique

Comment l'eau est-elle rendue potable ?

Nous ouvrons le robinet, l'eau coule et elle est potable : quoi de plus naturel ? Il a pourtant fallu un grand nombre d'opérations pour en arriver là. D'abord le prélèvement dans le milieu naturel, des filtrations, des décantations, des traitements, des contrôles et enfin un stockage avant la distribution. Tel est le voyage de l'eau que nous consommons.

1 Une grille arrête les gros déchets. Des tamis à mailles fines retiennent les petits déchets.

2 Un coagulant, ajouté à l'eau, rassemble les particules en suspension. Des flocons se forment et tombent au fond.

6 L'eau subit ensuite une chloration qui empêche le développement des bactéries : l'eau reste ainsi de bonne qualité.

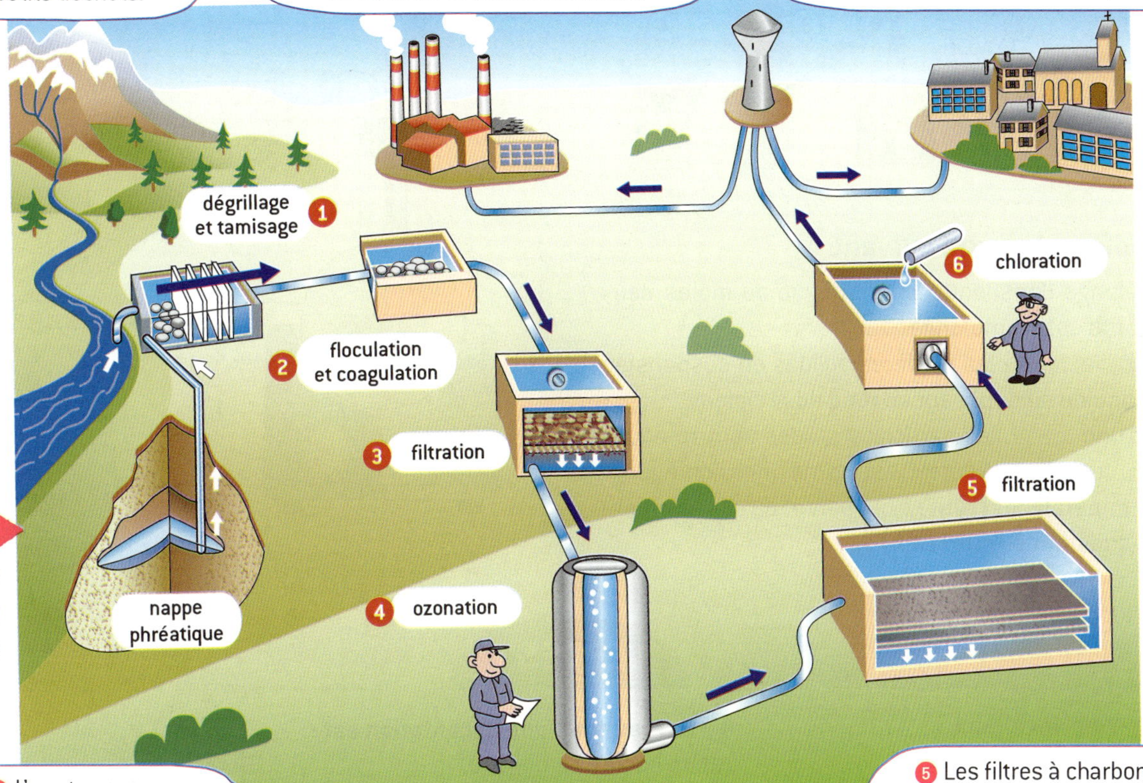

Une usine d'eau potable

3 L'eau traverse un filtre constitué de sable fin.

4 L'eau est désinfectée par l'ozone qui a une action bactéricide et antivirale.

5 Les filtres à charbon actif retiennent les micro-polluants organiques comme les pesticides.

Questions

📖 : la réponse est dans le texte

1 Où prélève-t-on l'eau avant de la traiter ?

2 Pourquoi filtre-t-on l'eau ? Les tamis sont-ils des filtres ? 📖

3 Quelle est la fonction d'un coagulant ? Quelle est la technique de séparation utilisée ? 📖

4 À quoi l'ozonation sert-elle ? 📖

5 Pourquoi réalise-t-on une chloration ? 📖

Le carnet du petit chercheur

Comment agit un coagulant comme le « blanc d'œuf » sur les matières en suspension dans l'eau ? Je réalise l'expérience ci-contre pour avoir la réponse.

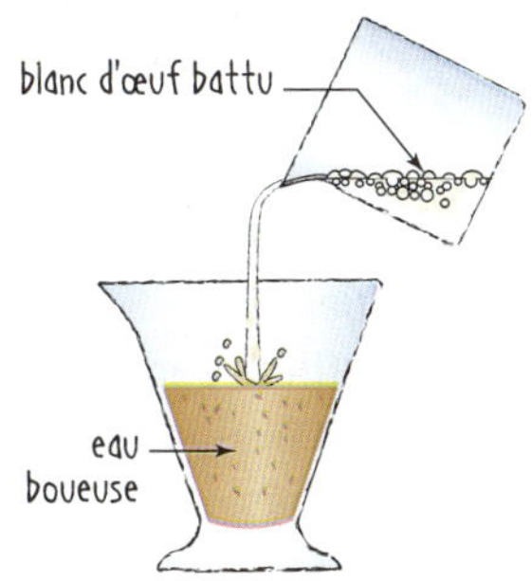

Exercices

Je vérifie ce que j'ai retenu

1 Choisir le bon mot

a) Un mélange dans lequel on distingue au moins deux constituants est un mélange **homogène / hétérogène**.
b) Quand des particules solides se déposent au fond d'un récipient, on dit qu'il y a eu **décantation / filtration**.
c) Après distillation d'une eau minérale, l'eau obtenue est **un corps pur / un mélange homogène**.
d) Quand on laisse évaporer de **l'eau distillée / l'eau minérale**, on n'observe pas de résidu.

2 Nommer chaque technique de séparation

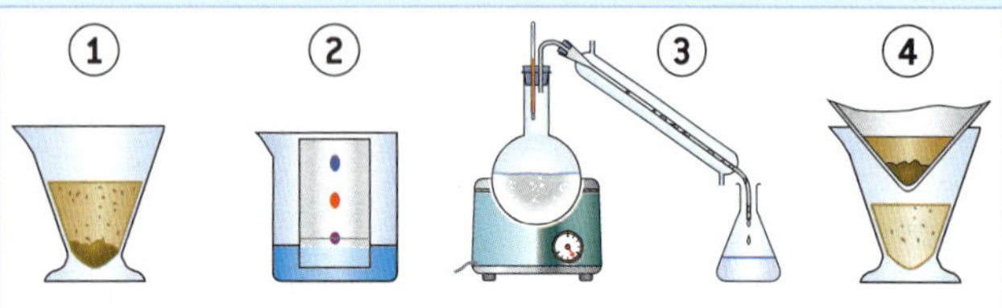

3 Compléter le texte suivant

a) Un mélange dans lequel on distingue au moins deux constituants est un mélange ....
b) Lors d'une .... , les matières solides en suspension dans un liquide se déposent au fond du récipient.
c) Lors d'une .... , les particules solides sont retenues par le .... et le liquide obtenu est un mélange homogène.
d) L'eau minérale est un .... parce qu'elle contient d'autres substances que l'eau.
e) La .... permet de séparer les constituants d'un mélange homogène.
f) La .... permet de séparer les différents pigments d'un mélange.

4 Un numéro, une légende

Voici dans le désordre, la légende du schéma de la distillation : **a** entrée d'eau froide **b** sortie d'eau **c** réfrigérant **d** ballon **e** eau minérale **f** chauffe-ballon électrique **g** erlenmeyer **h** distillat.
À quelle légende correspond chaque numéro du schéma ?

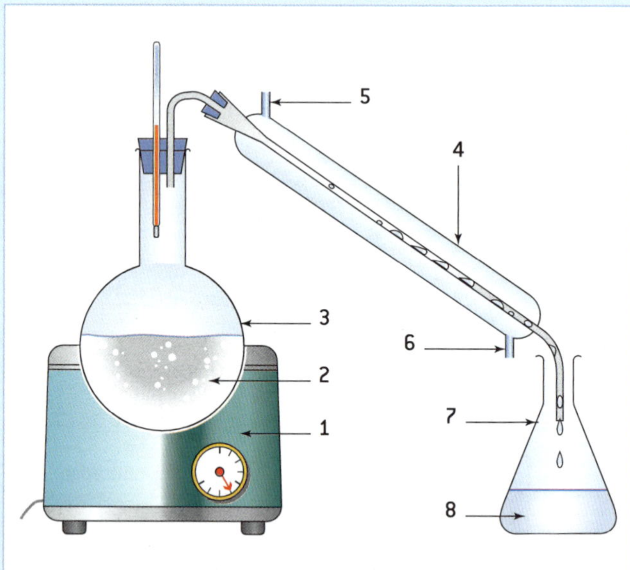

LE TEST

Êtes-vous incollable sur les mélanges aqueux?

Pour chaque question, une seule réponse est exacte.

1 Le jus d'orange pressé est :
a) un mélange homogène.
b) un mélange hétérogène.
c) un liquide limpide.

2 Une filtration :
a) sert à séparer les matières solides des liquides qui les contiennent.
b) suffit à rendre l'eau potable.
c) sert à séparer les liquides mélangés.

3 Le résultat d'une décantation est :
a) un liquide homogène.
b) un liquide hétérogène.
c) un corps pur.

4 Pour obtenir une eau pure à partir d'une eau minérale :
a) je filtre.
b) je réalise une chromatographie.
c) je distille.

5 Pour contrôler l'origine de la couleur du sirop de grenadine :
a) je goutte le sirop.
b) je réalise une chromatographie du sirop.
c) je filtre le sirop.

Barème :

Réponse bonne = 4 pts
Réponse fausse = – 1 pt
Pas de réponse = 0 pt

▶ Votre score : ... / 20

• **15 et plus :** Bravo ! Votre savoir est très homogène !
• **Entre 8 et 14 :** Des connaissances à décanter.
• **7 et moins :** Attention, le travail est très hétérogène !

Réponses page 224 ▶

J'applique ce que j'ai appris

5 Chassez l'intrus

filtration distillation décantation ébullition chromatographie

6 La bonne association

Associer les mots selon le modèle :

eau boueuse •	
eau du robinet •	• mélange homogène
vinaigrette •	• mélange hétérogène
eau Perrier •	• corps pur
eau distillée •	

(modèle : eau boueuse → mélange hétérogène)

7 Homogène ou hétérogène ?

Parmi les mélanges présentés, indiquer celui (ou ceux) qui est (ou sont) homogène(s).

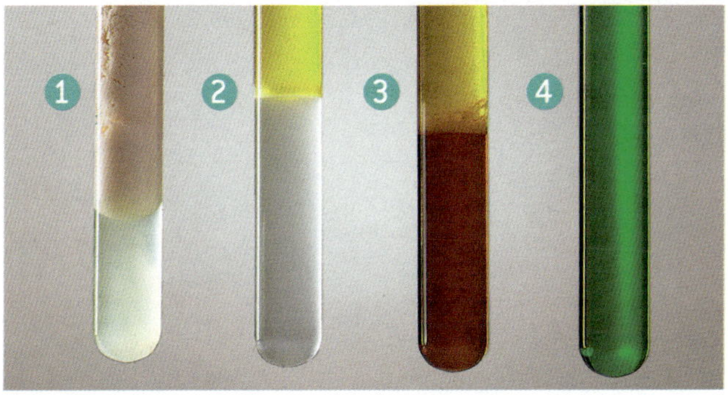

8 Choisir le bon filtre

On dispose d'un mélange de sables et de graviers. Pour réaliser un fond d'aquarium et ne pas détériorer le système de filtration de l'eau, on souhaite utiliser un sable dont les grains aient à peu près tous le même diamètre. On utilise des filtres dont les diamètres des pores sont :

tamis	1	2	3	4	5
diamètre	10 mm	5 mm	1 mm	0,5 mm	0,1 mm

a) Quel tamis doit-on utiliser pour enlever tous les sables de diamètre supérieur à 5 mm ?

b) Quel tamis doit-on utiliser pour supprimer tous les sables de diamètre inférieur à 1 mm ?

c) Quels sont les dimensions des sables qui restent après ces deux tamisages ?

9 Un jus d'orange... mais sans pulpe

Jamal a préparé du jus d'orange pour ses camarades qui viennent cet après-midi. Stéphanie n'aime pas trop la pulpe dans le jus de fruit.

a) Que doit faire Jamal pour obtenir un jus sans pulpe ?

b) Schématiser les deux méthodes possibles.

10 Analyser un résultat d'expérience

On a réalisé la chromatographie de trois colorants, jaune bleu et vert.

a) Observer la photographie et indiquer l'emplacement de chaque colorant.

b) Quel est le colorant qui est un mélange homogène ? Justifier.

11 Une étiquette d'eau minérale

Sur l'étiquette d'une bouteille d'eau minérale Badoit, on peut lire les indications suivantes :

Minéralisation moyenne en mg/L :					
calcium	190	potassium	10	sulfates	38
sodium	165	bicarbonates	1 300	fluorures	1,2
magnésium	85	chlorures	44	silice	35

a) L'eau minérale est-elle un mélange ?

b) Ce mélange est-il hétérogène ?

J'utilise ce que je sais

12 À la maison, je réalise la chromatographie du jus de betterave.

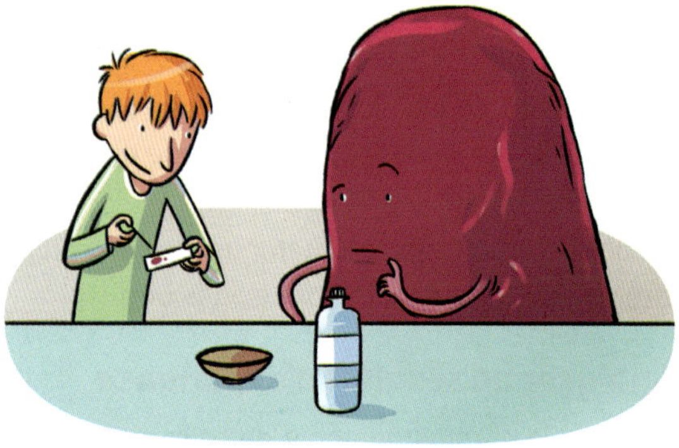

Objectif	Matériel
Séparer les colorants contenus dans la betterave.	• un peu de betterave cuite • une soucoupe pleine d'eau • du papier buvard ou un filtre à café.

Protocole

- Préparer une bande de papier.
- Déposer avec une allumette une petite goutte de jus de betterave sur la bande de papier buvard sur un trait tracé à 2 cm du bord inférieur.
- Tremper ce bord (pas plus de 1 cm) dans l'eau de la soucoupe. Ne pas mouiller la goutte.
- Lorsque la couleur arrive à 2 ou 3 cm du sommet de la bande de papier, retirer la bande et la laisser sécher.
- Observer la bande de papier. Conclure.

13 Essence de lavande

L'alambic à feu nu, schématisé ci-dessous, est un dispositif encore utilisé de nos jours dans certaines régions pour extraire l'essence de lavande. La lavande est placée dans l'alambic avec de l'eau.

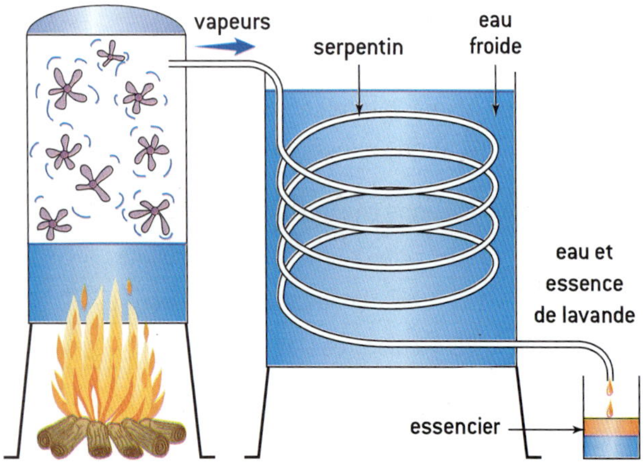

a) Que se produit-il lorsque l'on chauffe l'eau ?
De quoi sont constituées les vapeurs obtenues à la sortie de l'alambic ?
b) Quel est le rôle du serpentin ? Pourquoi a-t-il cette forme ?
c) L'essencier contient un mélange d'essence de lavande et d'eau. L'essence flotte au-dessus de l'eau. Comment peut-on les séparer ?
d) Pour extraire 1 L d'essence de lavande, il faut distiller environ 200 kg de lavande. Quelle masse de lavande doit-on distiller pour extraire 10 mL d'essence de lavande ?

14 J'observe la nature

La chromatographie de la chlorophylle, contenue dans les feuilles vertes des arbres, fait apparaître des tâches de couleurs jaune, vert et orange.
a) Observer la photographie ci-dessus : quelles sont les couleurs des feuilles des arbres ? Quelle est la saison ?
b) Cela est-il en accord avec les observations de la chromatographie ?
c) Pourquoi ne voit-on apparaître certains pigments qu'en automne ?

Aide : Le professeur de SVT peut apporter des informations.

15 Une question, une réponse

a) Le sang est-il homogène ou hétérogène ?
b) Le jus de pomme est-il homogène ou hétérogène ?
c) Le bois est-il homogène ou hétérogène?
d) Citer un procédé pour séparer un mélange de sable et d'eau.
e) Citer un procédé pour séparer un mélange de sucre et d'eau.
f) Citer un procédé pour séparer un mélange d'eau et de vinaigre.
g) Peut-on décanter un mélange homogène ?
h) L'eau minérale est-elle un corps pur ?

16 Station d'épuration

Le schéma ci-dessous présente de façon simplifiée l'épuration de l'eau usée.

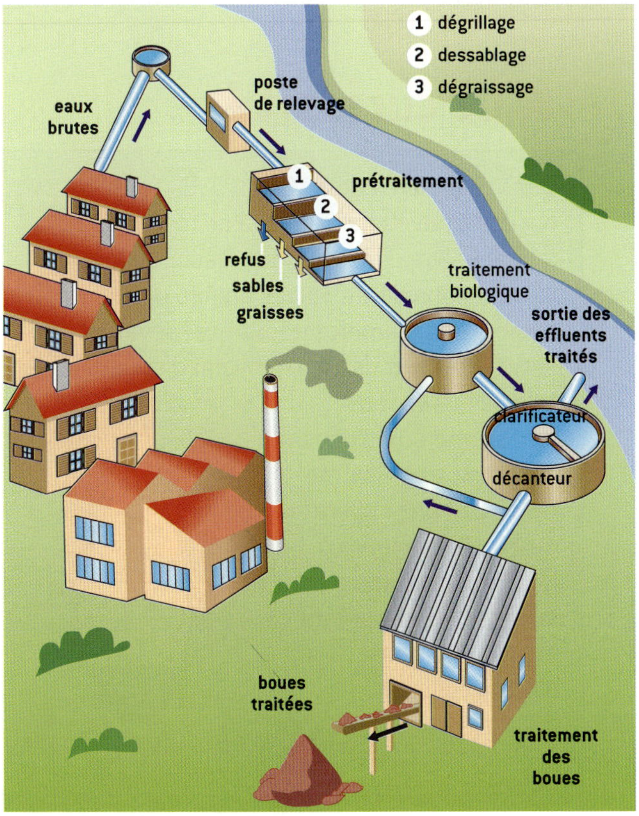

a) Chercher dans un dictionnaire la signification des mots : dégrillage, dessablage, dégraissage. Indiquer les mots qui correspondent à une filtration et ceux qui correspondent à une décantation.

b) Quel est le traitement qui n'est ni une décantation ni une filtration ?

c) Repérer le trajet de l'eau. Rédiger en quelques lignes le fonctionnement d'une usine d'épuration.

Aide : Voir le traitement de l'eau potable page 123.

17 La couleur des bonbons

Maïténa croque des bonbons de toutes les couleurs. Charlotte souhaite vérifier quelles sortes de pigments composent les bonbons et, notamment, si ce sont bien les couleurs des pigments annoncés dans la composition. Pour cela, elle réalise une chromatographie sur papier avec l'eau comme solvant.

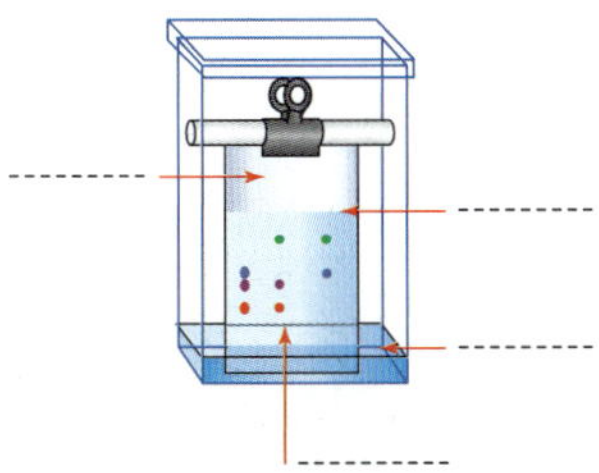

a) Compléter le schéma en mettant les bonnes indications.

b) Combien de bonbons différents Charlotte a-t-elle testé ?

c) En vous aidant du tableau ci-après, attribuer à chaque bonbon sa possible composition en pigments.

couleur du colorant	code	nom
jaune	E102	tartrazine
rouge (framboise)	E122	azorubine
orange	E110	jaune orangé
bleu	E131	bleu patenté V
vert	E142	vert acide brillant
rubis	E180	pigment rubis

18 Analyser une boisson

Milan dispose d'une boisson constituée d'un mélange de deux liquides.

a) Quel dispositif expérimental Milan peut-il utiliser pour séparer les deux liquides ? Donner la liste du matériel nécessaire et faire le schéma.

b) Milan désire savoir si la boisson contient de l'eau. Quel test doit-il réaliser pour détecter la présence ou non de l'eau ? Décrire l'expérience à réaliser.

c) La couleur verte de cette boisson intrigue Milan. Il désire savoir quels pigments sont présents dans ce liquide. Quelle opération doit-il effectuer et comment ?

Je protège ma planète pour un développement durable

19 La piscine naturelle

Il est maintenant possible d'avoir un bassin personnel dans sa cour conçu comme une piscine creusée et dont le traitement de l'eau se fait sans chlore ni autre produit chimique. Voici un schéma de cette sorte de piscine :

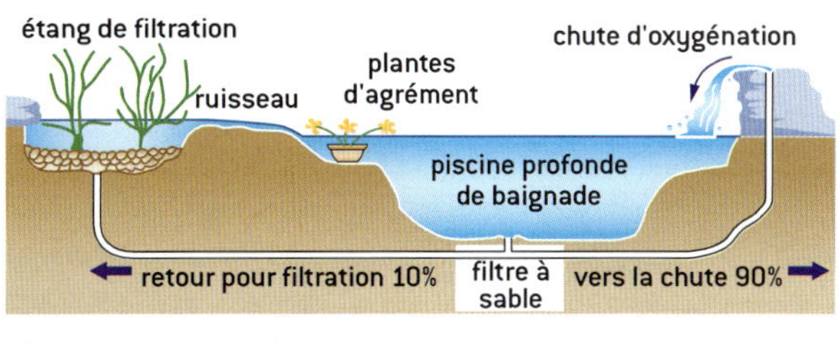

1) Où le filtre à sable se trouve t-il ? Quel est son usage ? Dans quelle installation utilise-t-on également cette sorte de filtre ?

2) À quoi servent les plantes (recherche Internet) ?

3) Comment l'eau peut-elle être déplacée du bas vers le haut ? Quel matériel faut-il prévoir ?

4) Consomme-t-on de l'électricité dans cette installation ?

5) De quelle façon protège-t-on l'environnement avec cette installation ?

Histoire de la distillation

Le personnage

Aristote (384 av. J.-C. – 322 av. J.-C.)

Né à Stagire (Stavros), en Grèce, Aristote est un philosophe et un savant qui s'est intéressé à de nombreuses disciplines. À Athènes, il suit les cours de l'Académie de Platon, puis il poursuit des travaux en biologie. Il est le premier scientifique à faire passer l'observation des faits avant toute réflexion. Parmi ses nombreuses découvertes, il a décrit le principe de la distillation de l'eau de mer, expliquant que l'on pouvait obtenir de l'eau douce en faisant bouillir de l'eau salée.

La curiosité

Des vases datés de 3500 av. J.-C. ont été trouvés dans le nord de l'Irak à Tepe Gawra dans l'antique Mésopotamie. Ils sont considérés par les archéologues comme des alambics primitifs et devaient servir à obtenir des parfums par distillation. L'un de ces vases, représenté sur le dessin ci-contre, a un volume de 37 L et une collerette de 2 L : les vapeurs peuvent se condenser sur le couvercle pointu et le liquide coule dans la collerette.

Les dates importantes

- **3500 av. J.-C.** Alambic de Tepe Gawra (Mésopotamie)
- **350 av. J.-C.** Principe de la distillation par Aristote
- **IXe siècle** Zosime le Panopolitain, alchimiste d'Alexandrie, présente l'illustration d'un alambic.
- **IXe siècle** Jabir ibn Hayyan dit Geber, alchimiste arabe, invente l'alambic pour distiller des parfums et du vin.
- **Xe - XIe siècle** Avicenne, médecin Perse, invente le serpentin.
- **XVIIIe siècle** Mise au point de la double distillation dans la région de cognac
- **XXe siècle** Procédé de la distillation en continu par Dominique Coutière

300 – 400 – 800 – 900 – 1000 – 1100 – 1700 – 1800 – 1900 – 2000

Serpentin du Xe siècle.

Un métier : technicien de réseau d'eau potable

La science au quotidien

Le technicien de réseau assure le bon fonctionnement des réservoirs et des canalisations d'eau potable pour que le consommateur bénéficie d'une eau de qualité et à la bonne pression.

Les appareils et leur maintenance

- Il contrôle et entretient tous les systèmes : les pompes, les canalisations, les vannes, les châteaux d'eau.
- Il vérifie les ressources en eau, détecte les fuites et intervient en cas d'urgence pour les réparer.
- Il assure également le branchement des nouveaux clients du réseau : pose des conduites, pose du compteur, mise en pression...

Le fonctionnement

- L'équipement (bottes de sécurité, casques, gants...) et le respect des règles de sécurité sont un préalable à toute intervention sur le réseau. En général, les agents fonctionnent en équipe et utilisent un véhicule qui permet d'apporter sur place tout le matériel nécessaire aux interventions.
- Si un incident est signalé sur le réseau, l'intervention doit être rapide.

Est-ce un métier pour moi ?

- J'aime travailler à l'extérieur.
- J'aime le travail en équipe.
- J'aime bricoler et comprendre comment « ça marche ».
- Je ne crains pas le froid en hiver et la chaleur en été.
- Je suis prêt à travailler la nuit et le jour.
- J'aime l'effort physique.

Dans le même domaine

- Agent de la qualité de l'eau
- Agent de station d'épuration
- Égoutier
- Agent de l'Environnement
- Ingénieur territorial

Les contraintes du métier

- Travailler souvent les pieds dans l'eau et à l'extérieur, par tous les temps.
- Accepter les astreintes de nuit et de fin de semaine.
- Supporter parfois des activités prolongées dans l'humidité, le froid ou la chaleur.
- Se conformer à des règles sanitaires strictes.

Chapitre 10

Des gaz dans l'eau

Lorsque l'on ouvre une bouteille d'eau pétillante, on voit des bulles se former et monter à l'intérieur du liquide. On sait que les poissons et les plantes aquatiques respirent dans l'eau. Quelles sont les substances qui font pétiller certaines boissons, ou qui permettent aux poissons de vivre dans l'eau ?

1 Une source d'eau pétillante à Vichy (Allier)

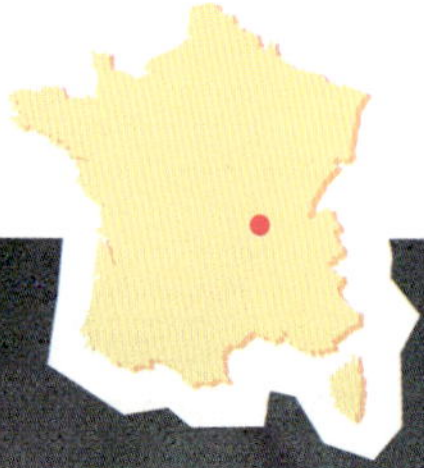

2 **Un jet d'eau chargée de dioxyde de carbone s'échappe du lac Nyos (Cameroun)**

3 **Cette bouteille d'eau pétillante vient d'être débouchée**

4 **Poissons et algues au fond de la mer rouge**

J'observe et je m'interroge

a. Pourquoi certaines eaux sont-elles pétillantes ? **(doc. 1)**
b. Lorsque l'on ouvre une bouteille de boisson pétillante, qu'observe-t-on dans le liquide ? **(doc. 3)**
c. Que contient le jet d'eau qui s'échappe du lac Nyos ? **(doc. 2)**
d. Pourquoi les poissons et les plantes aquatiques peuvent-ils respirer dans l'eau ? **(doc. 4)**

1 Une eau pétillante

→ Pourquoi une boisson est-elle pétillante ?

Je réalise une expérience

A On ouvre une bouteille d'eau pétillante et on la coiffe rapidement d'un ballon.

B On place la bouteille sur une balance et on attend quelques instants.

C On enlève le ballon puis on le place à côté de la bouteille.

J'observe et j'interprète

- Une eau pétillante est un mélange homogène lorsque la bouteille est fermée. À l'ouverture de la bouteille des bulles s'échappent. Le ballon placé sur le goulot se gonfle : du **gaz** s'est dégagé de la boisson dans laquelle il était **dissous**.
- On peut observer que la masse de l'ensemble du ballon et de la bouteille ne varie pas au cours du dégagement gazeux. Lorsque le ballon est dégonflé, la masse de l'ensemble diminue ; **le gaz contenu dans le ballon est pesant** : c'est de la matière.

Conclusion : Une **eau pétillante** est un **mélange homogène** : elle contient un **gaz dissous**. Un gaz est de la matière : un **gaz** est **pesant**.

Vocabulaire

- Un **gaz**, des **gaz**.

Question test : D'où provient le gaz qui s'échappe d'une boisson pétillante ?

Je m'entraîne exercices 5 et 12

2 Dégazage d'une eau pétillante

Comment extraire un gaz de l'eau dans laquelle il est dissous ?

Je réalise une expérience

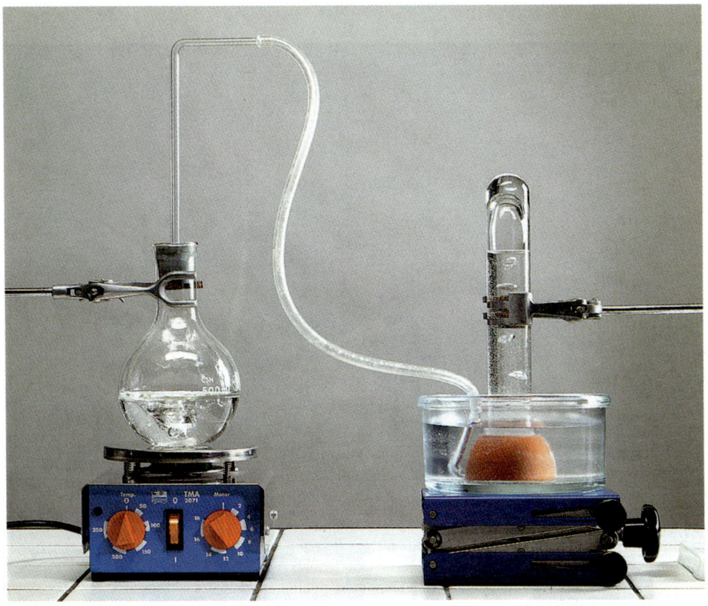

A Un ballon, placé sur un système d'agitation magnétique, contient de l'eau pétillante. Il est relié à une éprouvette pleine d'eau retournée sur une cuve à eau.

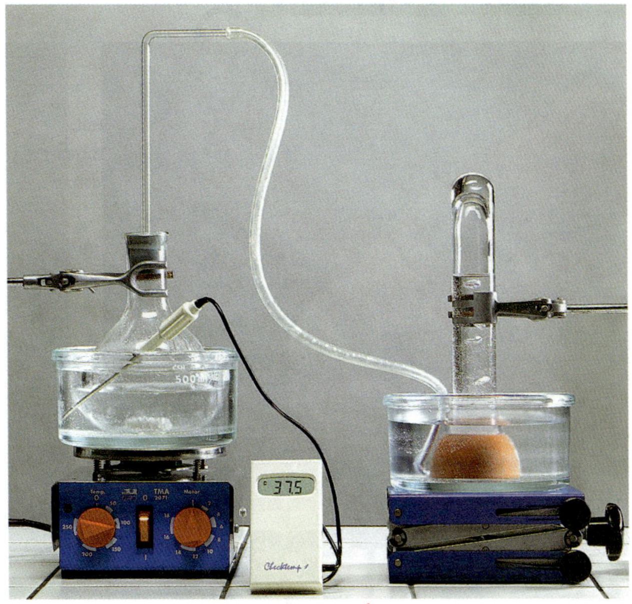

B On remplace le système d'agitation par un moyen de chauffage pour tiédir l'eau pétillante.

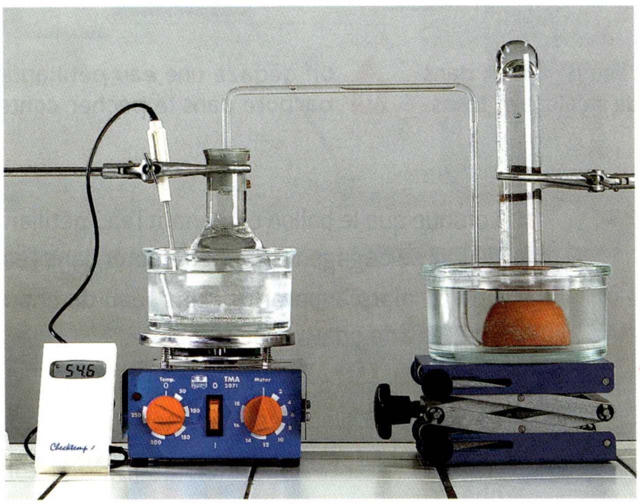

C On remplit complètement d'eau du robinet un ballon et l'on chauffe sans faire bouillir.

Compétence expérimentale
Récupérer un gaz par déplacement d'eau
▶ voir p. 218

J'observe et j'interprète

- Les gaz qui se dégagent, par agitation de la boisson pétillante, ou par chauffage de l'eau se placent au sommet des éprouvettes en déplaçant l'eau qu'elles contiennent. Ces gaz incolores étaient dissous dans l'eau.

Conclusion : Pour extraire un gaz de l'eau dans laquelle il est dissous, on peut agiter ou chauffer l'eau. On peut **recueillir le gaz par déplacement d'eau** dans une éprouvette.

Question test : Que faut-il faire pour recueillir un gaz dans une éprouvette ?

Je m'entraîne exercices 3 et 9

Les plantes d'un aquarium ne servent-elles qu'à la décoration ?

Un poisson abandonné dans un simple bac d'eau meurt rapidement. Les poissons sont comme les humains, il leur faut du dioxygène pour vivre. Ce gaz est dissous dans l'eau. Il faut donc toujours s'assurer qu'il y a assez de dioxygène dans un aquarium. Pour cela les plantes sont de précieuses alliées.

Questions

📖 : la réponse est dans le texte

1 Quelle est la nature des bulles de gaz dans l'aquarium ? 📖

2 Quel est le nom du gaz nécessaire à la vie des poissons ? 📖

3 Quel est le rôle essentiel des plantes ? 📖

4 Pourquoi faut-il éclairer l'aquarium en permanence ? 📖

5 Quel est l'intérêt de contrôler la température ? 📖

6 Comment nomme-t-on le phénomène de production de dioxygène par les plantes sous l'effet de la lumière ?

7 Comment les poissons vivent-ils dans les aquariums sans plantes ? Que faut-il faire ?

Le carnet du petit chercheur

Comment vérifier simplement la production de gaz par les plantes sous l'effet de la lumière ?

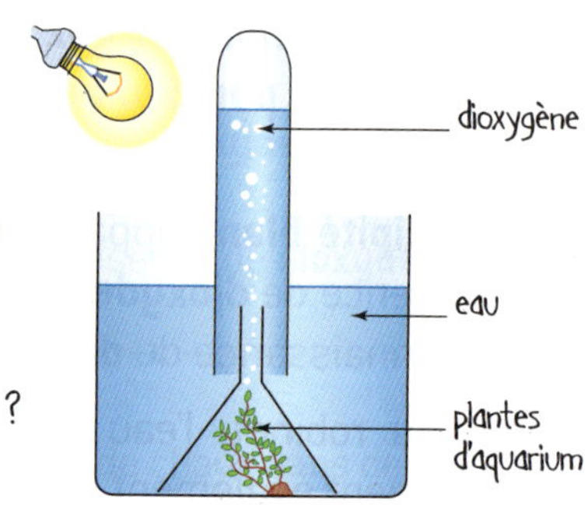

Exercices

Je vérifie ce que j'ai retenu

1 Choisir le bon mot

a) Les bulles des boissons pétillantes sont constituées **d'air / de dioxyde de carbone**.

b) Les eaux pétillantes sont des mélanges **homogènes / hétérogènes**.

c) Le dioxyde de carbone est un gaz incolore, **transparent / opaque**.

d) Le dioxyde de carbone donne avec de l'eau de chaux **un précipité blanc / des bulles**.

e) Le dégazage d'une eau pétillante est plus rapide lorsque l'eau est **froide / chaude**.

f) On recueille un gaz par **déplacement / enlèvement** d'eau.

2 Identification du dioxyde de carbone

Recopier et compléter le schéma ci-dessous :

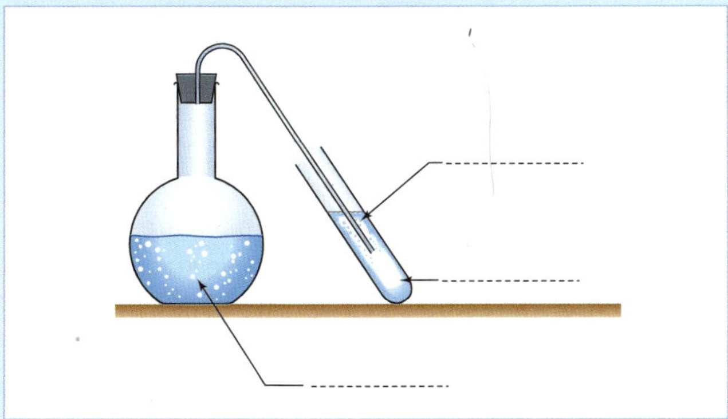

3 Dégazage d'une boisson

Recopier et compléter le schéma ci-dessous :

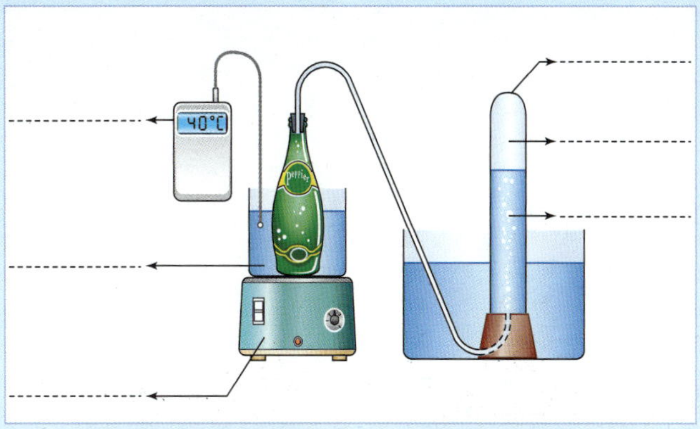

4 Compléter le texte suivant

a) Une boisson pétillante contient un gaz .... C'est le ....

b) On peut recueillir un gaz dans une éprouvette remplie d'eau par .... de l'eau qu'elle contient.

c) La présence de dioxyde de carbone est détectée par ....

d) Un gaz est .... Sa .... peut être déterminée à l'aide d'une balance.

e) Le dioxyde de carbone est .... et ....

LE TEST

Êtes-vous incollable sur le dioxyde de carbone dans l'eau ?

Pour chaque question, une seule réponse est exacte.

1 L'eau de chaux se trouble en présence :

a) de dioxygène.

b) de dioxyde de carbone.

c) d'eau du robinet.

2 On doit recueillir un gaz :

a) par déplacement d'eau.

b) par déplacement de flacon.

c) dans une soucoupe.

3 On peut extraire le gaz d'une boisson gazeuse :

a) en ajoutant de l'eau de chaux.

b) en l'agitant ou en la chauffant.

c) en soufflant dessus.

4 Le dioxyde de carbone d'une boisson gazeuse :

a) est au fond du liquide.

b) est au-dessus du liquide.

c) est dissous dans le liquide.

5 Un gaz :

a) est pesant.

b) est toujours dissous.

c) trouble toujours l'eau de chaux.

Barème :

Réponse bonne = 4 pts
Réponse fausse = – 1 pt
Pas de réponse = 0 pt

▶Votre score : ... / 20

- **15 et plus :** Bravo ! Vous pétillez de savoir.
- **Entre 8 et 14 :** Des bulles de cours vous ont échappé.
- **7 et moins :** Vos connaissances sont troubles. Éclaircissez-les !

Réponses page 224 ▶

J'applique ce que j'ai appris

5 Disparition

On place sur une balance un bécher contenant de l'eau pétillante et un agitateur. Observer les deux photographies ci-dessous.

a) Sachant que le niveau du liquide n'a pas changé, quelle opération a-t-on réalisée entre les deux photographies ?

b) Que peut-on calculer à partir des indications de la balance ?

6 Respiration

Le tube à essais de la photo ci-dessous contenait initialement de l'eau de chaux.

a) Qu'observe-t-on quand l'élève souffle ?

b) Que peut-on en conclure ?

7 Mal de tête ?

Élodie a un « mal de tête ». Sa mère lui donne un cachet effervescent qu'elle a mis dans un verre d'eau. Élodie voudrait savoir si les bulles qu'elle observe sont des bulles de dioxyde de carbone.

Quel montage peut-elle réaliser pour le vérifier ? Lister pour elle le matériel et schématiser l'expérience.

8 Bouchon oublié

Gaël et Théa ont versé de l'eau de chaux fraîchement préparée dans deux erlenmeyers. Gaël a bouché son flacon, Théa a laissé le sien à l'air libre.

a) Décrire la solution d'eau de chaux fraîche.

b) Au bout d'un quart d'heure, Théa observe un trouble blanchâtre à la surface du liquide dans son erlenmeyer. Gaël n'observe aucun changement dans le sien.

- Quelle est la nature du corps détecté dans l'erlenmeyer de Théa ? D'où provient-il ?
- Expliquer l'absence de trouble dans l'erlenmeyer de Gaël.

9 Du gaz dans l'eau du robinet

a) Observer le montage ci-dessous et en faire le schéma.

b) On veut savoir si l'eau du robinet placée dans le ballon contient du dioxyde de carbone. Quel produit a-t-on mis dans le bécher ? Pourquoi ?

c) Que peut-on conclure en observant le contenu du bécher, si l'expérience se déroule depuis plusieurs minutes ?

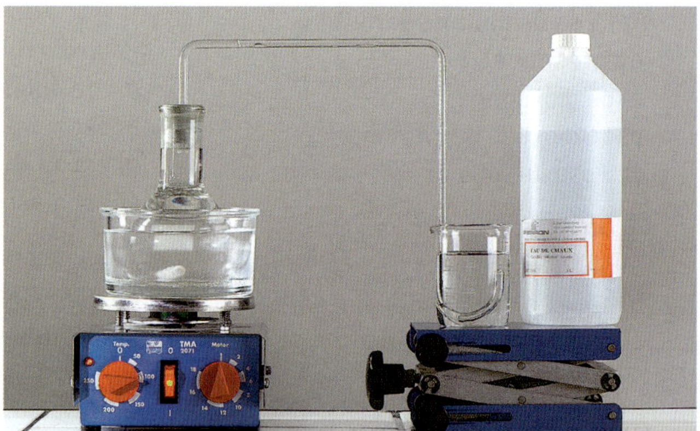

J'utilise ce que je sais

10 À la maison, je prépare un gaz extincteur.

Objectif

Vérifier que le dioxyde de carbone « éteint un feu ».

Matériel

- Un bocal évasé de 0,5 L
- de la levure chimique • du vinaigre blanc • des allumettes longues.

Protocole

- Allumer une allumette, l'introduire dans le bocal et vérifier qu'elle continue à brûler.
- Placer le contenu de 2 sachets de levure chimique dans le bocal.
- Ajouter du vinaigre en quantité suffisante pour mouiller la levure. Observer le dégagement de dioxyde de carbone. Introduire dans le bocal une allumette longue allumée et vérifier qu'elle s'éteint instantanément.

11 Déplacement d'air

On pose un flacon vide et ouvert sur le plateau d'une balance (a). On fait pénétrer pendant quelques instants un jet de dioxyde de carbone dans la bouteille (b).

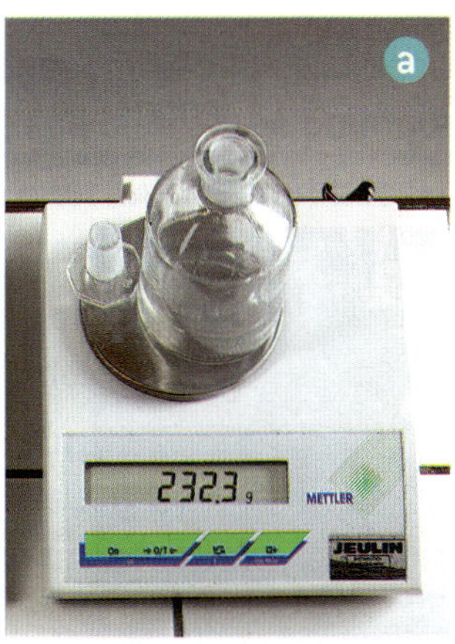

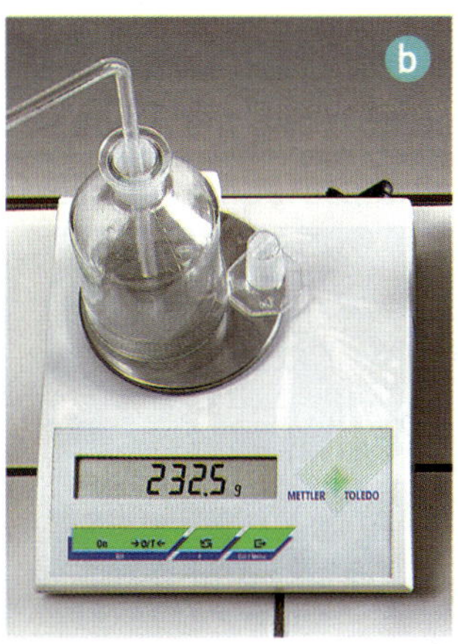

a) On dit que « le dioxyde de carbone est plus lourd que l'air ». Comment cette expérience illustre-t-elle cette expression ?

b) Le dioxyde de carbone est-il recueilli par déplacement ? Justifier la réponse.

12 Un lac explosif

Lire le texte suivant et répondre aux questions.

Au lac Nyos, au Cameroun, les eaux profondes se chargent de dioxyde de carbone venu du magma terrestre. En 1999, à partir d'une certaine quantité de gaz dissous, de grosses bulles sont remontées : il s'est produit une véritable explosion qui a projeté une colonne d'eau à 80 m de haut. Le gaz, plus lourd que l'air, s'est répandu autour du lac et a coulé dans les vallées agricoles, asphyxiant 1800 personnes. Des chercheurs français ont imaginé d'installer de véritables tubes de dégazage qui éjectent régulièrement les eaux profondes chargées en gaz. Le gaz se répand toujours dans l'atmosphère, mais en quantités non toxiques.

a) Quelle est la source de dioxyde de carbone ? Quel est l'état du gaz dans l'eau du lac ?

b) Où s'est placé le dioxyde de carbone après l'explosion ? Est-ce un gaz dangereux ? Pourquoi ?

c) Comment le système de dégazage permanent peut-il éviter de nouvelles catastrophes ?

Je protège ma planète pour un développement durable

13 Pollution (recherche Internet)

1) N'y a-t-il que les voitures à essence qui produisent du dioxyde de carbone ?

2) Citer des matières qui produisent du dioxyde de carbone en brûlant.

3) Rechercher l'effet du dioxyde de carbone sur l'environnement.

4) Donner quelques idées pour réduire la production du dioxyde de carbone.

Chapitre 11

Les états physiques de l'eau

Nécessaire à la vie, l'eau est partout présente sur et dans la Terre. Ses différents aspects façonnent les paysages : océans, fleuves et rivières, geysers, glaciers. Les nuages, la pluie, la neige, la grêle en sont d'autres aspects.
Comment l'eau prend-elle ces différents aspects ?

1 La mer Méditerranée (Corse)

2 On peut même sculpter la glace.

3 Une bouteille d'eau minérale à la sortie du réfrigérateur

4 Il y a de la « glace d'eau » et de la « glace de dioxyde de carbone » aux pôles de la planète Mars

J'observe et je m'interroge

a. Sous quelles formes (ou états physiques) observe-t-on l'eau sur ces différents documents ?
b. Comment se forment les nuages ? (doc. 1)
c. Quelle est la forme de la surface de la mer ? (doc. 1)
d. Pourquoi est-il possible de sculpter la glace ? (doc. 2)
e. Pourquoi voit-on des gouttelettes d'eau sur la bouteille (doc. 3) ?
f. Sous quel état a-t-on trouvé de l'eau sur Mars ? N'existe-t-il que de la « glace d'eau » ? (doc. 4)

Ça s'explique par la physique

Comment obtient-on de l'eau douce à partir de l'eau de mer ?

L'eau de l'océan n'est pas potable car elle est salée. Mais la nature fait bien les choses puisqu'au cours de son cycle, l'eau de mer s'évapore, en laissant le sel dans l'océan et retombe sous forme de précipitations.
Cependant, dans les régions où la pluie est rare, il est nécessaire de créer un cycle artificiel ; c'est le rôle des usines de dessalement de l'eau de mer.

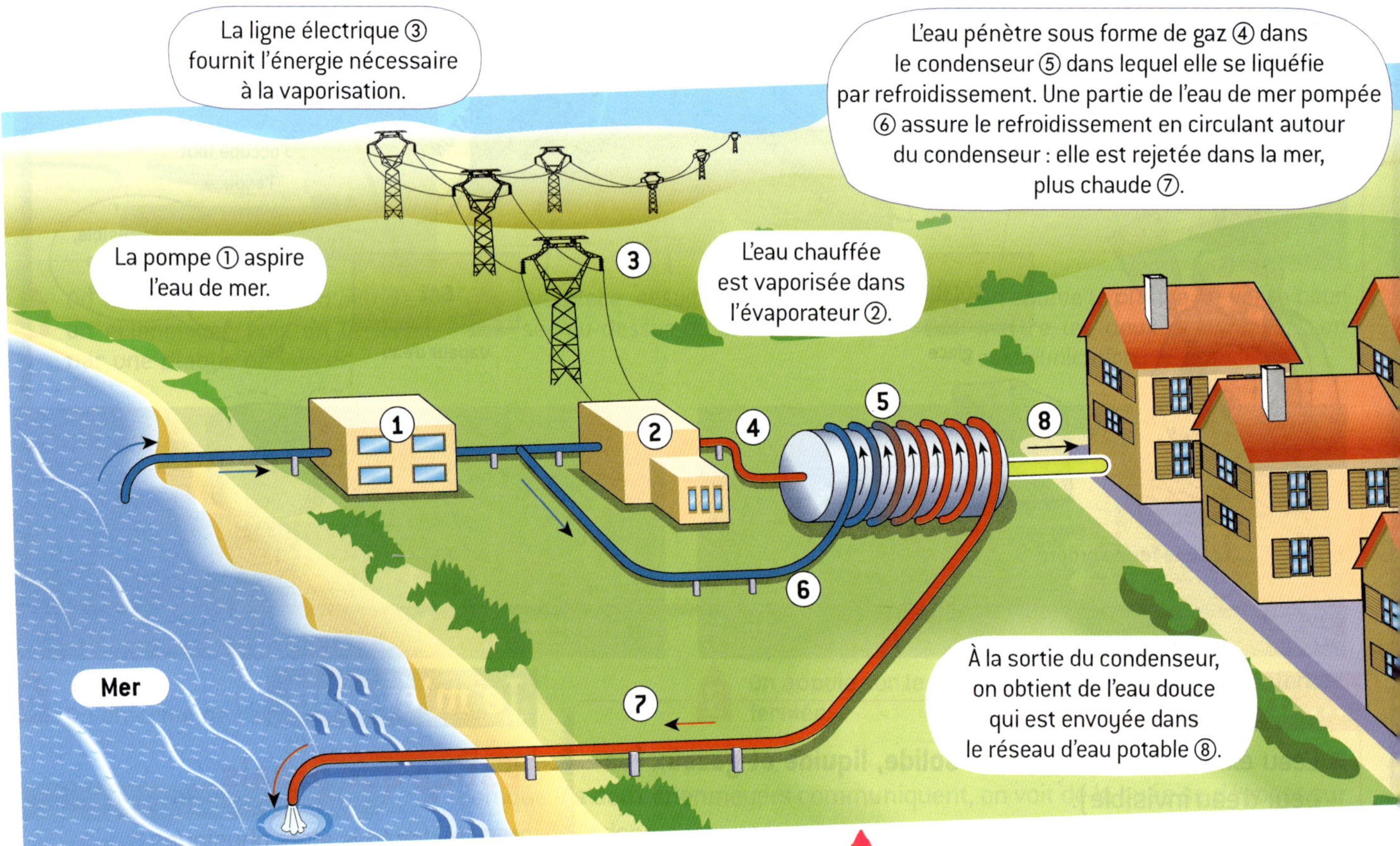

Une unité de dessalement de l'eau de mer

Questions

📖 : la réponse est dans le texte

1. Dans quel appareil y a-t-il vaporisation de l'eau ? 📖
2. Dans quel appareil y a-t-il liquéfaction de l'eau ? 📖
3. Quel est le rôle de l'eau rejetée à la mer ? 📖
4. Pourquoi l'eau rejetée à la mer est-elle plus chaude qu'avant son pompage ? 📖
5. Décrire le cycle de l'eau dans l'usine.
6. Rechercher des exemples de pays dans lesquels des usines de dessalement ont été implantées.

Le carnet du petit chercheur

Peut-on dessaler de l'eau de mer à la maison ?
Je réalise l'expérience ci-contre pour avoir la réponse (vérifier que l'eau obtenue n'a pas un goût salé).

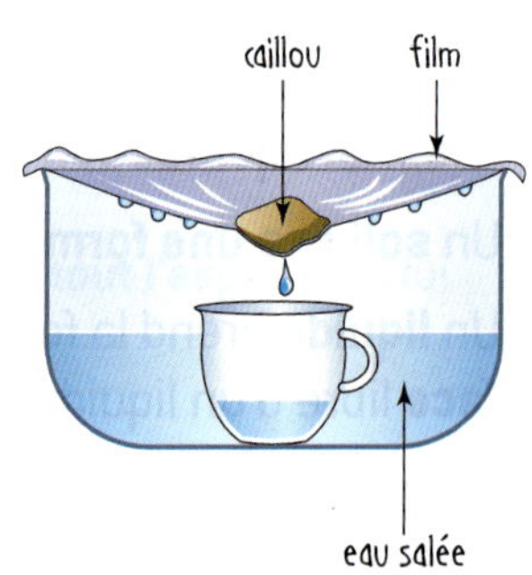

Exercices

Je vérifie ce que j'ai retenu

1 Choisir le bon mot

a) Le passage de l'état solide à l'état liquide est la **fusion / solidification**.

b) La vaporisation est le passage de l'état **liquide / solide** à l'état gazeux.

c) Le changement d'état inverse de la **liquéfaction / fusion** est la solidification.

d) L'état final d'une eau liquide qui décrit un cycle est **gazeux / liquide**.

e) La surface libre d'un liquide au repos est toujours **verticale / horizontale**.

f) Un **solide / liquide** a une forme propre.

2 Surface libre d'un liquide

On place trois béchers vides sur une table horizontale.

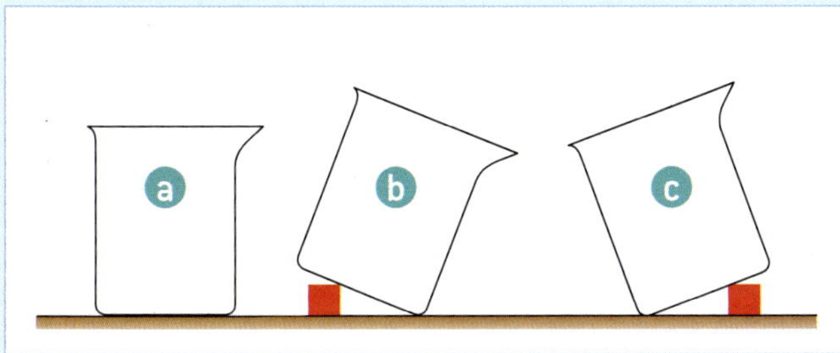

On remplit d'eau chaque bécher à environ la moitié de sa capacité.
Reproduire le dessin et représenter dans chaque bécher la surface libre de l'eau.

3 Compléter le texte suivant

a) Dans la nature, l'eau décrit un ....

b) Un solide a une .... propre ; un liquide prend la .... du récipient qui le contient.

c) La surface d'un liquide au repos est .... et ....

d) Un gaz occupe toute la .... qui lui est offerte. Il est expansible et ....

4 Quels sont les changements d'état ?

a) Indiquer à la place des pointillés les états de l'eau dans le cycle de l'eau représenté ci-dessous.

b) Indiquer les changements d'état de l'eau qui correspondent aux flèches rouges.

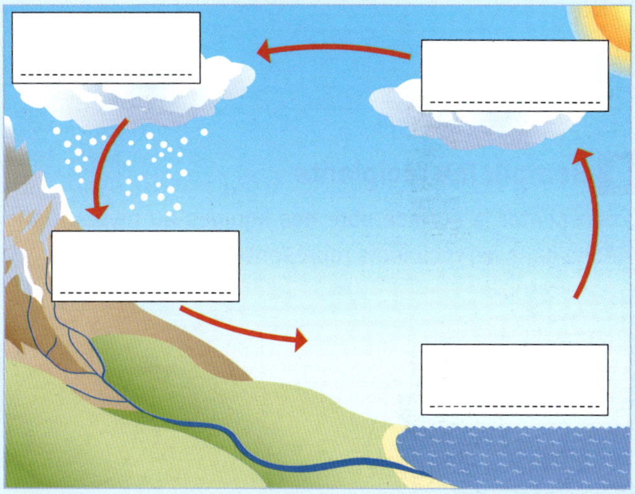

LE TEST

Êtes-vous incollable sur les trois états de l'eau ?

Pour chaque question, une seule réponse est exacte.

1 La vapeur d'eau est :
a) un gaz.
b) un solide.
c) un liquide.

2 La vaporisation est le passage :
a) de l'état solide à l'état gazeux.
b) de l'état liquide à l'état gazeux.
c) de l'état gazeux à l'état liquide.

3 Un nuage est constitué :
a) par de la vapeur d'eau.
b) par de la fumée blanche.
c) d'eau liquide et/ou d'eau solide.

4 La surface libre d'un liquide au repos dans un verre incliné est :
a) verticale.
b) horizontale.
c) en pente.

5 La liquéfaction est le passage :
a) de l'état solide à l'état gazeux.
b) de l'état liquide à l'état solide.
c) de l'état gazeux à l'état liquide.

Barème :

Réponse bonne = 4 pts
Réponse fausse = – 1 pt
Pas de réponse = 0 pt

▶Votre score : ... / 20

• **15 et plus :** Bravo ! Vos connaissances sont solides.
• **Entre 8 et 14 :** Bien moyen. Vous êtes un peu évaporé (étourdi).
• **7 et moins :** Vous êtes noyé !

Réponses page 224 ▶

J'applique ce que j'ai appris

5 De l'eau dans tous ses états

Recopier et compléter le tableau suivant :

	état solide	état liquide	état gazeux
lac			
glaçon			
grêle			
nuage			
air			
fleuve			
glacier			
brouillard			
buée			
vapeur d'eau			
pluie			
givre			
rosée			
iceberg			

6 Remplir les récipients

Représenter la surface libre des liquides au niveau de la flèche dans les récipients représentés ci-dessous.

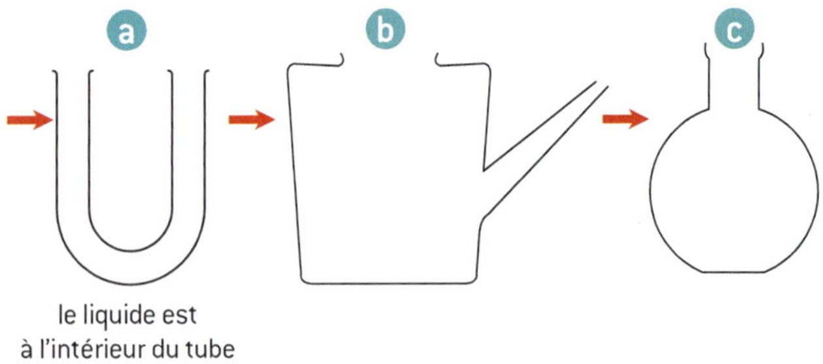

7 Liquide ou solide ?

On verse de l'eau dans un bécher et on verse de la farine dans un bécher identique.

a) Quelle différence observe-t-on entre les surfaces libres des deux substances ?

b) La farine a-t-elle une forme propre ? Que peut-on en conclure ?

c) Quel est l'état physique de la farine ? Pourquoi ?

d) Donner l'exemple d'une autre substance qui se comporte comme la farine et que l'on doit transporter dans un récipient.

Aide : La farine est constituée d'une multitude de petits grains de farine.

8 Énigme

Comment le niveau des mers peut-il rester constant alors que de nombreux fleuves y déversent leur eau depuis des millénaires (sauf en cas de changement climatique important) ?

9 Vapeur d'eau expansible

a) En plein hiver, on fait chauffer l'eau d'une casserole dans une pièce qui comporte de nombreuses fenêtres. Des petites gouttes d'eau liquide formant de la buée apparaissent sur toutes les vitres. D'où cette eau provient-elle ? Décrire les changements d'états subis par l'eau de la casserole.

b) On ouvre une porte donnant sur une autre pièce. Que va-t-on observer ?

c) En quoi cette expérience montre-t-elle que les gaz sont expansibles ?

10 Compression et pompe à vélo

Arthur bouche avec un doigt le trou de sortie d'une pompe à vélo.

a) Que contient la pompe ?

b) Arthur enfonce le piston. Que se passe-t-il ?

c) En quoi cette expérience montre-t-elle que les gaz sont compressibles ?

d) Comment Arthur devrait-il utiliser la pompe pour montrer que les gaz sont expansibles ?

11 Salle parfumée

En prenant son classeur dans son sac, le professeur a cassé par mégarde un flacon échantillon de parfum. Quelque temps après, sans bouger de leur place, tous les élèves peuvent sentir l'odeur du parfum. Comment expliquer cela ?

J'utilise ce que je sais

12 À la maison, je fabrique un nuage.

Objectif	Matériel
Faire apparaître un nuage.	• un congélateur • un four à micro-ondes • une grande casserole en aluminium • une grande tasse • de l'eau.

Protocole

• Remplir la casserole d'eau et la mettre au congélateur le temps nécessaire pour que l'eau devienne solide (glace).
• Mettre un peu d'eau dans la tasse et la faire chauffer dans le four.
• Retirer la tasse quand l'eau bout. Attention la tasse est très chaude !
• Poser la tasse sur le plan de travail de la cuisine, puis placer la casserole environ 10 cm au-dessus de la tasse. Un léger nuage se forme sous la casserole.

13 Un changement d'état plutôt rapide

a) Urbain sort du congélateur un verre vide et propre qu'il avait oublié. Aussitôt des petits morceaux de glace formant une couche de givre se déposent sur la paroi du verre. Pourquoi ?
b) Il met le verre sur une table et constate que le givre disparaît peu à peu et que le verre n'est pas mouillé. Pourquoi ?

Aide : Le passage de l'état solide à l'état gazeux se produit dans certaines conditions : c'est une sublimation.

14 Nuage en formation

Les nuages se forment quand il y a trop de vapeur d'eau dans l'atmosphère. Cette formation dépend de la température.

Le tableau ci-dessous donne, selon la température, la valeur maximale de la masse de vapeur d'eau contenue dans un 1 m^3 d'air. Au-delà de cette valeur, il y a formation de nuages.

température en °C	0 °C	10 °C	20 °C	25 °C	30 °C
masse maximale de vapeur d'eau contenue dans 1 m^3 d'air	5 g	9 g	17 g	23 g	30 g

a) Y a-t-il formation de nuages quand 1 m^3 d'air contient 20 g de vapeur d'eau, à la température 20 °C ?
b) Y a-t-il formation de nuages quand 1 m^3 d'air contient 5 g de vapeur d'eau, à la température 5 °C ?

15 Nuage en altitude

La température de l'atmosphère diminue avec l'altitude selon le tableau ci-dessous.

altitude en km	0	1	2	3	4
température en °C	30	25	20	10	5

a) À partir de quelle altitude y a-t-il formation de nuages quand 1 m^3 d'atmosphère contient 9 g de vapeur d'eau au niveau du sol ?
b) Quelle masse minimale de vapeur d'eau devrait contenir 1 m^3 d'atmosphère pour qu'un nuage se forme dès le niveau du sol ? Quel nom donne-t-on à un nuage qui se forme au niveau du sol ?

Aide : Utiliser également le tableau ci-dessus et celui de l'exercice n° 14.

Je protège ma planète
pour un développement durable

16 L'arrosage

1) Pourquoi y a-t-il plus d'eau d'arrosage perdue dans la journée que la nuit ?
2) Quel est l'intérêt d'utiliser un arrosage fin en goutte à goutte ?
3) Pourquoi faut-il économiser l'eau ?
4) Est-il nécessaire d'utiliser de l'eau potable pour arroser ?
5) Quelles eaux d'arrosage peut-on utiliser, en dehors de l'eau du robinet ?

Chapitre 12

Masse et volume

Pour acheter des légumes (ou pour préparer un sirop de sucre dans l'eau), on doit connaître la masse des légumes (ou du sucre).
Pour remplir la cuve de fioul ou les réservoirs d'un avion, on doit connaître le volume de fioul ou de kérosène.
Comment mesure-t-on le volume ou la masse d'un liquide (ou d'un solide) en chimie ?

1 **La pesée des légumes à Aix-en-Provence (Bouches du Rhône)**

2 Des moules au litre

3 De l'eau et une boisson à la grenadine sur une balance de Roberval

4 Le « plein » d'essence

J'observe et je m'interroge

a. Quel est l'appareil qui permet de mesurer la masse des fruits et des légumes ? **(doc. 1)**

b. La boisson à la grenadine et l'eau ont-elles une masse identique ? **(doc. 3)**

c. La boisson à la grenadine et l'eau occupent-elles le même volume ? **(doc. 3)**

d. Achète-t-on un volume ou une masse de moules chez ce commerçant ? **(doc. 2)**

e. Quelle est l'unité de volume inscrite sur la pompe à essence ? **(doc. 4)**

3 La mesure des masses

Comment mesurer la masse d'un solide ?

Je réalise une expérience

Compétence expérimentale
Mesurer une masse avec une balance.
▶ voir p. 218

Fiche méthode : mesure de masse ▶ voir p. 215

A On place un récipient sur la balance électronique préalablement allumée et on appuie sur le bouton TARE.

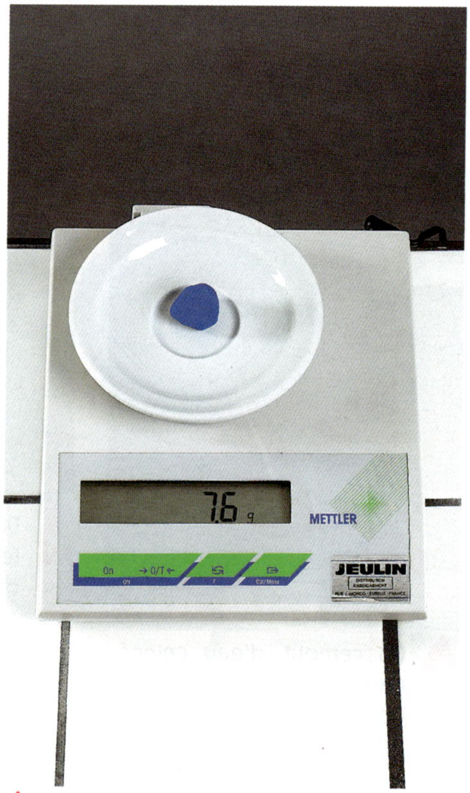

B On place dans le récipient l'objet dont on veut mesurer la masse. On lit la valeur de la masse sur l'écran de la balance.

J'observe

- Sur l'écran de la balance, on voit la lettre **g**, symbole de l'unité utilisée, **le gramme**.
- Quand on pose la soucoupe vide sur la balance, sa masse s'affiche : le bouton TARE permet de remettre l'**affichage à zéro**.
- Ensuite, lorsque l'on pose l'objet sur la soucoupe, la balance affiche directement la masse de l'objet : m = 7,6 g

J'interprète

- Avec une **balance**, on mesure une grandeur appelée **masse**. La masse d'une substance est liée à la **quantité de matière** de cette substance.
- On peut mesurer la masse d'un liquide en utilisant un récipient approprié sur la balance.

REMARQUE :
La **masse** et le **poids** sont deux grandeurs différentes qui ne doivent pas être confondues : la masse est liée à la **quantité de matière**, alors que le poids est lié à l'**attraction terrestre**.

Conclusion : Pour mesurer une **masse**, on utilise une **balance**.
L'unité de masse du système international est le **kilogramme** (kg).
On utilise souvent un sous-multiple, le **gramme** (g) : 1 kg = 1 000 g.

Question test : Comment procéder pour mesurer la masse d'un liquide ?

Je m'entraîne exercices 4, 10, 12 et 14

4 Proportionnalité entre masse et volume

La masse est-elle indépendante du volume occupé ?

Je réalise une expérience

A On place une fiole jaugée vide de 100 mL sur la balance et on fait la tare.

100 mL

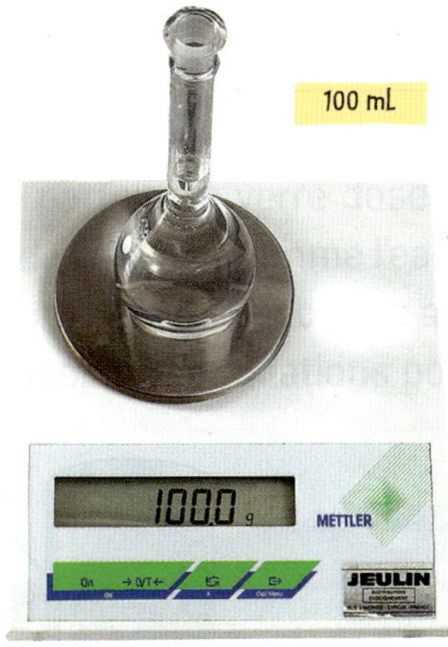

B On remplit d'eau la fiole jaugée et on mesure la masse de l'eau. On recommence l'expérience avec des fioles de volumes différents.

250 mL

500 mL

1 000 mL

Je dresse un tableau

volume d'eau	100 mL	250 mL	500 mL	1 000 mL = 1 L
masse de l'eau	100,0 g	250,0 g	500 g	1 000 g = 1kg

J'observe et j'interprète

- On remarque que la masse d'un litre d'eau est égale à 1000 g = 1 kg.
- D'après les valeurs du tableau :

$$4 \times 250 \text{ mL} = 1\,000 \text{ mL}$$
$$4 \times 250,0 \text{ g} = 1\,000 \text{ g}$$

- Quand le volume est multiplié par 4, la masse est aussi multipliée par 4 : la masse et le volume sont proportionnels.

Conclusion : La masse et le volume sont deux grandeurs différentes, mais reliées entre elles par une relation de **proportionnalité**.
Dans les conditions usuelles de notre environnement, **la masse d'un litre d'eau est égale à un kilogramme.**

REMARQUE :
Quand on réalise des mesures expérimentales, on peut constater de légers écarts par rapport aux valeurs théoriques, dus aux imprécisions de la manipulation.

Question test : La masse d'un litre d'huile est-elle identique à celle d'un litre d'eau ?

Je m'entraîne exercices 13, 16, 17 et 20

Exercices

Je vérifie ce que j'ai retenu

1 Choisir le bon mot

a) Un décimètre cube et un **litre / millilitre** représentent le même volume.

b) Dans les conditions usuelles de notre environnement, un litre d'eau a une masse de mille **kilogrammes / grammes**.

c) Pour faire une bonne mesure de volume, il faut placer son œil **en face / au-dessus / en dessous** de la surface du liquide.

d) Pour mesurer un volume, on utilise une éprouvette **graduée / jaugée**.

2 Bien lire une mesure de volume

Examiner chaque schéma et indiquer s'il correspond à une lecture correcte d'une mesure de volume. Justifier.

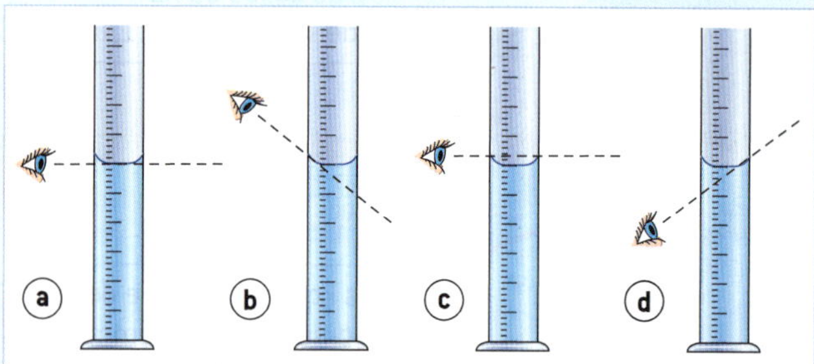

3 Compléter le texte suivant

a) Pour mesurer un ...., on utilise des verreries .... ou ....

b) Dans une éprouvette graduée, la surface du liquide forme un léger creux appelé ....

c) L'unité de volume du système international est le .... L'unité usuelle de volume est le ....

d) Une balance permet de mesurer la .... d'un objet. L'unité de masse du système international est le ....

4 Mesurer une masse

Quelles indications sont données par les balances ? Pouvez-vous en déduire la masse de liquide contenu dans l'erlenmeyer ? (L'erlenmeyer ⓐ est vide)

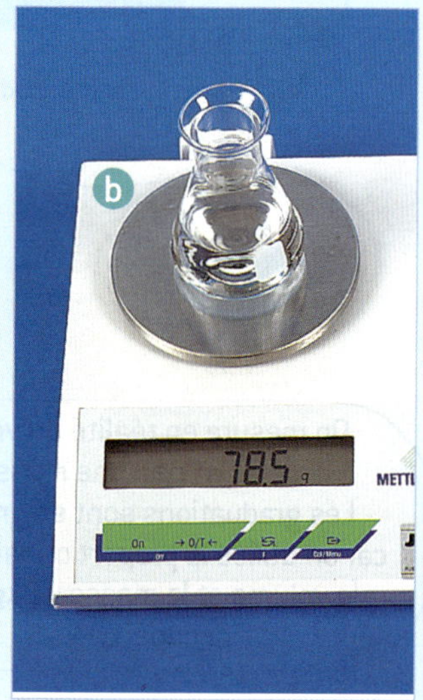

LE TEST

Êtes-vous incollable sur la masse et le volume ?

Pour chaque question, une seule réponse est exacte.

1 Pour mesurer un volume, le bon repère est :
a) le fond du récipient.
b) le haut du ménisque.
c) la base du ménisque.

2 L'espace occupé par une substance s'appelle :
a) la surface.
b) la masse.
c) le volume.

3 Un volume de 1 dm^3 représente le même volume que :
a) 100 mL
b) 1 L
c) 1 000 L

4 Dans les conditions usuelles de notre environnement, un litre d'eau a une masse de :
a) 1 kg
b) 1 g
c) 100 g

5 La masse et le volume d'une substance sont deux grandeurs :
a) identiques.
b) proportionnelles.
c) indépendantes.

Barème :

Réponse bonne = 4 pts
Réponse fausse = – 1 pt
Pas de réponse = 0 pt

▶ Votre score : ... / 20

- **15 et plus :** Bravo ! Vos acquis ont pris du volume !
- **Entre 8 et 14 :** Moyen. Faites grossir vos connaissances.
- **7 et moins :** La masse de vos connaissances est faible !

Réponses page 224 ▶

J'applique ce que j'ai appris

5 Préparation d'un biberon

1) Quel volume d'eau y a-t-il dans ce biberon gradué de 10 mL en 10 mL ? Exprimer en litre ce volume.

2) Quelles précautions faut-il prendre pour lire le bon volume ?

3) Quelle masse d'eau a-t-on dans ce biberon ? Exprimer en kilogramme et en gramme cette masse.

6 Mesurer un volume

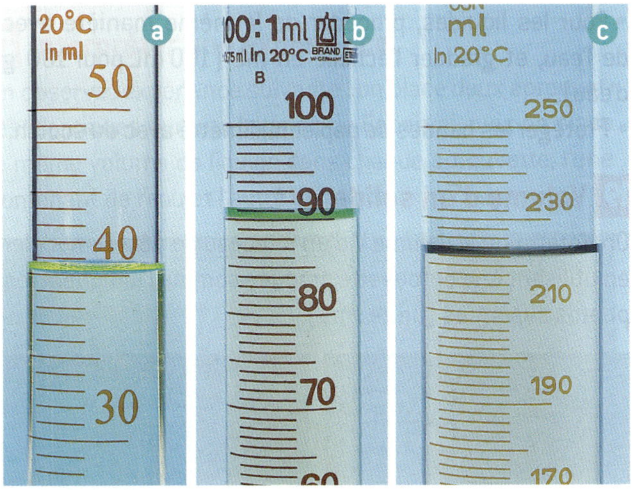

a) Quel volume maximal peut-on mesurer avec chacune des éprouvettes ci-dessus ? Critiquer l'écriture de l'unité.

b) Pour chaque éprouvette, à quel volume correspond un intervalle entre deux graduations ?

c) Quel est le volume de liquide contenu dans chaque éprouvette ?

7 Des correspondances à retenir

Choisir la ou les bonne(s) réponse(s).

a) 1 dm^3 = ① 1000 mL ② 100 cm^3 ③ 1 L ④ 100 mL

b) 1 mL = ① 0,1 L ② 1 cm^3 ③ 1 dm^3 ③ 0,01 dm^3

8 Conversions

a) 18 cm^3 = mL

b) 4,5 L = dm^3

c) 350 mL = L

d) 0,15 dm^3 = cm^3

e) 89,3 g = kg

f) 0,017 kg = g

9 Du plus petit au plus grand

Classer ces volumes dans l'ordre croissant :

115 mL • 0,12 dm^3 • 4,3 L • 83 cm^3 • 9,4 dm^3 • 0,24 L.

10 Une bonne affaire ?

Sur un pot de confiture, Marie lit l'indication suivante : « 350 g net ». Par curiosité, avant d'entamer le pot, elle le pose sur une balance et trouve une masse de 520 g.

a) Comment expliquer la différence entre la masse lue sur la balance et celle indiquée sur l'étiquette ?

b) Que signifie le terme « net » sur l'étiquette ?

c) Quelle est la masse de la confiture ? du pot ? Justifier.

11 Établir un protocole expérimental

Le professeur de sciences physiques de Pierre lui a indiqué qu'un litre d'éthanol a une masse de 0,8 kg. Pierre veut vérifier cette affirmation.

Proposer une expérience qui permette de vérifier cette valeur : matériel à utiliser, guide de manipulation, schémas, valeurs attendues, etc.

12 Une recette de cuisine

Manuel veut faire un gâteau. Sur la recette, il lit 125 g de sucre en poudre. Il met un bol vide sur sa balance de cuisine et mesure sa masse : 230 g. Il commence alors à verser le sucre dans le bol.

a) À quelle valeur affichée sur la balance doit-il arrêter de mettre du sucre pour avoir la quantité demandée dans la recette ? Pourquoi ?

b) Quelle fonction de la balance aurait-il pu utiliser pour mesurer directement la masse de sucre ? Qu'aurait indiqué la balance avant de commencer à verser le sucre ?

13 Qui a raison ?

Max et Julie ont trouvé un flacon de 1 L, sans étiquette, rempli d'un liquide incolore. Ils veulent mesurer la masse de 1 L du liquide contenu dans le flacon pour savoir si c'est de l'eau.

a) Lire le dialogue de Max et Julie sur le dessin.

b) Qui a raison ?

c) Justifier en décrivant l'expérience à réaliser.

Les balances

Le personnage

Antoine-Laurent de Lavoisier (1743-1794)

Lavoisier est né à Paris. Orienté d'abord vers le droit, il est très vite attiré par les sciences et la chimie. Les balances des chimistes d'alors n'étaient pas d'une très grande précision. Mais Lavoisier veut travailler avec rigueur et c'est ainsi qu'il va concevoir et faire construire des trébuchets sensibles à 5 mg et à 25 mg. À partir de là, Lavoisier fera plusieurs découvertes essentielles.
Il est à l'origine de toute la chimie moderne.

La curiosité

Le trébuchet, permet, en utilisant le même principe que les balances de l'Antiquité, des mesures de masses de grande précision. Le trébuchet a été remplacé aujourd'hui par la balance électronique, plus pratique.

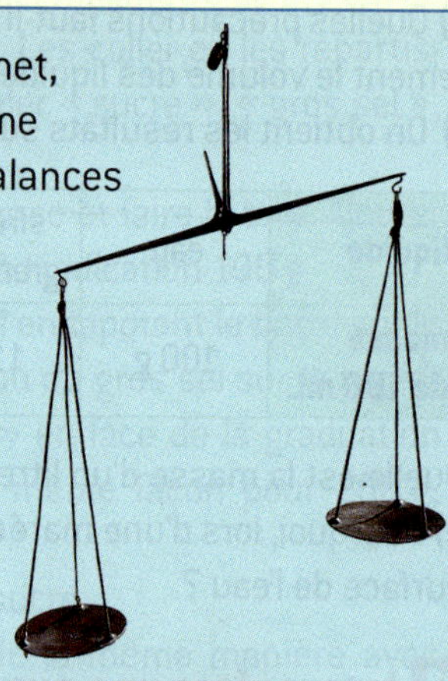

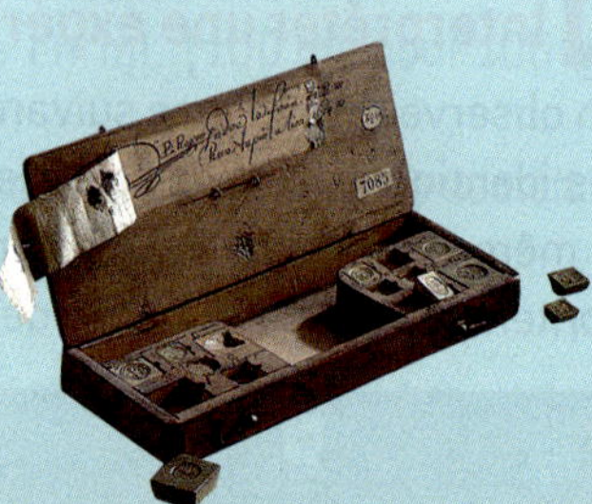

Les dates importantes

Antiquité La balance romaine.

Roberval

1669 La balance de Roberval apparaît : elle est précise et simple d'utilisation.

1680 Invention d'une balance à ressort pour peser les monnaies, ancêtre du dynamomètre.

Lavoisier

1770 Lavoisier utilise le trébuchet pour ses travaux en Chimie.

1840 La balance de Béranger permet de peser des masses importantes : elle donnera naissance aux ponts-bascules pour peser les camions en 1849.

1970 Mise au point de la balance électronique

1600 — 1700 — 1800 — 1900 — 2000

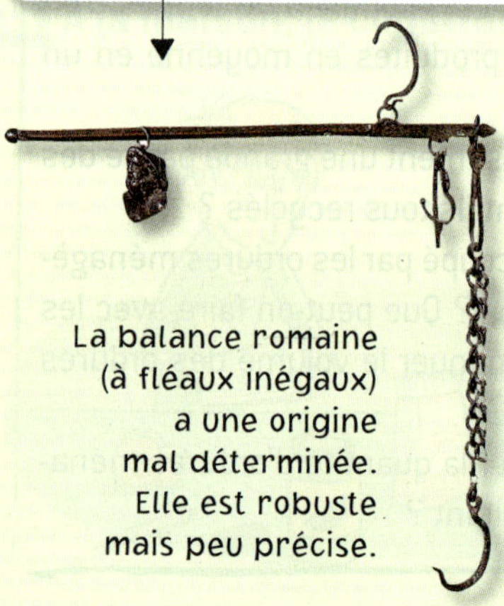

La balance romaine (à fléaux inégaux) a une origine mal déterminée. Elle est robuste mais peu précise.

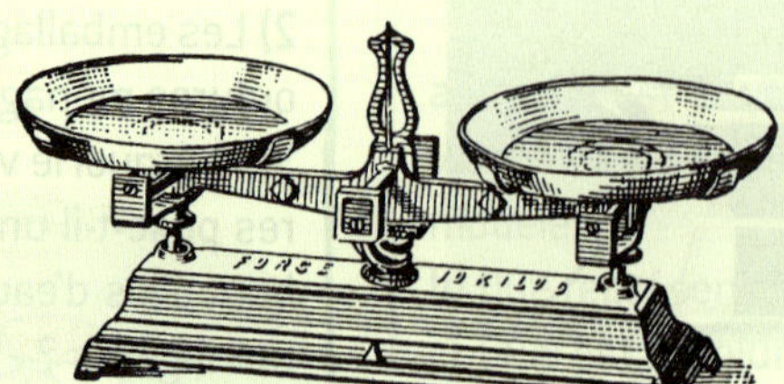

Un métier : métrologue

La science au quotidien

La mesure fait partie de notre quotidien : nous mesurons les distances, nous lisons des températures, nous vérifions notre niveau d'essence, nous nous pesons... Les mesures sont indispensables pour comprendre le monde qui nous entoure. Il existe une personne dont le métier est totalement lié à la qualité de la mesure, c'est le métrologue.

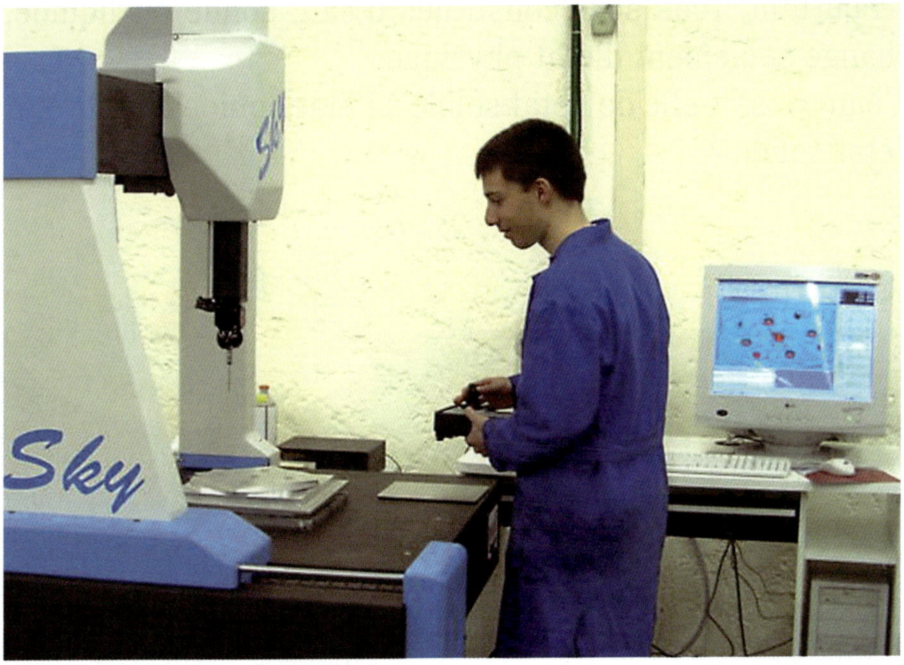

Le travail dans l'industrie

- Le métrologue coordonne les opérations de mesure nécessaires à la fabrication de pièces conformes à la demande. Ensuite il s'assure, à l'aide de machines à commandes numériques, que les produits restent conformes.
- Il doit vérifier, avec son équipe, que tous les instruments de l'entreprise, sondes de température, balance... fonctionnent correctement.
- Comme expert de la mesure, il participe à tout nouveau projet qui arrive dans l'entreprise.

Le travail à la Direction Régionale de l'Industrie, de la Recherche et de l'Environnement (DRIRE)

- Il inspecte les installations industrielles classées, notamment leur impact sur l'environnement : pollution de l'eau, de l'air, élimination des déchets, bruits...
- Il peut effectuer directement des contrôles techniques de véhicules ou d'instruments de mesures réglementés, tels les compteurs de gaz, les pompes à essence, les balances, etc. Il surveille également les organismes agréés.

Est-ce un métier pour moi ?

- Je veux faire des études longues.
- Je suis précis et méthodique.
- J'aime faire des mesures et des expériences.
- J'ai le sens des responsabilités.
- J'aime travailler en équipe.
- Je communique facilement avec les autres.

Dans le même domaine

- Opérateur métrologue.
- Technicien métrologue.
- Ingénieur de l'Industrie et des Mines.
- Ingénieur contrôle qualité.

Les contraintes du métier

- Les déplacements peuvent être fréquents.
- Il faut bien connaître la législation en vigueur.
- Les connaissances doivent être actualisées en permanence, car les techniques et les lois évoluent.
- Les normes doivent être respectées pour assurer la sécurité des installations.
- Le respect des méthodes de contrôle est très rigoureux.

Chapitre 13

Solidification et fusion

Gouttes de pluie, flocons de neige, nuages, icebergs… sont si différents. Pourtant, tous sont constitués d'eau, solide ou liquide, car l'eau change seulement d'état physique.
Comment l'eau passe-t-elle de l'état solide à l'état liquide ou de l'état liquide à l'état solide ?

1 Iceberg sur un lac au pied du glacier Serrano (Chili)

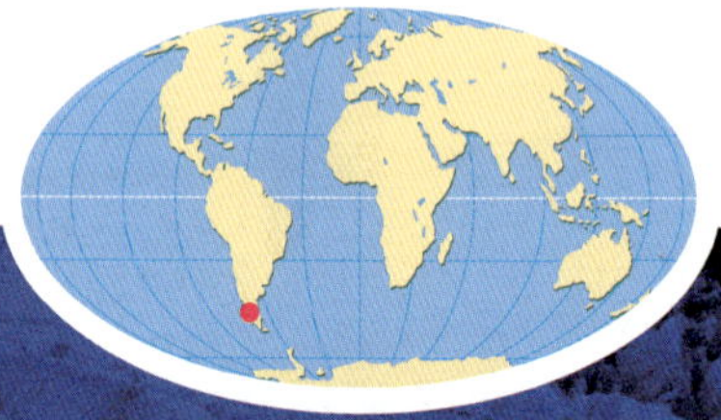

2 Une coulée d'acier à la sortie du four

Salage d'une route enneigée 3

Situation problème

4 Une boîte d'eau à la sortie du congélateur

J'observe et je m'interroge

a. Quels états physiques de l'eau observez-vous sur ces documents ?
b. Que va devenir l'iceberg qui dérive sur le lac ? (doc. 1)
c. Quel est l'état physique de l'acier qui s'écoule ?
   Quel est son état physique lorsqu'il se refroidit ? (doc. 2)
d. Pourquoi répand-on du sel sur la neige des routes en hiver ? (doc. 3)
e. Qu'est-il arrivé à l'eau contenue dans la boîte d'eau sortie du congélateur ? (doc. 4)

1 De l'eau liquide à la glace

→ À quelle température l'eau se solidifie-t-elle ?

Compétence expérimentale

Utiliser un thermomètre.
▶ voir p. 218

Je réalise une expérience

A Un tube à essais contenant de l'eau distillée est placé dans un mélange réfrigérant.

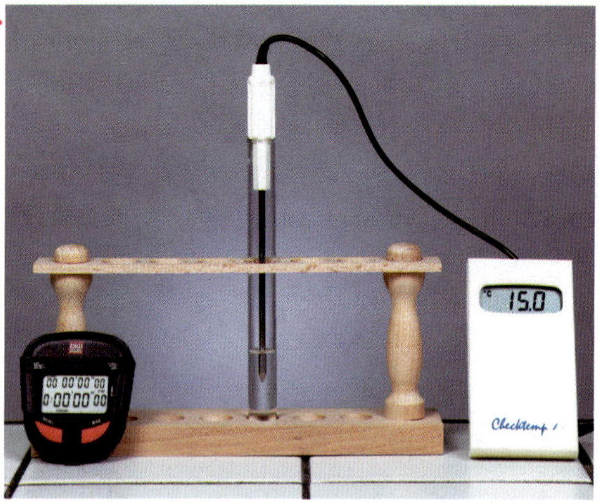

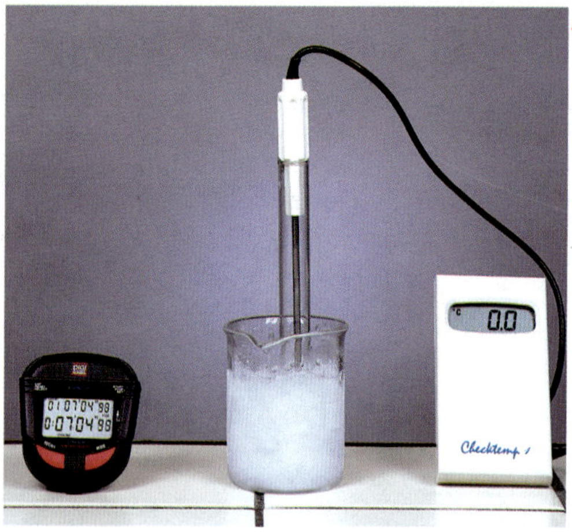

B On place un thermomètre dans le tube à essais, et on note la température toutes les minutes.

Je dresse un tableau

temps (min)	0	1	2	3	4	5	6	7	8	9	10
température (°C)	15	5,0	2,2	1,0	0,3	0,0	0,0	0,0	– 0,2	– 1,7	– 4,0

L'unité internationale de température est le degré Celsius (°C).

Je trace un graphique

Fiche méthode ▶ voir p. 216

C Évolution de la température en fonction du temps.

J'interprète le graphique

- À l'instant 0, l'eau distillée est à **l'état liquide** à la température de 15 °C; puis elle se refroidit et la température diminue.
- Lorsque la température atteint **0 °C,** on observe **en même temps de la glace et de l'eau liquide** dans le tube. La température reste constante pendant toute la solidification : le graphique présente un **palier de température**.
- Lorsque la température diminue de nouveau et devient inférieure à 0 °C, on n'observe que de la glace dans le tube : toute l'eau est à l'état solide.

Vocabulaire

- **mélange réfrigérant** mélange de glace et de sel (2/3 de glace pour 1/3 de sel en volume).
- **palier** partie horizontale d'un escalier ou d'un graphique.

Conclusion : Au cours de la **solidification** de l'eau, la température reste constante et égale à 0 °C : c'est la **température de solidification** de l'eau.

Question test : Qu'observe-t-on lorsque la température de l'eau est à 0 °C ?

Je m'entraîne exercice 3

2 De la glace à l'eau liquide

→ À quelle température la glace devient-elle liquide ?

Je réalise une expérience

A On prend un tube à essais contenant de l'eau distillée à l'état solide et un thermomètre.

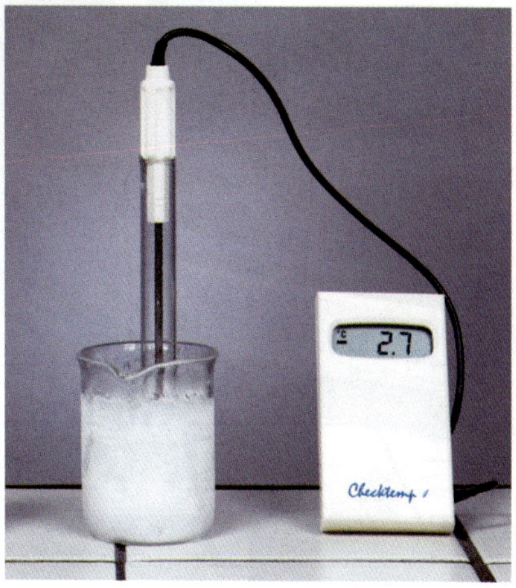

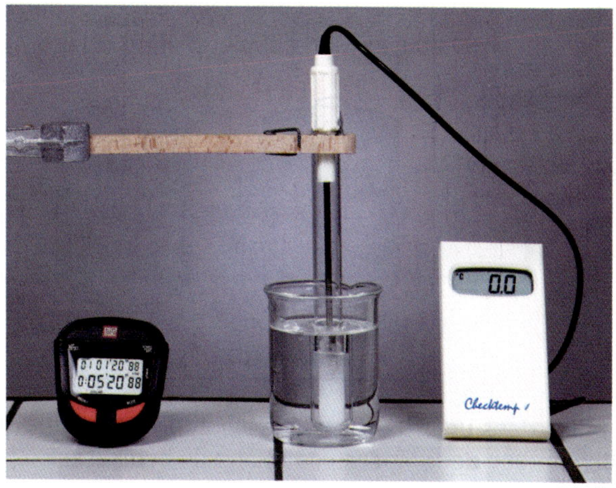

B On place le tube à essais dans un bécher d'eau tiède et on note la température toutes les minutes.

J'utilise un ordinateur

B2i
Utiliser un tableur

- À l'aide d'un tableur, on saisit les données et l'on voit le graphique se dessiner sur l'écran.

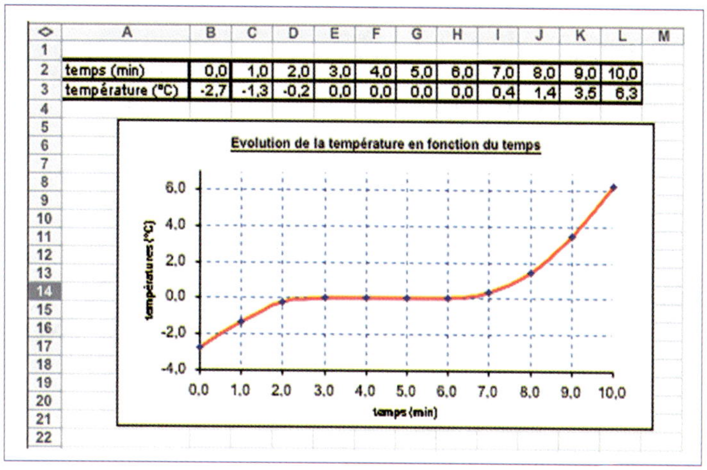

temps (min)	0,0	1,0	2,0	3,0	4,0	5,0	6,0	7,0	8,0	9,0	10,0
température (°C)	-2,7	-1,3	-0,2	0,0	0,0	0,0	0,0	0,4	1,4	3,5	6,3

J'observe

- Au temps 0, l'eau est à l'**état solide**. Puis elle se réchauffe : la température augmente de – 6 jusqu'à **0 °C**.
- Lorsque la température est **0 °C**, on observe, **en même temps, de la glace et de l'eau liquide** dans le tube. La glace se transforme en eau liquide. La température reste constante pendant toute la durée de la fusion : le graphique présente un palier de température.
- Lorsque la glace a disparu, la température augmente de nouveau : l'eau est à l'état liquide.

Conclusion : La fusion de la glace s'effectue à la **température constante** de **0 °C** : c'est la **température de fusion** de l'eau. La fusion est le changement d'état **inverse** de la solidification.

Question test : Quelle est la propriété commune à la fusion et à la solidification de l'eau distillée ?

Je m'entraîne exercices 1, 3, 8 et 10

J'apprends et je retiens...

... avec des dessins

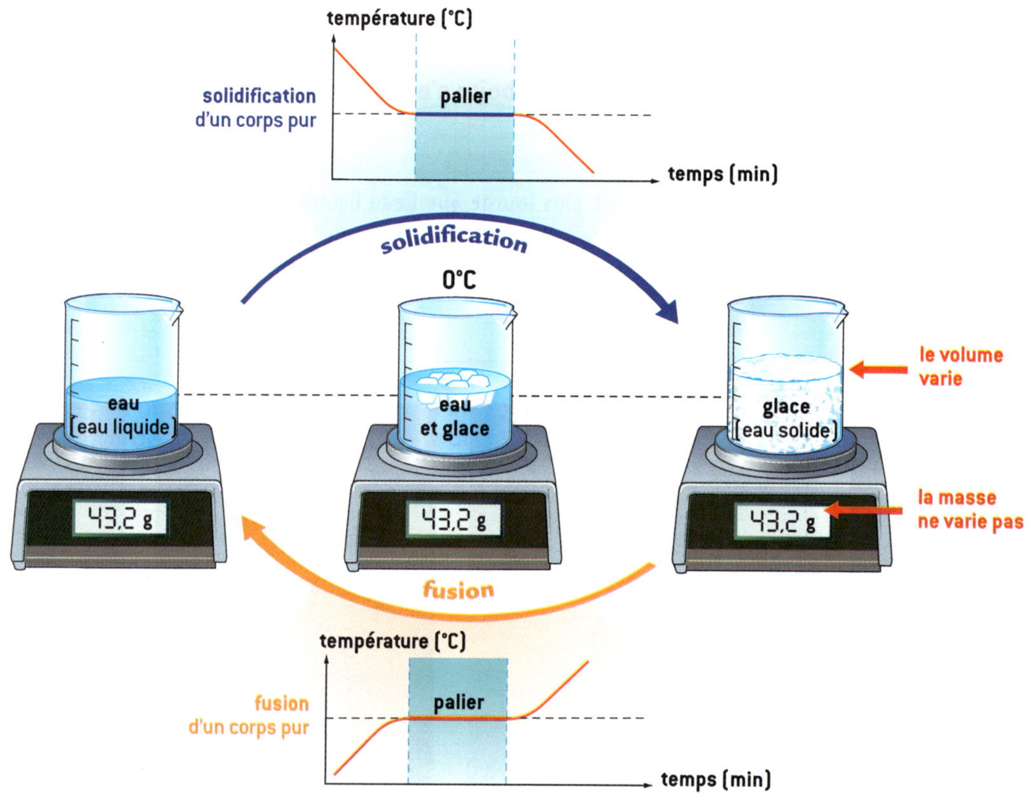

... avec un résumé

- La solidification et la fusion sont des changements d'état inverses :
  – la **solidification** est le passage de l'**état liquide** à l'**état solide** ;
  – la **fusion** est le passage de l'**état solide** à l'**état liquide**.
- **0 °C est la température de solidification et de fusion de l'eau pure.** À 0 °C, on observe en même temps de la glace et de l'eau.
- La solidification et la fusion d'un **corps pur** se font à **température constante**. La température d'un **mélange** qui se solidifie ou fond varie constamment.
- Sur les **graphiques de l'évolution de la température en fonction du temps**, on observe un **palier de température** au cours de la solidification ou de la fusion d'un corps pur.
- Au cours de la solidification ou de la fusion d'un corps pur, la **masse ne varie pas, mais le volume varie**.

Je m'évalue

Est-ce que je sais...

- définir une fusion ou une solidification ?
- quelle est l'unité usuelle de température ?
- à quelle température fond la glace ou se solidifie l'eau ?
- comment varie la température d'un corps pur qui fond ou qui se solidifie ?
- comment varient la masse et le volume d'un corps pur qui fond ou qui se solidifie ?
- repérer une température ?
- tracer un graphique et l'utiliser?

Ça s'explique par la physique

Comment se forme la glace des pôles ?

La glace polaire comprend deux sortes de glace :

- **la glace de mer**, elle se forme par le gel de l'eau de mer à partir de – 2 °C ; elle flotte à la surface des océans et forme la **banquise**.
- **la glace continentale**, ancrée sur le terrain se forme par l'accumulation de la neige qui se tasse lentement sur plusieurs centaines de mètres. Cette glace est formée d'eau douce et constitue les glaciers polaires.

A Un iceberg

B La banquise

Questions

📖 : la réponse est dans le texte

1 Comment se constitue la glace continentale ? 📖

2 Comment se constitue la glace de mer ? Quel est son nom ? 📖

3 Comment se forment les icebergs ? Que signifie le mot iceberg ? 📖

4 Pourquoi la glace de mer se forme-t-elle à partir de – 2 °C ?

5 Quelle est la glace qui en fondant peut faire monter le niveau des océans ?

Le carnet du petit chercheur

La banquise et les icebergs qui flottent sur l'eau peuvent-ils en fondant faire monter le niveau des océans ? Je réalise l'expérience ci-contre pour avoir la réponse.

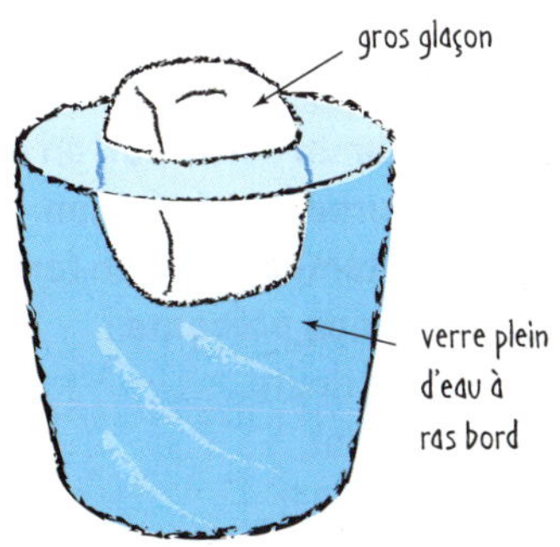

Exercices

Je vérifie ce que j'ai retenu

1 Choisir le bon mot

a) Au cours de la fusion d'un glaçon, sa masse **diminue / augmente/ ne varie pas**.

b) Pour mesurer une température, on utilise un **chronomètre / thermomètre**.

c) La fusion est le passage de l'état **liquide / solide** à l'état **solide / liquide**.

d) Le cyclohexane est un **mélange / corps pur** car lorsqu'il change d'état, sa température reste constante.

2 Noter une température

Observer le schéma et noter la température de l'eau que doit indiquer le thermomètre.

3 Compléter le texte suivant

a) La .... est le passage de l'eau de l'état liquide à l'état solide. Ce passage se fait à une température de ....

b) La fusion de l'eau pure se fait à .... °C.

c) Au cours de la solidification de l'eau, son volume ....

4 Noter une masse

Observer les schémas et noter la masse M non inscrite sur la balance. Justifier.

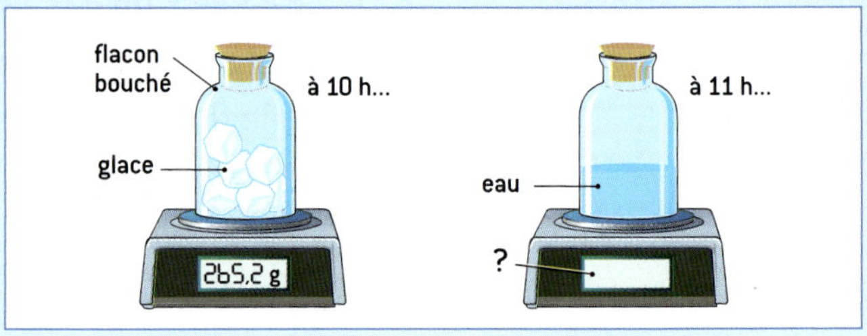

5 Interpréter un schéma

Le graphique suivant représente l'évolution de la température en fonction du temps lors d'un changement d'état de l'eau.

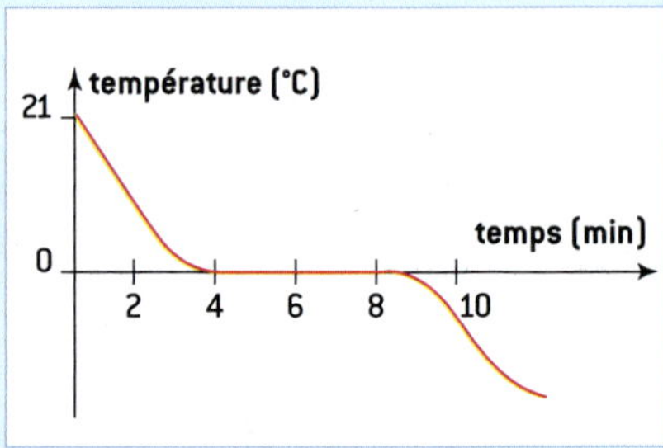

a) Quel est le nom du changement d'état représenté ?

b) Quelle est sa durée? Justifier.

c) Quelle est la valeur de la température initiale ? Quel est l'état de l'eau à cette température ?

d) Quelle est la valeur de la température à l'instant 6 min ? Quel est l'état de l'eau à cet instant ?

LE TEST

Êtes-vous incollable sur la fusion et la solidification ?

Pour chaque question, une seule réponse est exacte.

1 Lors de la solidification d'un corps pur, sa température :
a) augmente.
b) ne change pas.
c) diminue.

2 Pour un corps pur, on dit que la courbe de l'évolution de la température en fonction du temps présente :
a) une droite.
b) un plat.
c) un palier.

3 Lors d'un changement d'état, la masse d'un corps pur :
a) augmente.
b) ne change pas.
c) diminue.

4 La fusion est le passage de :
a) l'état solide à l'état liquide.
b) l'état liquide à l'état solide.
c) l'état pâteux à l'état liquide.

5 Lors de la solidification, le volume de l'eau :
a) augmente.
b) ne change pas.
c) diminue.

Barème :

Réponse bonne = 4 pts
Réponse fausse = – 1 pt
Pas de réponse = 0 pt

▶ Votre score : ... / 20

- **15 et plus :** Bravo ! La glace ne vous congèle pas l'esprit!
- **Entre 8 et 14 :** Bien moyen. Consolidez vos connaissances.
- **7 et moins :** Vos connaissances ont vraiment fondu !

Réponses page 224 ▶

J'applique ce que j'ai appris

6 Masse et volume

Jules introduit 50 cm^3 d'eau (liquide) dans une éprouvette graduée. Il mesure la masse et la température de l'eau :

$$m = 50 \text{ g et } t = 19 \text{ °C}$$

Il place ensuite l'éprouvette dans un congélateur réglé à – 18 °C. Quelques heures plus tard, il reprend l'éprouvette et mesure à nouveau la masse de l'eau.

a) Comment mesure-t-il la masse de l'eau avec la balance électronique ? Expliquer.

b) Quel sera l'état de l'eau contenue dans l'éprouvette ? Justifier.

c) La masse est-elle supérieure, inférieure ou égale à 50 g ?

d) Le volume est-t-il supérieur, inférieur ou égal à 50 cm^3 ?

7 Qui a raison ?

En hiver, des tuyaux qui collectent l'eau de pluie peuvent se briser. Max dit : « Normal, c'est l'eau qui en gelant s'accumule dans les tuyaux et prend plus de place. ».
Julie lui répond : « Mais non, c'est parce que l'eau contenue dans les tuyaux s'alourdit en gelant. » Qui a tort, qui a raison ? Pourquoi ?

8 Classer des schémas

Élodie a dessiné un bécher contenant de l'eau (liquide) et/ou de la glace à différentes étapes d'un changement d'état.

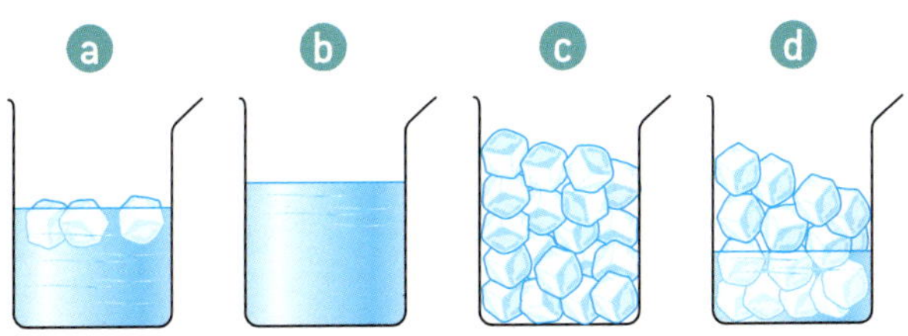

a) Quel est ce changement d'état ? Justifier.

b) Les dessins se sont mélangés. Rétablir l'ordre logique de ces dessins en le justifiant.

c) Attribuer l'une des températures suivantes à chaque contenu et justifier chaque choix : – 11 °C ; – 14 °C ; – 0 °C.

Aide : une même température peut être utilisée deux fois.

9 Analyser des graphiques

Pour chaque graphique ci-dessous, indiquer s'il s'agit de la solidification ou de la fusion d'un corps pur ou d'un mélange.

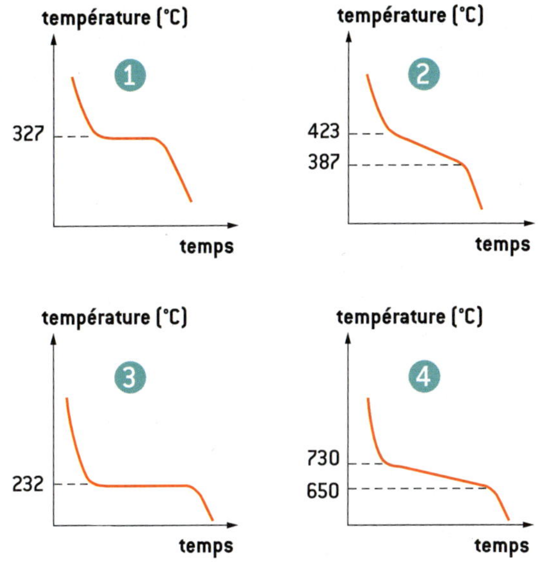

10 Construire et utiliser un graphique

De la glace pilée sortant du congélateur est introduite dans un tube à essais.
Ce tube est placé dans un récipient d'eau tiède. On relève la température dans le tube à intervalles de temps égaux.

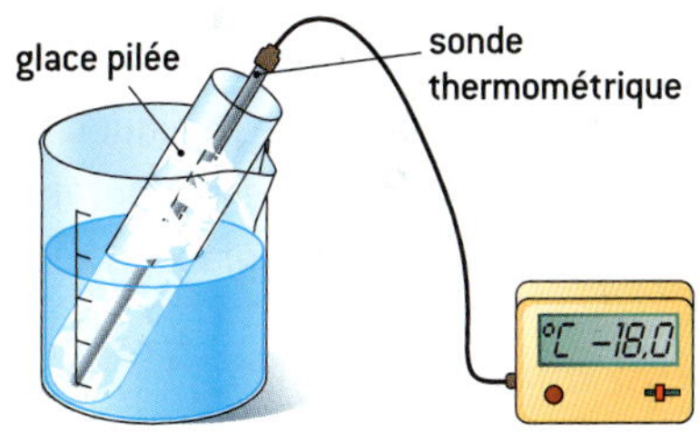

temps (min)	0	1	2	3	4	5	6
température (°C)	– 18	– 4	0	0	0	2	13

a) Observer les valeurs des températures et indiquer le nom du changement d'état réalisé. Justifier.

b) Tracer le graphique de l'évolution de la température en fonction du temps sur une feuille de papier millimétré. (Échelle : 1 cm pour 1 min et 1 cm pour 2 °C).

c) De combien de parties le graphique est-il composé ?

d) Quel est l'état de l'eau à l'instant t_1 = 1 min 30 s ? À l'instant t_2 = 4 min 30 s ?

e) Que se passe-t-il entre les instants t_3 = 2 min et t_4 = 4 min ?

Aide : voir fiche méthode p. 216 « Construire un graphique ».

Exercices

J'utilise ce que je sais

11 À la maison, je fais des glaçons à la menthe.

Objectif

Préparer des glaçons à la menthe sans congélateur.

Matériel

• du gros sel • des glaçons • un torchon • un maillet • un bol • une tasse • un récipient avec bec verseur • du sirop de menthe • un sachet à glaçons • de l'eau.

Procédure

• Placer une dizaine de glaçons dans le torchon, et les écraser avec le maillet.

• Verser deux tasses de glace dans le bol, ajouter une tasse de sel et mélanger.

• Préparer une solution concentrée de sirop de menthe dans l'eau, dans le récipient à bec verseur.

• Introduire un peu de solution de sirop de menthe dans le sachet à glaçons pour ne faire que quelques glaçons.

• Placer le sachet dans le mélange réfrigérant, attendre la solidification et vous obtenez des glaçons à la menthe.

12 Corps pur ou mélange ?

Juliette chauffe une substance solide inconnue et représente ci-dessous l'évolution de la température en fonction du temps.

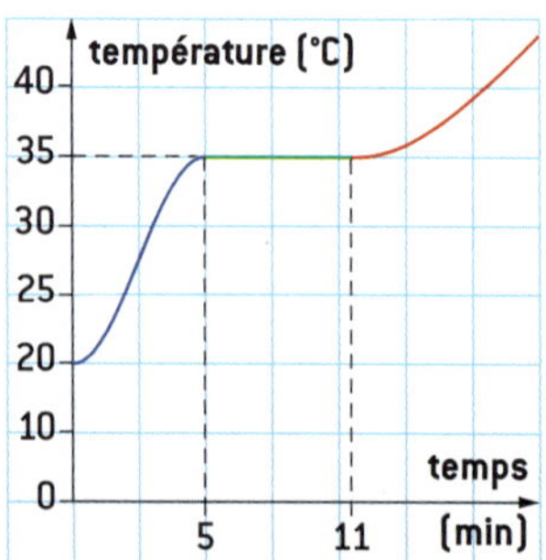

a) Reproduire le graphique et indiquer pour chacune des trois parties l'état ou les états de la substance inconnue. Inscrire S pour solide et L pour liquide.

b) Cette substance est-elle un corps pur ou un mélange ? Justifier.

c) À partir de quel instant commence la fusion ?

d) Le chauffage a-t-il été arrêté de la 5e à la 11e minute ? Expliquer.

13 Du lait solidifié

Diégo observe le graphique de la solidification du lait.

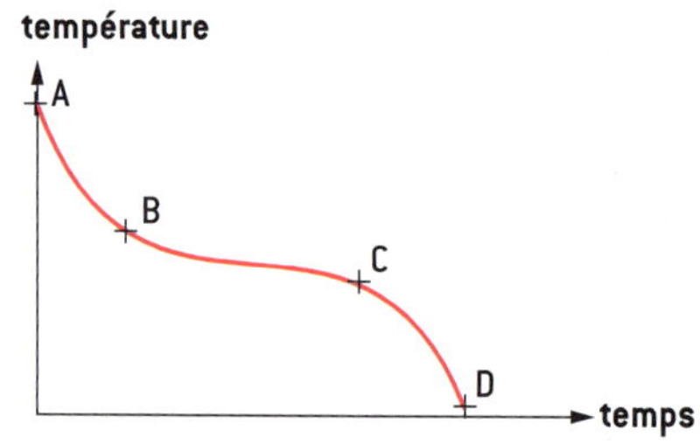

a) A-t-il fallu chauffer ou refroidir le lait pour tracer ce graphique ? Justifier.

b) Pourquoi peut-on affirmer que le lait est un mélange ?

c) Faire la liste du matériel nécessaire à la réalisation de cette expérience puis la schématiser.

14 Le rôle d'un antigel

Selma habite à Stockholm en Suède. En hiver, elle a l'habitude de mettre de l'antigel dans l'eau du circuit de refroidissement de sa voiture. En effet, le mélange eau-antigel ne commence à se solidifier qu'à des températures bien inférieures aux températures hivernales.

a) Sur l'étiquette du bidon d'antigel, on peut lire : « protection jusqu'à – 25 °C ». Le mélange eau-antigel est-il solide à – 10 °C ?

b) Que se passerait-il si Selma ne mettait pas d'antigel ?

15 Fusion de l'étain

Nathalie et Zinedine observent la fusion de copeaux d'étain dans un tube à essais. Ils schématisent leurs observations sur des feuilles différentes en indiquant chaque fois la température. Au moment de conclure, ils constatent que leurs feuilles se sont mélangées.

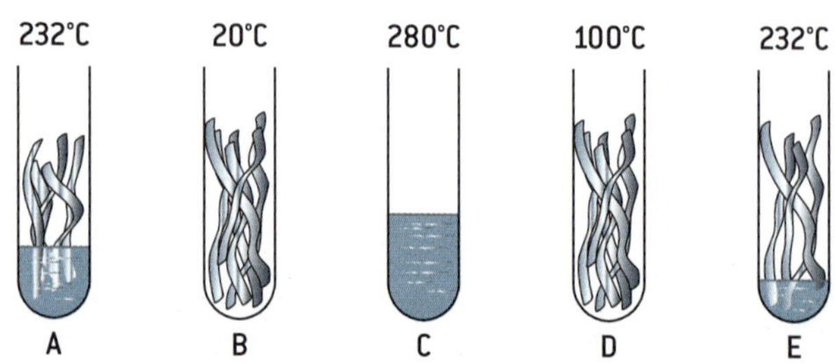

a) Observer les schémas et indiquer l'état (ou les états) physique(s) de l'étain dans chaque tube.

b) Quelle est la température de fusion de l'étain ? Justifier.

c) Quelle est la température de solidification de l'étain ? Justifier.

d) Remettre les schémas dans l'ordre.

16 Glace et pétrole !

Dans une éprouvette a) on met des glaçons et on verse du pétrole jusqu'à la graduation 222 mL. On laisse l'éprouvette à la température de la pièce (20°C) et au bout de quelques heures on l'observe b).

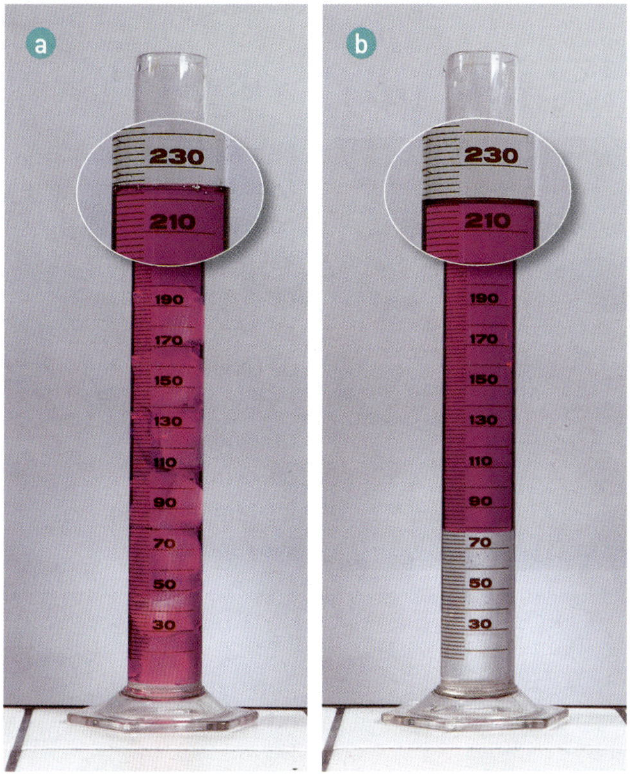

a) Quelle est la transformation qui s'est produite dans l'éprouvette b) ?

b) Le pétrole et l'eau forment-ils un mélange homogène ? Où est l'eau ? Où est le pétrole ?

c) Comparer le niveau supérieur du liquide dans les 2 éprouvettes. Que peut-on en conclure ?

d) Mesurer le volume d'eau dans l'éprouvette b) après avoir observé les graduations de l'éprouvette. Rappeler comment on doit réaliser une lecture correcte.

e) Quel était le volume de glace au début de l'expérience ? Quelle était la masse de glace ?

17 Cire de bougie

On laisse la cire fondue d'une bougie se refroidir et on note sa température toutes les minutes. La cire de cette bougie est constituée d'un corps pur appelé stéarine.
Les résultats sont réunis dans un tableau :

temps (min)	0	1	2	3	4	5	6	7
température (°C)	72	69	69	69	69	62	50	27

a) À la fin de l'expérience la stéarine est solide. Quelle est la température de solidification de ce corps pur ?

b) Quel est l'état physique de la stéarine à 70 °C ? 69 °C ? 30 °C ?

18 Un exercice un peu salé

Deux groupes d'élèves réalisent en même temps une solidification. Un groupe réalise la solidification de l'eau distillée et l'autre celle de l'eau salée. Chaque groupe reporte ses résultats dans un tableau.

Groupe 1

temps (min)	0	1	2	3	4	5	6	7	8
température (°C)	6	4	2	0	0	0	– 2	– 4	– 6
état	L	L	L	L+S	L+S	L+S	S	S	S

Groupe 2

temps (min)	0	1	2	3	4	5	6	7	8
température (°C)	6	2	0	– 2	– 4	– 5	– 6	– 8	– 9
état	L	L	L	L	L	L+S	L+S	L+S	S

a) Tracer les deux graphiques sur le même papier millimétré (échelle : 1 cm pour 1 min et 1 cm pour 1 °C).

b) Quelle différence observe-t-on entre les deux graphiques ?

c) Quel est le graphique qui représente la solidification de l'eau salée ? Justifier.

Aide : la lettre L indique que l'état est liquide et la lettre S indique que l'état est solide.

Je protège ma planète
pour un développement durable

19 Le salage des routes

1) Pourquoi « sale-t-on » les routes en hiver ?

2) Peut-on se passer de « saler » les routes en hiver ? Pourquoi ?

3) Que devient le sel épandu sur les routes ? Quel problème cela pose-t-il ?

4) Chercher des pays dans lesquels on se préoccupe des effets du sel sur l'environnement et les solutions apportées.

Aide : pour la question 1), voir l'exercice 17.

La science en construction

Échelles de température

Les personnages

Fahrenheit (1686 – 1736)

Ce savant allemand invente le thermomètre à mercure pour lequel il attribue la valeur 32 à la température de la glace fondante et 92 à celle du corps humain. L'échelle Fahrenheit (°F) utilisée dans les pays anglo-saxons donne des températures positives même en plein hiver.

Celsius (1701 - 1744)

Ce savant suédois a construit un thermomètre pour lequel 100 est la température de la neige fondante et 0 est la température de l'eau bouillante ! Ce sont les futurs utilisateurs qui remettront les températures « à l'endroit ».

Les dates importantes

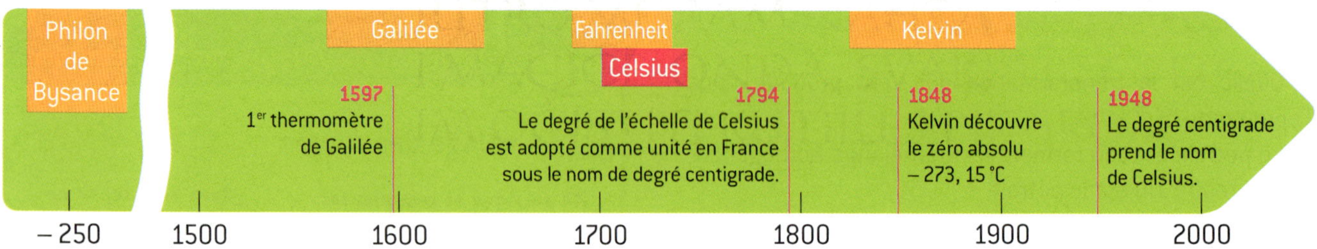

▼ Les trois échelles de températures

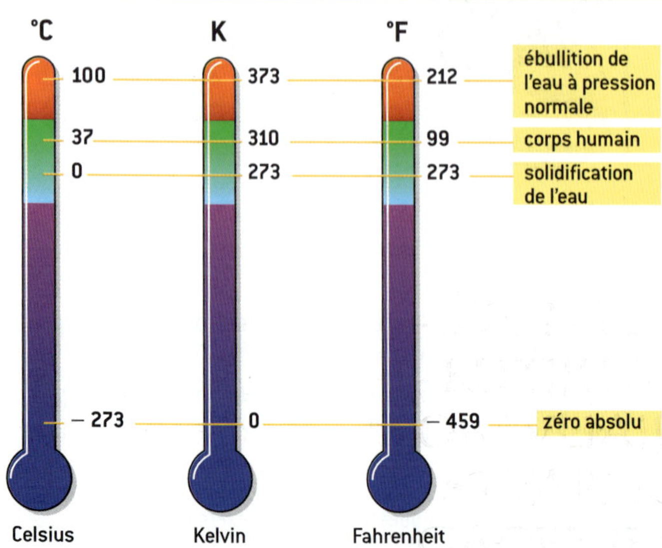

La curiosité

En Grèce, Philon de Byzance construit en 250 av. J.-C. **un thermoscope** : appareil sensible au chaud et au froid.

Un métier : nivoculteur

La science au quotidien

Les nivoculteurs – « fabricants de neige » ou « snowmakers » en anglais – ont une mission délicate : transformer de l'eau liquide en eau solide pour recouvrir les pistes de ski.

Les conditions de fabrication

● Pour que le nivoculteur puisse fabriquer de la neige, il faut que la température descende au-dessous de 0 °C et que l'air soit très humide. Il faut aussi une réserve d'eau dans laquelle la pompe du canon aspire l'eau pour la transformer en neige et la projeter sur la piste.

La maintenance des appareils

● Les appareils sont des canons à neige et des perches contenant tous une carte mère reliée à un ordinateur pour chaque secteur, ce qui permet de tout surveiller depuis un poste de commandement.

● Après avoir vérifié le fonctionnement des appareils sur l'ordinateur, le nivoculteur fait la tournée des canons à bord de son scooter des neiges pour en assurer la maintenance par tous les temps :
– les dégager s'ils sont recouverts de neige ;
– vérifier le niveau d'huile ;
– graisser certaines pièces.

Est-ce un métier pour moi ?

- J'aime la montagne.
- J'aime bricoler.
- Je veux travailler en plein air et je suis sportif.
- Je ne crains pas le froid et j'aime le ski.
- Je suis prêt à travailler la nuit.

Dans le même domaine

- Dameur
- Pisteur secouriste
- Pisteur artificier
- Moniteur de ski

Les contraintes du métier

- Neige, eau et électricité ne font pas bon ménage. Attention à l'électrocution !
- L'entretien du matériel est délicat.
- La conduite du scooter la nuit demande du sang-froid.
- Travailler de nuit peut être fatigant. Les journées de travail en haute saison sont longues.

Chapitre 14

Vaporisation et liquéfaction

L'eau des lacs, des océans, des rivières... s'évapore et se disperse dans l'atmosphère, puis se condense dans l'air froid, pour constituer les nuages... L'eau qui bout se vaporise et se liquéfie sous forme d'un voile blanc au-dessus d'une casserole. De l'état liquide à l'état gazeux, de l'état gazeux à l'état liquide, c'est toujours de l'eau. Comment se transforme-t-elle ?

1 **Paysage dans le brouillard, Toscane (Italie)**

2 **Rosée du matin sur une toile d'araignée**

3 **Le « cuit-vapeur » pour faire cuire les légumes du bébé**

4 **Alpiniste faisant la cuisine en altitude**

J'observe et je m'interroge

a. Pourquoi le brouillard apparaît-il dans le fond des vallées plutôt le matin ou le soir, et en automne ou en hiver ? (doc. 1)
b. Quelle est la matière qui s'est déposée sur la toile d'araignée ? D'où provient-elle ? (doc. 2)
c. D'où viennent les gouttelettes qui apparaissent sur les parois du « cuit-vapeur » ? (doc. 3)
d. Que devient l'eau qui bout dans la base du « cuit-vapeur » ? (doc. 3)
e. Pourquoi les alpinistes ont-ils des difficultés pour faire cuire des pâtes en altitude ? (doc. 4)

1 De l'eau liquide à la vapeur d'eau

→ À quelle température l'eau se vaporise-t-elle ?

Je réalise une expérience

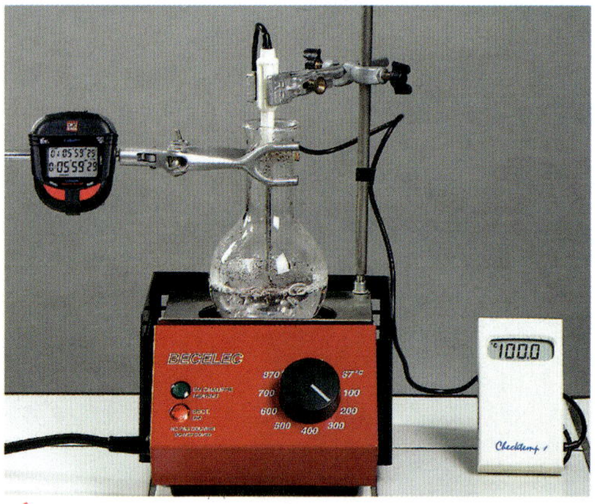

A On fait chauffer de l'eau distillée en notant la température toutes les minutes.

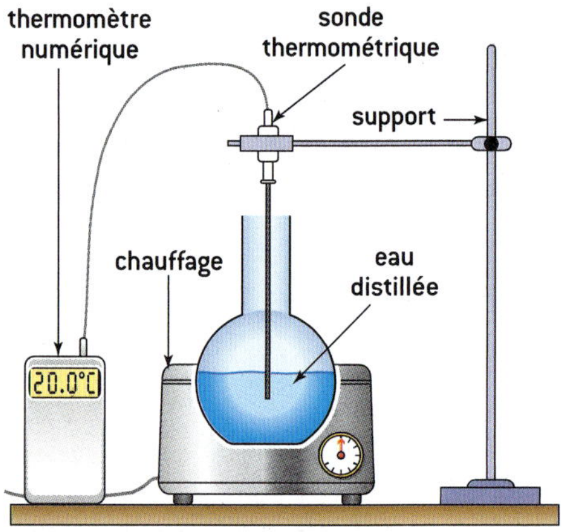

B On schématise l'expérience.

Compétence expérimentale
Utiliser un thermomètre
▶ voir p. 218

Je dresse un tableau

temps (min)	0	1	2	3	4	5	6	7	8	9	10
température (°C)	20	30	40	52	63	75	85	95	100	100	100

Je trace le graphique

Fiche méthode ▶ voir p. 216

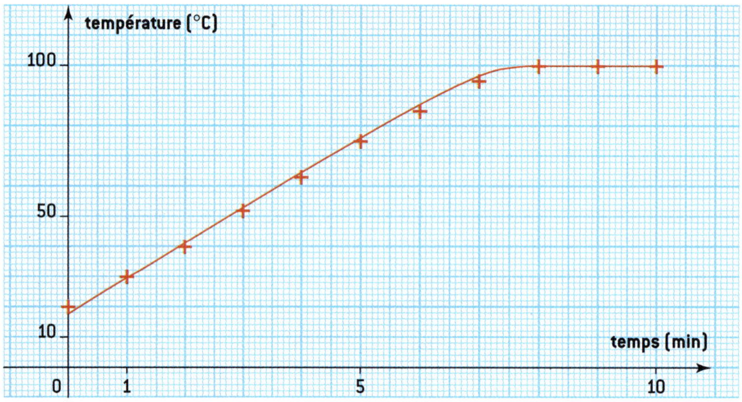

C Évolution de la température en fonction du temps.

J'observe et j'interprète

- À l'instant t = 0, l'eau distillée à l'**état liquide** s'échauffe et sa température augmente. De petites bulles d'air dissous dans l'eau se dégagent vers 40°C.
- Vers 90°C, de grosses bulles de **vapeur d'eau** apparaissent.
- Lorsque la température atteint 100 °C, toute l'eau est en ébullition : elle passe de **l'état liquide à l'état gazeux. La température reste constante** pendant toute la durée du changement d'état et sur le graphique, on observe un palier.

RAPPEL :
La vaporisation d'un liquide s'effectue par ébullition ou par évaporation.

Conclusion : La **vaporisation** est le passage de l'état liquide à l'état gazeux. La **température d'ébullition** de l'eau est **100°C** dans les conditions de l'expérience.

Question test : À quoi correspond le palier de température sur le graphique ?

Je m'entraîne exercices 2, 5, 6, 11 et 14

2 Vaporisation et pression

→ L'eau se vaporise-t-elle toujours à 100°C ?

Je réalise une expérience

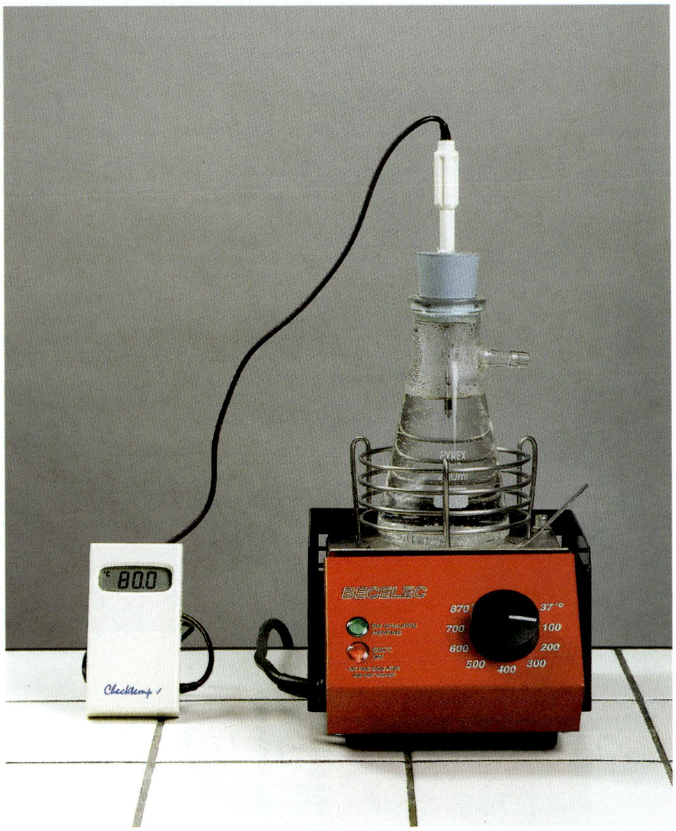

A On chauffe de l'eau distillée dans une fiole à vide et l'on dispose un thermomètre.

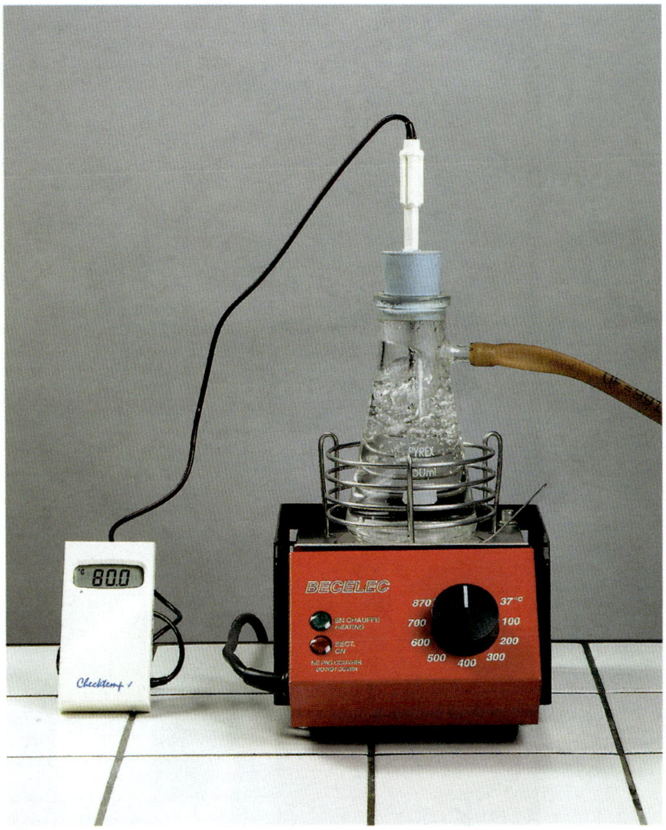

B Lorsque la température atteint 80°C, on fait fonctionner une trompe à eau branchée sur la fiole.

J'observe et j'interprète

REMARQUES :

L'unité de pression est le pascal (**Pa**). La **pression atmosphérique normale** est **1 013 hPa (hectopascals)**. Lorsque l'altitude augmente, l'air se raréfie, la pression atmosphérique diminue.

- L'air de l'**atmosphère** appuie sur tous les corps avec lesquels il est en contact : on dit qu'il exerce sur ces corps **une pression**, appelée **pression atmosphérique**. La pression est mesurée à l'aide d'un baromètre en **pascals (Pa)**.
- Lorsque l'on enlève de l'air de la fiole à vide à l'aide de la trompe à eau, la pression diminue à l'intérieur. Lorsque la pression diminue, l'eau bout à une température inférieure à 100°C, ici 80°C.
- À la pression atmosphérique dite « **normale** », l'eau bout à 100°C. Inversement, lorsque la pression augmente, l'eau bout à une température supérieure à 100°C.

Vocabulaire

- **fiole à vide** flacon dont la forme permet d'aspirer une partie de l'air qu'il contient.
- **atmosphère** enveloppe de gaz qui entoure la Terre.

Conclusion : La température d'ébullition de l'eau **dépend de la pression** ; sous pression réduite, la température de vaporisation est inférieure à 100°C. Sous une **pression donnée**, la vaporisation d'un **corps pur** se fait à **température constante**.

Question test : Que faut-il faire pour que l'eau puisse bouillir à une température inférieure à 100°C ?

Je m'entraîne exercices 7, 8, 9, 12 et 13

3

De la vapeur d'eau à l'eau

→ Comment la vapeur d'eau peut-elle devenir liquide ?

Je réalise des expériences

A Un enfant souffle sur une vitre froide.

B On porte à ébullition de l'eau et on place une plaque de verre au-dessus du ballon.

J'observe

- Lorsque l'enfant souffle sur une vitre, il expire et de la buée apparaît sur cette vitre (**A**).
- Lorsque l'eau bout, on voit de la buée se déposer sur la plaque de verre placée au-dessus du ballon (**B**).

J'interprète

- L'air expiré par l'enfant contient de la **vapeur d'eau** invisible qui se liquéfie sur la vitre froide sous forme de gouttelettes de **buée**.
- À l'ébullition, on sait que l'eau passe de **l'état liquide** à **l'état gazeux** à une température voisine de 100°C. Au contact de la plaque de verre plus froide, la vapeur d'eau se **liquéfie** : elle passe à l'état liquide.

REMARQUE : L'air qui nous entoure contient de la vapeur d'eau invisible qui, en se refroidissant, se liquéfie sous forme de buée, de rosée, de brouillard.

Conclusion : La liquéfaction est le passage de l'état gazeux à l'état liquide.

Question test : Comment la vapeur d'eau peut-elle redevenir liquide ?

Je m'entraîne exercices 2, 3, 7, 8 et 13

J'apprends et je retiens...

... avec des dessins

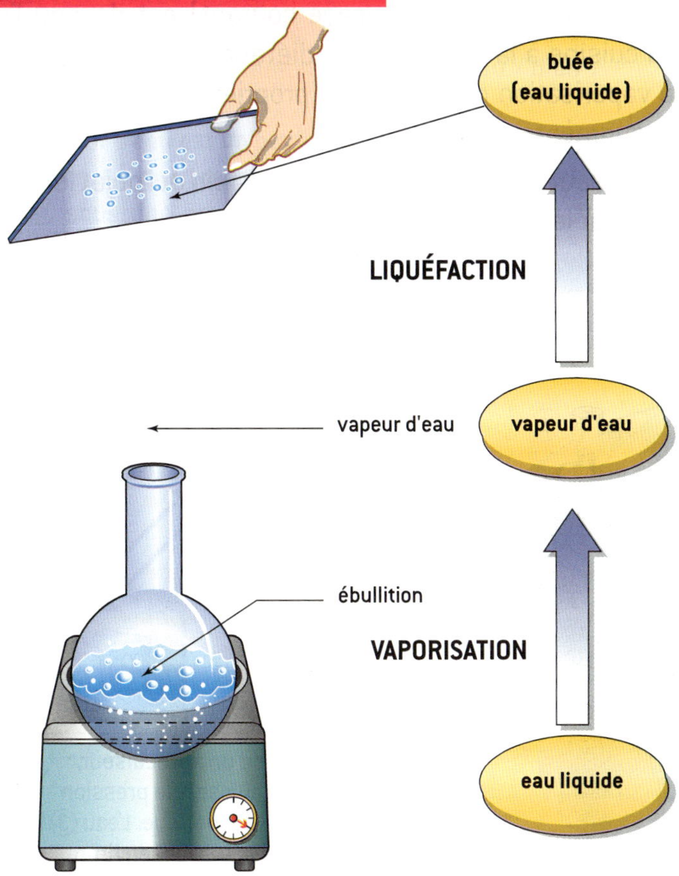

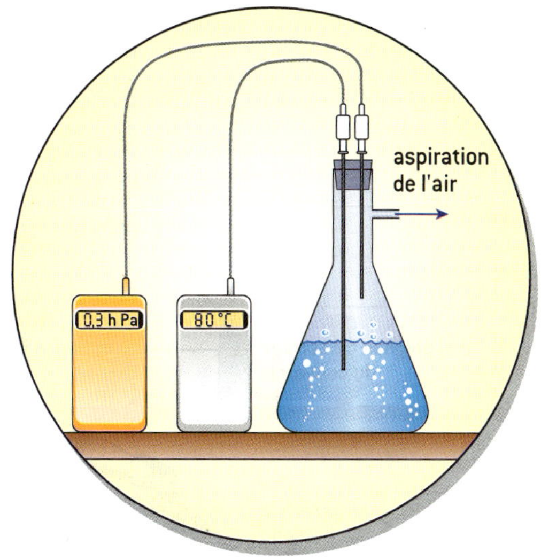

vaporisation sous pression réduite

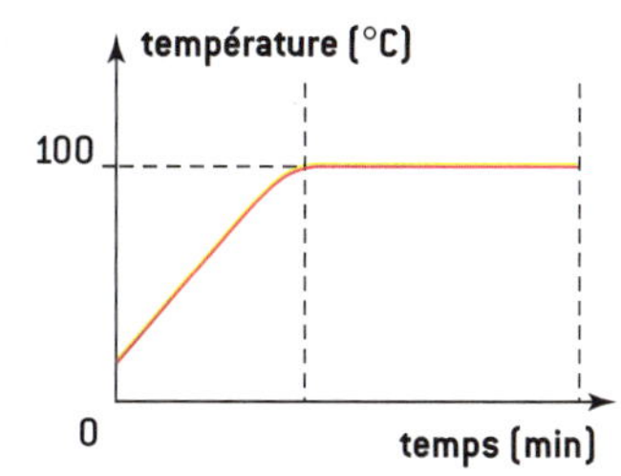

vaporisation de l'eau à pression atmosphérique normale

... avec un résumé

- La **vaporisation** est le passage de l'état **liquide** à l'état **gazeux**. La **liquéfaction** est le passage de l'état gazeux à l'état liquide. Vaporisation et liquéfaction sont des **changements d'état**.
- Sous la **pression atmosphérique normale**, la **température d'ébullition** de l'eau est **100°C**.
  La température de vaporisation de l'eau dépend de la pression. Si la pression est inférieure à la pression atmosphérique normale, la température de vaporisation de l'eau est inférieure à 100°C.
- Sous une pression donnée, la température d'ébullition d'un **corps pur** est **constante**. Le **graphique** de l'évolution de la température en fonction du temps présente un **palier de température**.

Je m'évalue

Est-ce que je sais...

- utiliser les mots vaporisation et liquéfaction ?
- quelle est la température d'ébullition de l'eau pure à la pression atmosphérique normale ?
- que la vaporisation de l'eau ou d'un corps pur dépend de la pression et se fait à température constante ?
- utiliser un thermomètre ?
- tracer et exploiter un graphique ?
- qu'il existe un palier de température lors d'un changement d'état d'un corps pur ?

J'applique ce que j'ai appris

5 Problème de bulles

Salvador fait chauffer de l'eau distillée dans un récipient : avec Rémi, il a installé un thermomètre pour mesurer la température et ils observent l'eau. La pression atmosphérique de l'air est normale. Ils commencent à voir des petites bulles qui montent vers la surface de l'eau.
Rémi déclare : « ça y est, l'eau commence à bouillir. » Salvador regarde l'indication du thermomètre et répond : « C'est impossible la température est 60 °C. »

a) Qui a raison ? Pourquoi ?
b) À l'ébullition, de quelle matière sont constituées les bulles qui se forment dans l'eau ?

6 Exploiter un graphique

Nadia a réalisé la vaporisation de 300 mL d'eau distillée et elle a tracé le graphique de l'évolution de la température en fonction du temps.

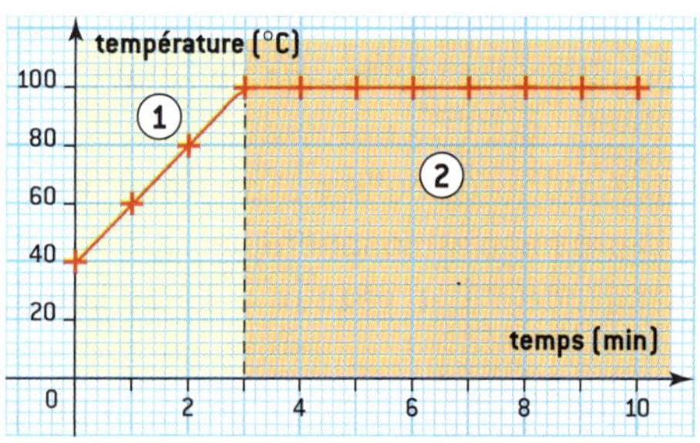

a) Préciser les grandeurs portées sur chaque axe.
b) Combien de temps Nadia a-t-elle chauffé l'eau ?
c) À quel instant l'ébullition commence-t-elle ? Justifier.
d) Quels sont les états de l'eau dans les parties ① et ② du graphique ?

7 Vaporisation et pression

Claire place un ballon contenant de l'eau distillée sur un bec électrique. Elle relève régulièrement la température de l'eau pendant le chauffage.

temps (min)	0	2	4	6	8	10
température (°C)	23	45	65	85	85	85

a) Tracer le graphique de l'évolution de la température en fonction du temps. (Échelles : 1 cm pour 2 min et 1 cm pour 10°C)
b) Comment appelle-t-on la portion du graphique commençant à la 6e minute ? Sous quel(s) état(s) physique(s) est l'eau ? Que se produit-il pour l'eau à partir de cet instant ?
c) Claire a-t-elle réalisé l'expérience à la pression atmosphérique normale ? Justifier.

Aide : voir fiche méthode p. 216.

8 Choisir le bon graphique

Parmi ces graphiques, quel est celui qui correspond à :
a) la vaporisation de l'eau salée ?
b) la condensation de l'eau pure ?
c) la vaporisation de l'éthanol pur (alcool) ?
d) la vaporisation de l'eau pure ?

Remarque : La pression est normale.

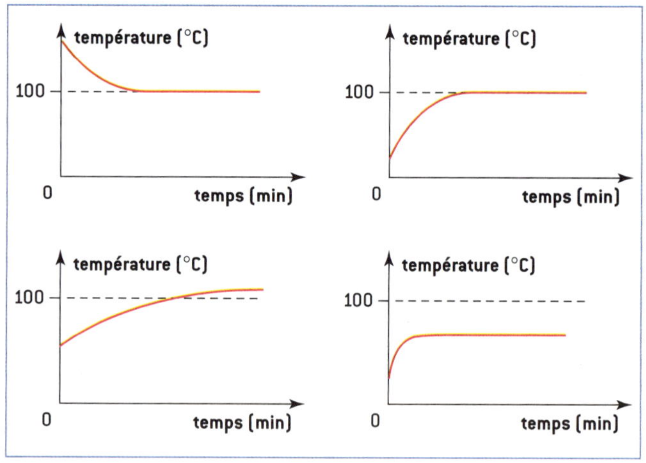

9 La cuisson des œufs

Pour réussir la cuisson d'un flan à base de lait et d'œufs, il faut le faire cuire à la température de 100°C. Pour cela, on utilise une cuisson au bain marie : on place le récipient contenant le flan dans un bain d'eau bouillante.
a) Pourquoi ce mode de cuisson convient-il ?
b) Peut-on utiliser ce mode de cuisson dans le village de Tingri au Tibet ?

10 Deux fois plus chaud

Juliette place un ballon contenant de l'eau distillée sur un chauffe-ballon. La pression atmosphérique est normale.
a) Elle place le bouton de réglage du chauffe-ballon sur la position ③. Au bout d'un certain temps, toute l'eau est en ébullition. Quelle est la température de l'eau ?
b) Elle place ensuite le bouton de réglage sur la position ⑥ pour chauffer plus fortement. La température de l'eau est-elle supérieure ou égale à 100°C ?

J'utilise ce que je sais

11 À la maison... je fabrique un baromètre

Objectif
Apprécier la variation de la pression atmosphérique.

Matériel
• un bocal à confiture • un ballon de baudruche • un élastique • un petit crayon affûté • de la colle • une feuille de papier • une boîte à chaussures.

Protocole

- Fermer le bocal avec un morceau de ballon tendu fixé avec un élastique.
- Coller au centre l'extrémité (sans mine) du crayon.
- Placer la boîte contre un mur vertical et coller la feuille dans le fond. Placer le bocal comme indiqué sur le dessin.

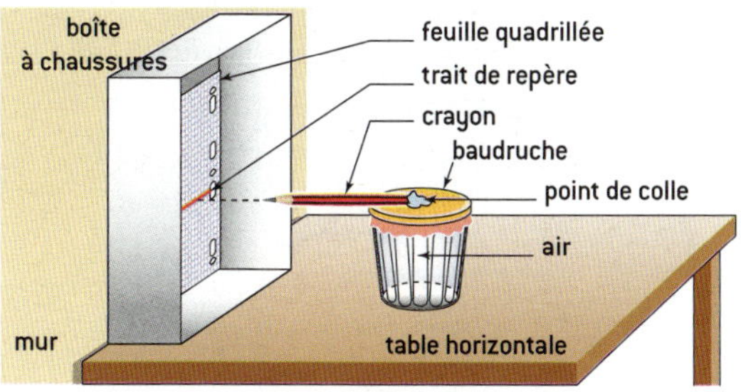

- Tracer un trait de repère en face de la pointe du crayon. Si la pointe du crayon monte au-dessus du repère, la pression atmosphérique augmente et inversement.

12 Choisir le bon thermomètre

Voici les températures de changements d'état de l'alcool et du mercure :

substance	fusion ou solidification	vaporisation ou liquéfaction
alcool	– 117 °C	78 °C
mercure	– 39 °C	357 °C

a) Indiquer dans un tableau, l'état de l'alcool et du mercure aux températures : 25°C ; – 55°C ; – 12 °C ; 350°C.
b) Pour étudier la fusion de la glace, Celsius a-t-il bien fait d'utiliser un thermomètre à mercure ? Justifier.
c) Pour étudier la vaporisation de l'eau pure, Thomas utilise un thermomètre à alcool. Est-ce possible ? Justifier.

13 Eau salée ou distillée ?

Charlotte et Isabelle ont chacune réalisé une ébullition, l'une de l'eau distillée et l'autre de l'eau salée en mesurant la température toutes les minutes. De plus, elles ont indiqué sur le graphique l'état physique du produit (L : liquide ; G : gaz). La pression atmosphérique est normale. Les résultats sont réunis dans les deux tableaux ci-dessous.

Tableau 1

temps	0	1	2	3	4	5	6	7	8	9
température	17	21	42	62	83	98	101	103	104	106
état physique	L					L + G				

Tableau 2

temps	0	1	2	3	4	5	6	7	8	9
température	18	34	45	65	80	100	100	100	100	100
état physique	L					L + G				

a) Entre les instants 5 min et 9 min comment varient les températures dans le tableau 1 ? dans le tableau 2 ?
b) Attribuer à chaque expérience son tableau de résultats. Justifier.

14 Attention aux étiquettes

On a réalisé l'ébullition de l'un de ces produits et tracé le graphique de vaporisation.

Éther	Éthanol
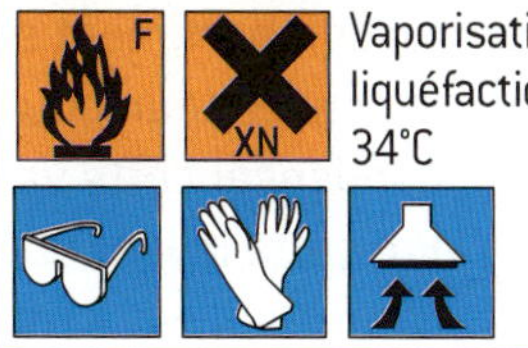 Vaporisation liquéfaction : 34°C	 Vaporisation liquéfaction : 78°C

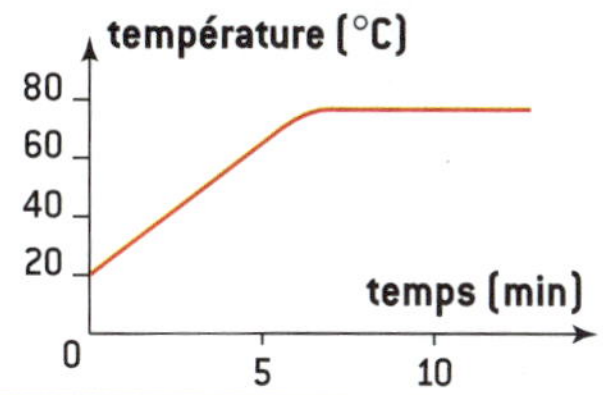

a) Rechercher la signification des différents pictogrammes.
b) Quel est le nom du liquide pour lequel on a réalisé une ébullition ? Est-ce un corps pur ? Justifier.
c) Au bout de combien de temps commence l'ébullition ?

Aide : pictogrammes de sécurité, page 209.

Je protège ma planète pour un développement durable

15 Casserole sur le feu

1) D'où peut venir le gaz qui alimente les brûleurs ?
2) Est-il justifié d'économiser le gaz ? Pourquoi ?
3) Un chauffage plus intense change-t-il une température d'ébullition ?
4) Quelle est la manière de chauffer qui paraît la meilleure ? Justifier ce choix.

La science en construction

La machine à vapeur

Le personnage

James Watt (1736 -1819)

Inventeur écossais, il répare un jour la machine à vapeur de Newcomen et il remarque sa forte consommation de vapeur. Il conçoit alors un compartiment séparé, le condenseur, pour faire condenser cette vapeur. Par cette invention et bien d'autres, il est à l'origine du développement industriel de la Grande-Bretagne, et de toute l'Europe au XIXe siècle. L'unité de puissance électrique, le watt porte son nom.

La curiosité

Héron d'Alexandrie invente en l'an 120 avant J.-C. l'éolipyle (porte d'Éole). Il chauffe de l'eau dans une chaudière hermétique placée sur un feu de bois. De la vapeur d'eau s'élève dans les tubes latéraux, s'accumule dans la sphère et sort en faisant tourner la sphère. Et ce ne fut qu'un jouet !

Les dates importantes

- **120 av. J.-C.** Éolipyle d'Héron d'Alexandrie
- **1690** Invention de la machine à vapeur de Denis Papin
- **1712** Thomas Savery et Thomas Newcomen déposent le brevet d'une pompe à vapeur pour les mines.
- James Watt
- **1769** Machine à vapeur de Watt
- **1827** 1er chemin de fer français à St Étienne

- 200 | - 100 | 0 | 1600 | 1700 | 1800 | 1900 | 2000

Différentes inventions de l'époque.

Un métier : chef cuisinier

La science au quotidien

Réaliser des préparations, de l'entrée au dessert, et pour cela, transformer et mettre en valeur les produits du marché et obtenir des plats savoureux, voici la mission des chefs cuisiniers. Vaporisation, ébullition, fusion, liquéfaction, dissolution, ils connaissent tous les secrets de la physique pour régaler les papilles de leurs chers clients !

Des activités multiples

- Un chef cuisinier prépare des plats, des mets ou des repas. Il met en œuvre des techniques et des règles de fabrication culinaire et doit respecter des règles d'hygiène très strictes.
- Il fait les cartes et les menus, il gère les stocks de marchandises et achète les produits. Il contrôle la finition et la qualité des plats élaborés. Il doit aussi s'occuper de la comptabilité.
- Pour finir, il s'occupe de recruter les membres de son équipe, de les former et de répartir les tâches à effectuer.

Une passion

- Le métier est exigeant, éprouvant, mais apporte beaucoup de satisfactions à ceux qui sont passionnés, patients et créatifs. Des cuisiniers font ainsi briller l'art culinaire français dans les meilleurs restaurants de la planète. Chefs reconnus ou anonymes talentueux, ils ont tous le même amour de leur métier.

Est-ce un métier pour moi ?

- J'aime faire la cuisine et faire plaisir aux gens.
- J'aime travailler en équipe.
- Je suis organisé.
- Je suis habile, et je suis rapide quand j'exécute une tâche.
- J'aime le travail bien fait, je fais preuve de créativité, d'imagination, j'ai le goût de la présentation.

Dans le même domaine

- Cuisinier en restaurant de collectivités
- Traiteur
- Serveur
- Maître d'hôtel

Les contraintes du métier

- Travailler en semaine et le week-end, pendant les vacances des autres.
- Travailler debout, à la chaleur, au froid.
- Horaires de travail décalés, tôt le matin, tard le soir.
- Respecter des règles d'hygiène très strictes.

Chapitre 15

L'eau est un solvant

De nombreuses substances, liquide vaisselle, sirops, sel, sucre, médicaments, et bien d'autres… se mélangent si bien à l'eau que le mélange obtenu est homogène et limpide.
Obtient-on ce résultat avec n'importe quelle substance et en n'importe quelle quantité ?

1 Récolte de la fleur de sel sur le marais de Guérande (Loire-Atlantique)

Situation problème

2 **L'océan pollué par le pétrole**

Un plateau de petit-déjeuner **3**

4 **Peintures et solvant**

J'observe et je m'interroge

a. Quelles sont les matières mélangées dans tous les documents ?
b. L'eau de mer est-elle un mélange homogène ou hétérogène ?
c. Comment extraire le sel de l'eau de mer ? (doc. 1)
d. L'eau de mer et le pétrole forment-ils un mélange homogène ? (doc. 2)
e. Que devient la poudre de chocolat dans le lait chaud ? (doc. 3)
f. Pourquoi mélanger un solvant à de la peinture à l'huile ? (doc. 4)

1 Dissoudre des solides

Peut-on dissoudre n'importe quel solide dans l'eau ?

Je réalise une expérience

On verse dans quatre béchers contenant de l'eau, respectivement, du sel, du sel en plus grande quantité, du sucre et du sable. **A**

Après agitation, on observe le contenu des béchers. **B**

Compétence expérimentale

Réaliser une dissolution

▶ voir p. 219

Je réponds aux questions

1. Pourquoi faut-il agiter les mélanges ?
2. Tous les solides se dissolvent-ils dans l'eau ?
3. Le mélange est-il homogène ou hétérogène lorsqu'un solide n'est pas dissous ?
4. Quels sont les solides qui se dissolvent dans l'eau ?
5. Quel est l'aspect du contenu du bécher lorsque le solide est dissous ?
6. Peut-on dissoudre n'importe quelle quantité de sel dans l'eau ?

REMARQUE :
À 20°C, on peut dissoudre jusqu'à 350 g de sel par litre d'eau.

Conclusion : Un solide qui ne se dissout pas dans l'eau est dit **insoluble** dans l'eau : il forme un mélange **hétérogène** avec l'eau.
Si le solide est **soluble** dans l'eau, le mélange obtenu est **homogène et limpide**.
Lors de la **dissolution** d'un solide dans l'eau, on obtient une **solution** dans laquelle l'eau est le **solvant** et le solide est le **soluté** ; lorsqu'une partie seulement du soluté est dissoute, la solution est **saturée**.

Vocabulaire

- La glace **fond** dans l'eau.
Le sucre **se dissout** dans l'eau.

Question test : Peut-on dissoudre dans l'eau autant de sucre qu'on le veut ?

Je m'entraîne exercices 5, 9, 10, 12, 17 et 18

2 Dissolution et vaporisation

Le sel disparaît-il lors d'une dissolution ?

Situation problème

Au bord de la mer, une famille pique-nique sur une plage isolée ; quelqu'un s'aperçoit que le sel a été oublié.

Peut-on récupérer du sel dans l'eau de mer et comment ?

Hypothèses

① Si l'on fait bouillir l'eau de mer ou si l'eau s'évapore, on peut récupérer le sel.
② Si on filtre l'eau de mer, on peut récupérer le sel.

Je réalise des expériences

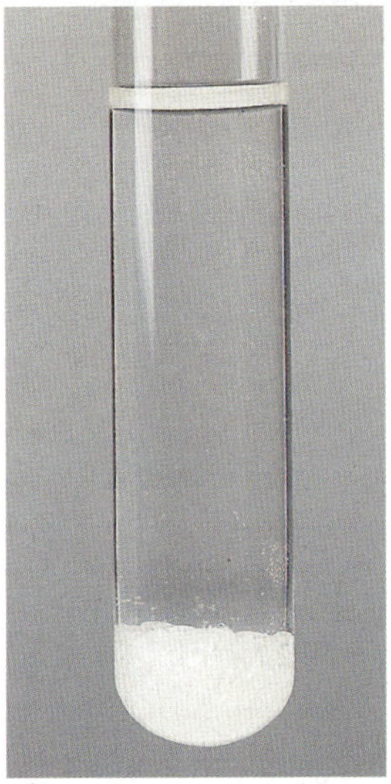
A On verse un peu de sel dans un tube à essais.

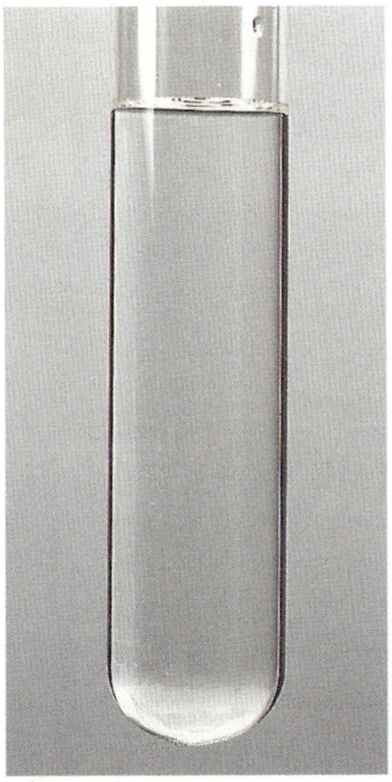
B On agite le mélange.

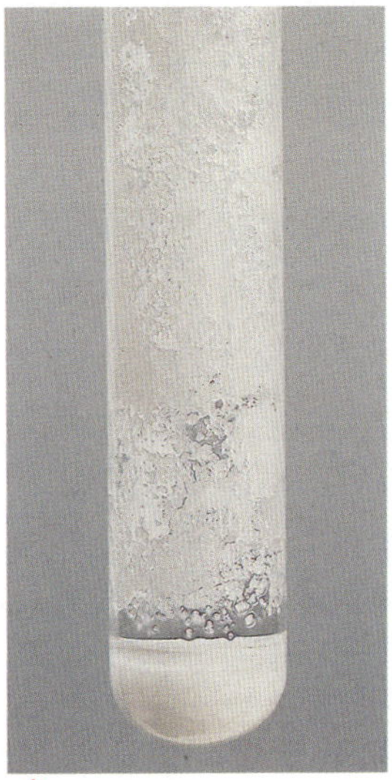
C Le mélange a été porté à l'ébullition.

D Une coupelle d'eau salée a été laissée au repos quelques jours.

Je réponds aux questions

1. Après la dissolution, le sel est-il encore visible ? La solution est-elle saturée ?
2. Quel est le changement d'état qui se produit lors de l'ébullition ?
3. Que voit-on apparaître lorsque la solution a été chauffée ?
4. Que se produit-il lorsqu'on laisse la coupelle d'eau salée au repos ?
5. Quelle est la substance observée au fond de la coupelle ?
6. Aurait-on pu obtenir du sel par filtration ?

Grammaire :
Je (tu) dissous, il dissout.
Un corps est dissous.
Une substance est dissoute.

Conclusion : Le sel qui se dissout ne disparaît pas dans l'eau mais il s'y **disperse**. Un solide dissous peut être récupéré par vaporisation du solvant.

Question test : Comment savoir si l'eau du robinet contient des solides dissous ?

Je m'entraîne exercices 8, 14, 15 et 19

3 Conservation de la masse

Lors d'une dissolution, la masse totale de soluté et de solvant varie-t-elle ?

Je réalise une expérience

A On mesure la masse d'une coupelle de sel, puis d'un bécher contenant de l'eau et un agitateur, et de l'ensemble après dissolution.

B On mesure la masse d'un bécher contenant de l'huile, puis d'un bécher contenant de l'eau, puis de l'ensemble après mélange.

Compétence expérimentale
Mesurer une masse.
▶ voir p. 219

Je réponds aux questions

1. Quelle est la masse de la coupelle de sel ? Quelle est la masse du bécher contenant de l'eau et un agitateur ? Quelle est la masse du bécher contenant la solution, avec la coupelle vide et l'agitateur ? (A)
2. Comparer le dernier résultat aux deux résultats précédents (A).
3. Quelle est la masse du bécher contenant de l'eau ? Quelle est la masse du bécher contenant de l'huile ? Quelle est la masse des béchers et du mélange ? (B)
4. Comparer le dernier résultat aux deux résultats précédents (B).
5. Que peut-on déduire des résultats obtenus ?

Conclusion : Lors d'une dissolution ou d'un mélange, la masse ne varie pas. **La masse de la solution est égale à la somme des masses du soluté et du solvant.**

Vocabulaire

- **conservation**
action de conserver quelque chose intact.

Question test : On verse 38 g de sel dans de l'eau. La masse de la solution obtenue est 138g.
Quelle est la masse de l'eau ?

Je m'entraîne exercices 2, 7, 11, 13 et 16

4 Miscibilité de deux liquides

Peut-on réaliser un mélange homogène dans l'eau avec n'importe quel liquide ?

Compétence expérimentale

Utiliser une ampoule à décanter.

▶ voir p. 219

Une expérience est réalisée

A Dans une ampoule à décanter, on verse de l'eau, de l'alcool, et on mélange.

B Dans une autre ampoule à décanter, on verse de l'eau et de l'huile.

C On agite, on laisse reposer quelques instants.

D On extrait la fraction inférieure du liquide en ouvrant le robinet.

J'observe et j'interprète

Liquide mélangé à l'eau	alcool	huile
On mélange et on observe	un liquide limpide	un liquide trouble
On laisse reposer et on observe	un liquide limpide	deux liquides
On qualifie le mélange	homogène	hétérogène

- Le mélange d'eau et d'alcool est homogène : ces liquides sont **miscibles**.
- Le mélange d'eau et d'huile est hétérogène : ces liquides sont **non miscibles**. Le mélange formé est une **émulsion**.
- **L'ampoule à décanter** permet de séparer l'eau et l'huile mélangées.

Conclusion : Deux liquides **miscibles** forment un mélange homogène.
Le mélange de deux liquides **non miscibles** est hétérogène.
La séparation de deux liquides non miscibles mélangés est réalisée avec une **ampoule à décanter**.

Vocabulaire

- **émulsion** liquide contenant de fines gouttelettes d'un autre liquide.

Question test : Le mélange de deux liquides miscibles est-il hétérogène ?

Je m'entraîne exercices 3, 6 et 20

J'apprends et je retiens...

... avec des dessins

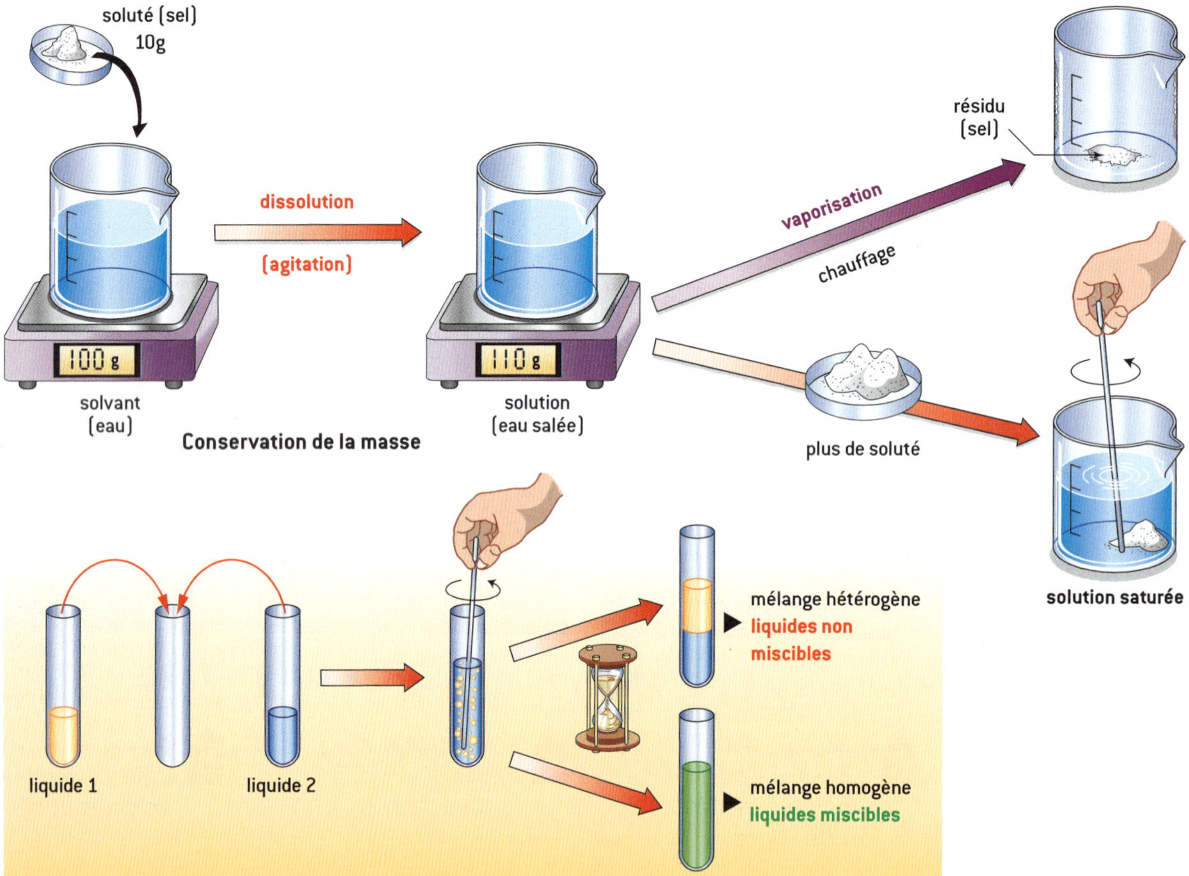

... avec un résumé

- Lorsqu'un solide **se dissout** dans l'eau, on obtient une **solution** : l'eau est le solvant et le solide dissous est le **soluté**. On dit que le solide est **soluble** dans l'eau.
- À partir d'une certaine quantité de solide ajouté, le solide ne se dissout plus. La solution est dite **saturée**.
- Lorsqu'un solide ne se dissout pas dans l'eau, on dit qu'il est **insoluble** dans l'eau.
- Lors d'une **dissolution**, la masse de la solution est égale à la somme des masses de soluté et de solvant.
- Deux liquides **miscibles** forment un mélange homogène. Le mélange de deux liquides **non miscibles** est hétérogène.
- La séparation de deux liquides non miscibles mélangés est réalisée avec une **ampoule à décanter**.

Je m'évalue

Est-ce que je sais...

- réaliser la dissolution d'un solide dans un liquide ou le mélange de deux liquides ?
- vérifier la conservation de la masse ?
- utiliser une ampoule à décanter ?
- employer les mots : solution, soluté, solvant, solution saturée, soluble, insoluble, miscibilité et non-miscibilité de deux liquides ?
- distinguer dissolution et fusion ?

Ça s'explique par la physique

Comment fonctionne un marais salant ?

Le sel est un aliment indispensable à l'homme. On le trouve principalement dissous dans l'eau de mer. On l'extrait dans les marais salants où l'action du Soleil et du vent accélère le phénomène d'évaporation de l'eau.

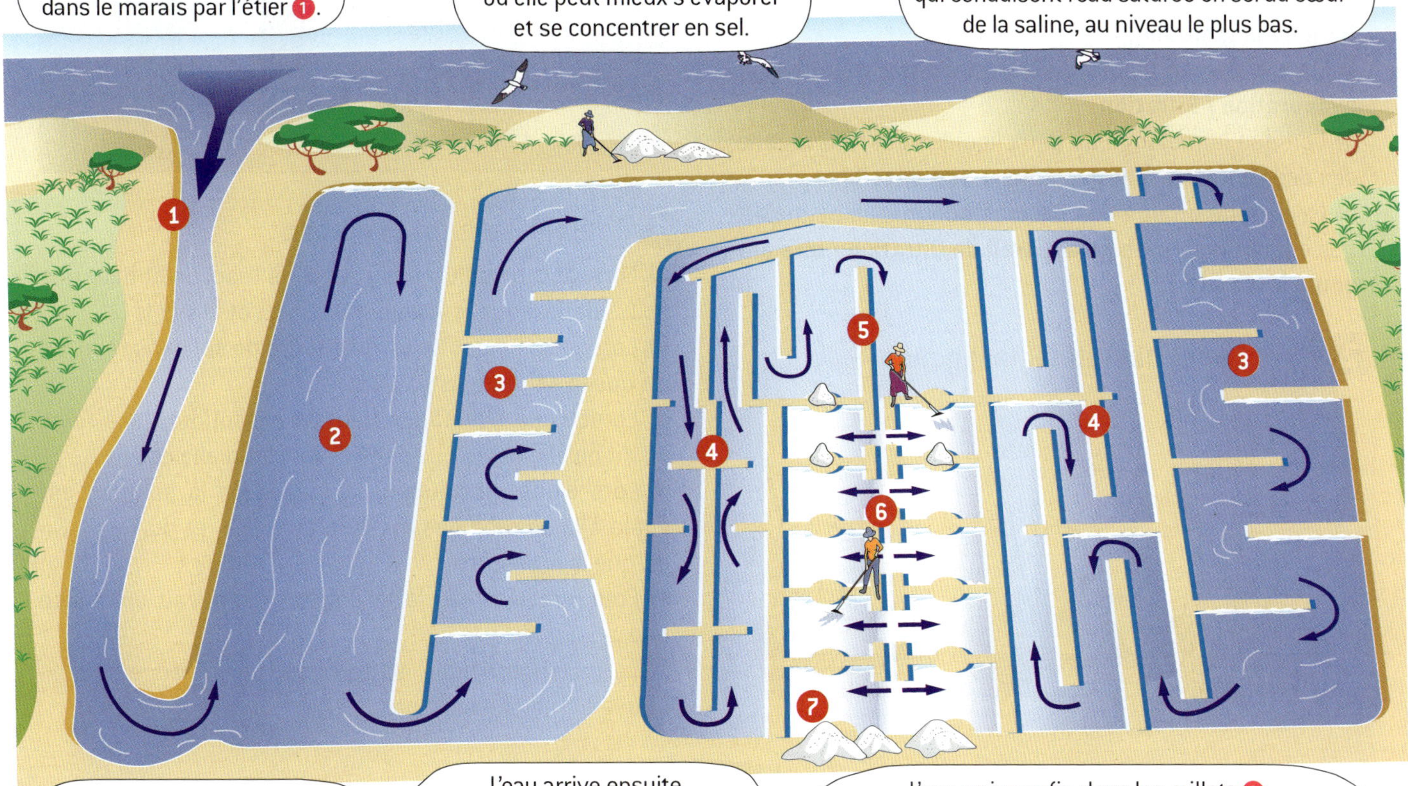

Questions

📖 : la réponse est dans le texte

1. Quel est le changement d'état qui permet le fonctionnement du marais ? 📖
2. Quelles sont les conditions climatiques qui permettent l'extraction du sel de la mer ? 📖
3. Dans quelle partie du marais commence-t-on à voir le sel ? 📖
4. Peut-on récolter du sel toute l'année ? Pourquoi ?
5. Que se passe-t-il s'il vient à beaucoup pleuvoir lors de la récolte du sel ?

Le carnet du petit chercheur

L'eau du robinet contient-elle aussi des substances dissoutes ?
Je réalise l'expérience ci-contre pour avoir la réponse.

Attendre quelques jours et observer le cristallisoir.

Exercices

Je vérifie ce que j'ai retenu

1 Choisir le bon mot

a) Lorsqu'un solide forme un mélange homogène avec l'eau, on dit qu'il est **soluble / insoluble** dans l'eau.
b) Le sable est **soluble / insoluble** dans l'eau.
c) Pour dissoudre un solide dans l'eau, il faut **agiter / laisser reposer** le mélange.
d) Le liquide qui peut dissoudre un solide est appelé **soluté / solvant /solution**.
e) Lorsqu'on dissout un solide dans l'eau, on réalise une **fusion / dissolution**.
f) On retrouve le soluté dissous dans une solution par **évaporation / filtration**.
g) Lorsque le mélange de deux liquides est hétérogène, ces deux liquides sont **miscibles / non miscibles**.
h) La séparation de deux liquides non miscibles mélangés est réalisée avec **un appareil de filtration / une ampoule à décanter**.

2 Recopier et compléter la légende

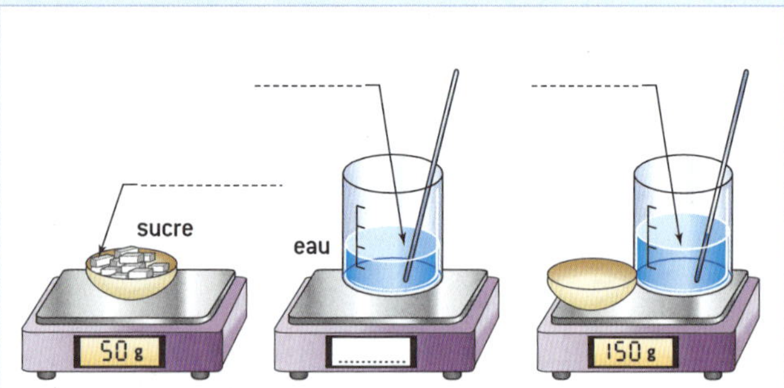

3 Des mélanges de liquides

Observer les photographies et indiquer pour les mélanges suivants, lait-vinaigre, eau-huile, vinaigre-huile, menthe-eau, si les liquides sont miscibles ou non miscibles.

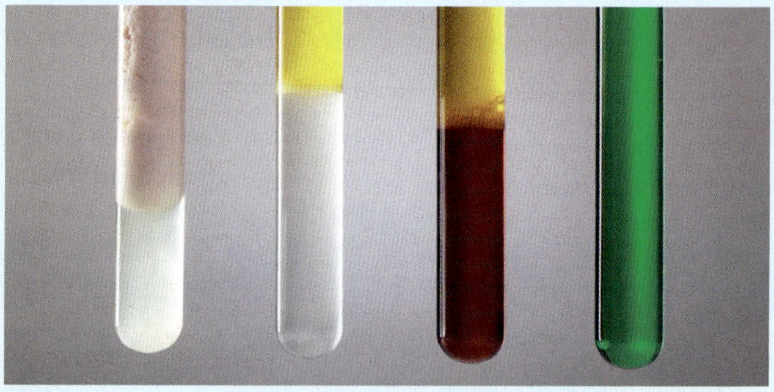

4 Compléter le texte suivant

a) Lors de la dissolution du sel dans l'eau, on obtient une .... dans laquelle l'eau est le .... et le sel, le ....
b) Lorsqu'on ne peut plus dissoudre de sel dans l'eau, on dit que la solution est ....
c) Lorsqu'une substance peut se dissoudre dans l'eau, on dit qu'elle est .... dans l'eau. Sinon elle est ....
d) Lors d'une dissolution, la masse de la solution est égale à la somme des masses du .... et du .... On dit que la masse se ....
e) Pour « récupérer » le sel dissous dans l'eau, on réalise une ....
f) Le mélange d'huile et d'eau est un mélange .... L'huile et l'eau ne sont pas ....

LE TEST

Êtes-vous incollable sur la dissolution ?

Pour chaque question, une seul réponse est exacte.

1 Dans l'eau de mer, le sel est :
a) le solvant.
b) la solution.
c) le soluté.

2 Lorsqu'on verse de la poudre de chocolat dans du lait :
a) elle se dissout.
b) elle fond.
c) elle disparaît.

3 Au cours de la dissolution du sel dans l'eau :
a) la masse totale augmente.
b) la masse totale ne change pas.
c) la masse de solvant diminue.

4 Je bois un café sucré. Je trouve du sucre au fond de la tasse :
a) le café est saturé.
b) le café est périmé.
c) le café n'est pas filtré.

5 L'huile et l'eau sont :
a) non miscibles.
b) expansibles.
c) inadmissibles.

Barème :

Réponse bonne = 4 pts
Réponse fausse = – 1 pt
Pas de réponse = 0 pt

▶ Votre score : ... / 20

- **15 et plus :** Bravo ! Tout est solutionné !
- **Entre 8 et 14 :** Bien moyen. Vous devez vous concentrer !
- **7 et moins :** Attention, les connaissances se dissolvent !

Réponses page 224 ▶

J'applique ce que j'ai appris

5 Physique, chimie et boisson

Placer entre les parenthèses les mots convenables : soluté, solvant, solution, dissolution.

Dans un verre d'eau froide (......) je mets un peu de sirop de menthe (......), et j'agite avec une cuillère (......). J'ai obtenu une boisson à la menthe (......).

6 La bonne association

Recopier les colonnes et associer chaque mélange de la colonne de gauche aux mots « miscibles » ou « non miscibles » selon le modèle :

- eau / huile • → • non miscibles
- eau / vinaigre •
- huile / vinaigre •
- huile / sel •
- vinaigre / sucre •

• miscibles
• non miscibles

7 Choisir la bonne réponse

Je mets 38 g de sel dans 1 L d'eau. La masse totale de la solution est :

a) 1 kg **b)** 1038 g **c)** 962 g

8 Des ongles vernis

Pour se débarrasser de son vernis à ongles brillant, Nadia utilise un dissolvant.

a) Quelle est l'action du dissolvant sur le vernis ?

b) Depuis la veille, elle n'avait pas rebouché le flacon de son vernis à ongles. Ce dernier est devenu pâteux. Comment pourrait-elle le rendre plus liquide ?

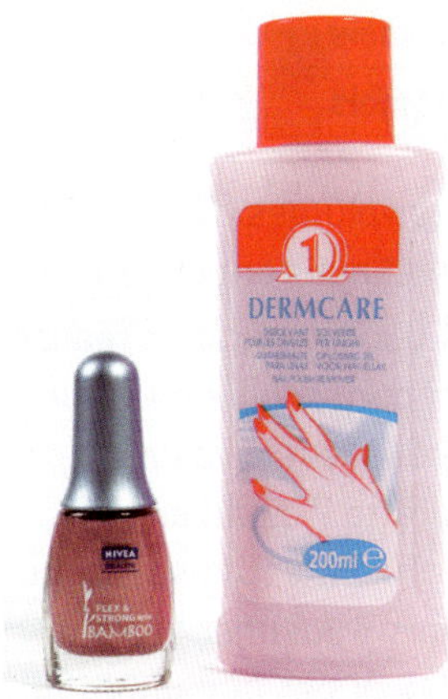

9 Mal de tête !

Après un contrôle de chimie, Victor a un fort mal de tête. Pour être soigné, il va à l'infirmerie. L'infirmière dissout le contenu d'un sachet de médicament dans de l'eau.

a) Quelle action faut-il faire pour dissoudre le médicament en poudre ?

b) Lors de cette dissolution :
- quel est le soluté ?
- quel est le solvant ?

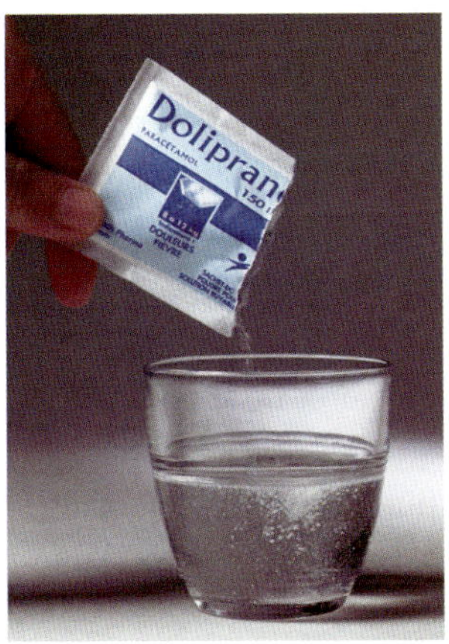

10 Chasser l'intrus

café soluble — sucre — sable — sel — thé soluble

11 Mais où est passé le sel ?

Juliette introduit 10 g de sel dans 1 L d'eau et agite.

a) Qu'est devenu le sel ?

Donne la (ou les) bonne(s) réponse(s).

❶ Le sel a fondu ; ❷ le sel a disparu ; ❸ le sel s'est évaporé ; ❹ le sel s'est dissous ; ❺ le sel est resté au fond du récipient.

b) Comment Juliette pourrait-elle récupérer le sel ?

Donne la (ou les) bonne(s) réponse(s) :

❶ En transvasant d'un récipient dans un autre jusqu'à ce que l'eau et le sel se séparent ; ❷ en utilisant une passoire ; ❸ en utilisant un buvard, un morceau de tissu, du coton ; ❹ en filtrant ; ❺ en chauffant jusqu'à ce que l'eau soit vaporisée.

12 Un café pas trop sucré

Après le repas, le père de Karim veut boire un café accompagné de sucre. Pour qu'il ne dépasse pas les doses prescrites par son médecin, Karim mesure les masses de café et de sucre que son père s'apprête à boire.

- Café : 90 g
- Sucre : 5 g.

a) Quelle est la masse de soluté ?

b) Quelle est la masse de solvant ?

c) Quelle est la masse de la solution ? Justifier.

13 Savoir manipuler

Anton souhaite préparer une solution avec 3 g de sulfate de cuivre et 200 mL d'eau distillée.

a) Quel est le solvant ? Quel est le soluté ?

b) Quelles manipulations doit-il effectuer pour préparer la solution ?

c) Quel matériel doit-il choisir parmi les objets de la photographie ci-dessus ?

d) Quelle sera la masse de solution obtenue ? Justifier.

J'utilise ce que je sais

14 À la maison, je fabrique des cristaux.

Objectif

Fabriquer des cristaux de sel.

Matériel

- du sel (régénérant de lave-vaisselle)
- un colorant alimentaire, une casserole
- de l'eau • du fil • un crayon
- un verre (Pyrex).

Protocole

- Verser un verre de sel avec deux verres d'eau dans une casserole et ajouter quelques gouttes de colorant.
- Porter à ébullition jusqu'à ce que le sel soit dissous, puis laisser reposer trois ou quatre minutes.
- Verser la solution limpide dans un verre qui résiste à la chaleur.
- Attacher une extrémité du fil à un crayon et, à l'autre extrémité, fixer un cristal de sel.
- Poser le crayon sur le verre de manière que le cristal trempe dans l'eau salée. Placer le verre en un lieu où il ne sera pas agité.
- Attendre quelques jours et observer au fur et à mesure la formation de cristaux colorés

15 Séparer deux solides

Léa vient de placer du sel dans une soucoupe pour saler l'eau des pâtes. Élodie ajoute du sable dans la soucoupe en guise de poivre !

a) Expliquer les expériences que Léa peut réaliser pour enlever le sable.

b) Schématiser chaque étape.

c) Proposer une solution pour récupérer le sel.

16 C'est l'heure du biberon !

On reconstitue le lait des nourrissons en dissolvant du lait en poudre dans de l'eau. Pour préparer un biberon, il faut respecter les quantités de lait et d'eau en fonction de l'âge de bébé. On peut lire sur une boîte de lait 1er âge :

âge	volume d'eau (mL)	mesurettes	nombre de biberons par jour
2e/4e semaine	90	3	6
2e mois	120	4	6
3e mois	......	5	5
4e mois	180	.....	5

Les volumes d'eau au 3e mois et le nombre de mesurettes du 4e mois ont été effacés.

a) Quelle opération réalise la maman de Juliette lorsqu'elle prépare le biberon ? Quel est le soluté ?

b) Quel est le volume d'eau correspondant à une seule mesurette ? Justifier.

c) Quelle est la valeur du volume d'eau nécessaire au 3e mois ? Justifier.

d) Quel est le nombre de mesurettes nécessaires à l'alimentation d'un bébé dans son 4e mois ? Justifier.

17 La menthe à l'eau

Maxime et Florence ont demandé une menthe à l'eau. On verse dans leur verre un peu de sirop de menthe et on complète avec de l'eau.

a) Quel est le solvant ? Quel est le soluté ?

b) La menthe à l'eau de Florence est plus claire que celle de Maxime. Quel est l'enfant qui boit la menthe à l'eau la plus concentrée ?

18 Concentrons nous !

On a versé du thé dans 3 tasses. La première tasse a un volume inférieur à celui des 2 autres qui sont identiques. On dissout dans le thé contenu dans chaque tasse, les morceaux de sucre posés sur les sous-tasses.

a) Des solutions ① et ③, quelle est celle qui a le goût le moins sucré ?
b) Des solutions ② et ③ quelle est celle qui a le goût le plus sucré ?
c) Classer les trois solutions de celle qui a le goût le moins sucré à celle qui a le goût le plus sucré.

Aide : plus la masse du soluté dans une même masse de solvant est grande, plus la solution est concentrée.

19 Étude de texte

Louis-Philippe, roi des Français,
À tous présents et à venir, salut.
Nous avons proposé, les chambres ont adopté, nous avons ordonné et ordonnons ce qui suit :
[…]
Art. 9. L'enlèvement et le transport des eaux salées et des matières salifères sont interdits pour toute destination autre que celle d'une fabrique régulièrement autorisée…
Art. 10. Toute contravention aux dispositions […] sera punie de la confiscation des eaux salées, matières salifères, sels fabriqués, ustensiles de fabrication, moyens de transport, d'une amende de cinq cents francs à cinq mille francs, et, dans tous les cas, du payement du double droit sur le sel pur, mélangé ou dissous dans l'eau, fabriqué, transporté ou soustrait à la surveillance.
Extraits de la Loi sur le sel, du 17 juin 1840.

a) Quelles pratiques étaient interdites ?
b) Sous quelles formes pouvait exister le sel ?
c) À votre avis, à quel usage, le sel était-il destiné ?
d) Pourquoi le sel était-il taxé ?
e) Les aliments sont-ils encore taxés de nos jours ?

20 La mayonnaise

Pour réaliser une mayonnaise à l'aide d'un mixeur, on met dans un récipient un œuf entier, un peu de sel, et environ 200 mL d'huile d'olive. On fait fonctionner le mixeur dans le mélange et la mayonnaise est prête.

a) Lorsque l'on place l'œuf et l'huile dans le récipient, l'œuf tombe au fond et l'huile surnage. Le mélange est-il homogène ? Justifier.
b) Lorsque la mayonnaise est prête, le mélange est-il homogène ou hétérogène ? Justifier.

Je protège ma planète
pour un développement durable

21 C'est bien plus beau… la peinture à l'eau !

Les **peintures** sont des liquides constitués de pigments et de solvants.
Les **solvants organiques** fluidifient la peinture mais il ne faut pas en respirer les vapeurs nuisibles pour la santé.
Les **pigments** donnent de belles couleurs mais ils contiennent souvent des métaux toxiques comme le plomb.
Comment peindre en toute sécurité ?

- Choisir les produits à l'eau ou les peintures avec le logo NF environnement.
- Ne jeter **aucun déchet de peinture à l'égout**.
- Bien fermer les récipients après usage et les stocker dans un endroit aéré.
- Emmener à la déchetterie tous les déchets de peinture.

1) Quels sont les composants des peintures ?
2) Pourquoi certains composants des peintures sont-ils dangereux ?
3) Que faut-il faire des déchets de peinture lorsque la rénovation est terminée ? Pourquoi ?
4) Pourquoi faut-il bien fermer les récipients ?
5) Pour plus de renseignements, rechercher sur le site Internet de l'ADEME (Agence de l'environnement et de la maîtrise de l'énergie) : http://www.ademe.fr

La science en construction

L'histoire du sel

Le personnage

Hippocrate (460 av. J.-C. - 370 av. J.-C.)

Hippocrate est l'un des plus grands médecins de l'Antiquité. À son époque, la médecine était bâtie sur des superstitions ; il enseigne alors qu'il faut d'abord faire des observations avant d'émettre des hypothèses et développe une vraie science. Il est le premier à parler de l'influence de l'âge et du régime alimentaire sur la santé.

S'interrogeant sur le sel et l'eau, il a écrit : «Le soleil attire les parties les plus fines et légères de l'eau et les élève dans l'air. La saumure reste en bas à cause de son épaisseur et de son poids : c'est ce qui donne naissance au sel.»

La curiosité

La mine de sel gemme de Wieliczka en Pologne a été inscrite par l'UNESCO sur la liste du patrimoine mondial. Elle renferme des œuvres d'art sculptées dans le sel par les mineurs. La chapelle Sainte Kinga a été ainsi creusée en 1896, puis décorée : les lustres qui l'éclairent sont fabriqués aussi avec des cristaux de sel.

Les dates importantes

Âge de bronze

Âge de fer

750 av. J.-C. - 450 av. J.-C. Premières techniques d'extraction minière en Autriche

Hippocrate

Hippocrate s'interroge sur le sel.

1680 Colbert, grand organisateur de la gabelle.

1790 Abolition de la gabelle.

1840 Louis-Philippe vote la loi sur le sel. Le sel sera taxé jusqu'en 1940.

1896 Des lampes dans du sel gemme.

-700 -600 -500 -400 -300 1600 1700 1800 1900 2000

6000 av. J.-C. Premières exploitations du sel à Moriez (Alpes de Haute-Provence).

IIe millénaire av. J.-C. Vaste industrie du sel à Marsal (Moselle).

1331 et 1343 Philippe VI généralise la gabelle (impôt sur le sel).

Lanternes en sel de l'Himalaya

Un métier : hydrothérapeute

La science au quotidien

L'hydrothérapeute travaille en centre de thalassothérapie où il pratique les soins prescrits par le médecin. Spécialiste des vertus de l'eau, il a pour mission d'embellir, de détendre ou de rééduquer ses clients. Il doit accueillir et prendre en charge le curiste, être à l'écoute du client et veiller à son bien être.

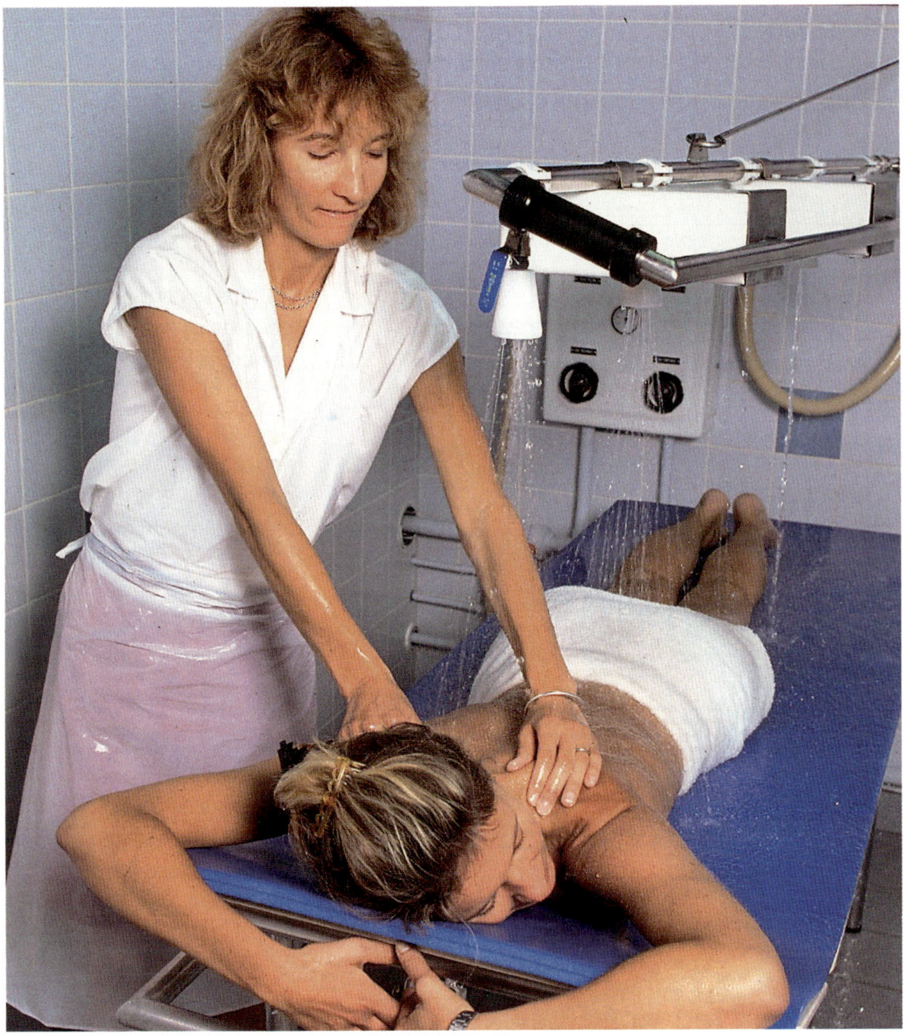

Le fonctionnement

- Il assure l'application des techniques thermales, applique les prescriptions d'hygiène dans l'entretien des divers matériels et locaux, et sait faire face à un incident ou accident matériel ou humain avec efficacité. Il a également un rôle de prévention auprès de personnes sujettes aux problèmes respiratoires ou dermatologiques.

Les techniques

- Douches au jet
- Bains d'algues
- Hydromassages
- Balnéothérapie

Est-ce un métier pour moi ?

- J'aime le travail en équipe.
- J'aime le contact avec le client et j'aime soigner.
- Je ne crains pas l'humidité.
- Je ne suis pas rebuté par des horaires irréguliers et occasionnellement nocturnes.

Dans le même domaine

- Esthéticienne
- Agent de base de loisir
- Agent de remise en forme et de soins
- Employé d'institut de beauté spécialisé
- Masseur

Les contraintes du métier

- Horaires continus et parfois nocturnes.
- Se conformer à des règles sanitaires strictes (produits à manipuler, entretien des matériels, port d'un vêtement professionnel).
- Supporter des activités prolongées dans l'eau, l'humidité et la chaleur.
- Travailler debout pendant longtemps.

Méthode 1

Des méthodes de travail

1 Apprendre une leçon

En classe, être attentif.

Puis, chez soi, lire deux fois la page qui correspond à la leçon :
- **une fois rapidement,** pour avoir une idée d'ensemble du texte ;
- **une fois lentement,** en cherchant à bien comprendre.

Quand ? Si possible juste après le cours.

Avec qui ? Seul(e) dans une pièce ou avec des personnes silencieuses et sans musique.

Comment vérifier ? En se récitant la leçon à soi-même ou à quelqu'un d'autre.

Repérer les **mots-clés** du texte en bleu.
Si certains mots du texte sont inconnus, chercher leur définition dans le dictionnaire ou en marge de la leçon.

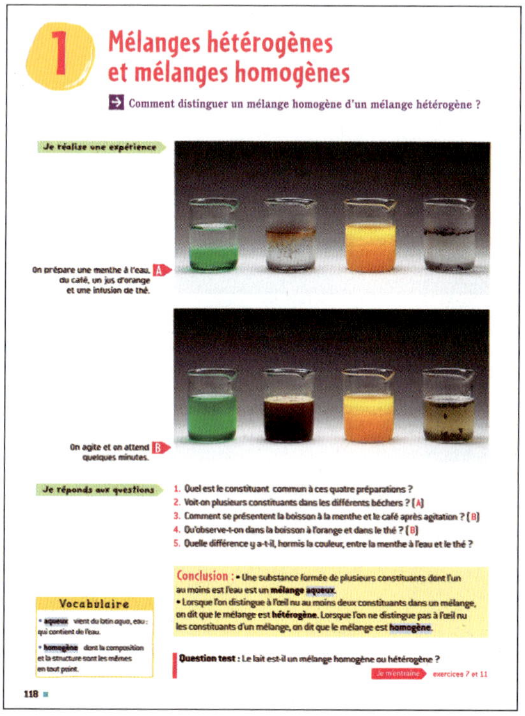
1 Mélanges hétérogènes et mélanges homogènes

Comment distinguer un mélange homogène d'un mélange hétérogène ?

Je réalise une expérience

On prépare une menthe à l'eau, du café, un jus d'orange et une infusion de thé. A

On agite et on attend quelques minutes. B

Je réponds aux questions

1. Quel est le constituant commun à ces quatre préparations ?
2. Voit-on plusieurs constituants dans les différents béchers ? (A)
3. Comment se présentent la boisson à la menthe et le café après agitation ? (B)
4. Qu'observe-t-on dans la boisson à l'orange et dans le thé ? (B)
5. Quelle différence y a-t-il, hormis la couleur, entre la menthe à l'eau et le thé ?

Vocabulaire
- **aqueux** vient du latin aqua, eau : qui contient de l'eau.
- **homogène** dont la composition et la structure sont les mêmes en tout point.

Conclusion : • Une substance formée de plusieurs constituants dont l'un au moins est l'eau est un **mélange aqueux**.
• Lorsque l'on distingue à l'œil nu au moins deux constituants dans un mélange, on dit que le mélange est **hétérogène**. Lorsque l'on ne distingue pas à l'œil nu les constituants d'un mélange, on dit que le mélange est **homogène**.

Question test : Le lait est-il un mélange homogène ou hétérogène ?

Je m'entraîne exercices 7 et 11

118

Observer **les schémas** et **les photos** des expériences.
Refaire les schémas pour les connaître par cœur.

Apprendre par cœur la conclusion et *J'apprends et je retiens* du chapitre

Répondre à la question en relisant le texte.

Faire les exercices *Je vérifie ce que j'ai retenu* et s'entraîner avec les exercices conseillés.

2 Réussir un exercice

- Lire soigneusement tout l'énoncé de l'exercice en cherchant à bien comprendre.
- Souligner les mots importants de l'énoncé et repérer les parties de la leçon en rapport avec les questions.
- Respecter les consignes données dans le texte et dans les questions.
- Justifier les réponses et les calculs par des phrases bien rédigées, courtes et précises, qui indiquent les lois utilisées.
- Respecter les règles d'orthographe et de grammaire.
- Soigner la présentation des réponses : écriture lisible, schémas soignés avec une légende, réponses soulignées ou encadrées.
- Bien se relire avant de rendre sa copie si c'est un devoir en classe.

Méthode 2

Les règles de sécurité

➔ Respecter les consignes données par le professeur.

1 La tenue

- Porter une blouse en coton : les textiles synthétiques peuvent agraver les brûlures.
- Boutonner la blouse.
- Éviter les vêtements flottants.
- Attacher les cheveux longs.

2 Précautions pour les manipulations

- Bien ranger les sacs et les cartables sous la paillasse pour éviter de trébucher.
- Séparer la zone de manipulation de la zone d'écriture.
- Ne poser aucun objet au bord de la paillasse.
- Manipuler debout près de la paillasse.
- Procéder avec méthode et rester calme en toutes circonstances.
- Ne pas faire de gestes brusques.
- Ne pas saisir les produits solides avec les doigts : utiliser une pince ou une spatule.

3 Tout ce qu'il ne faut pas faire

- Ne jamais utiliser la tension du secteur.
- Ne jamais chercher à sentir les produits d'un récipient.
- Ne jamais goûter un produit.
- Ne pas chauffer n'importe quoi.
- Ne pas mélanger des produits inconnus.

4 Le chauffage du tube à essais

- Incliner le tube.
- Ne pas diriger le tube vers soi ou vers le visage de son voisin.
- Commencer à chauffer près de la surface du liquide.

Méthode 3

Les symboles en électricité

1 Les générateurs

photo	symbole
• piles 	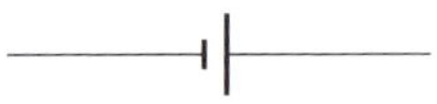
• générateur 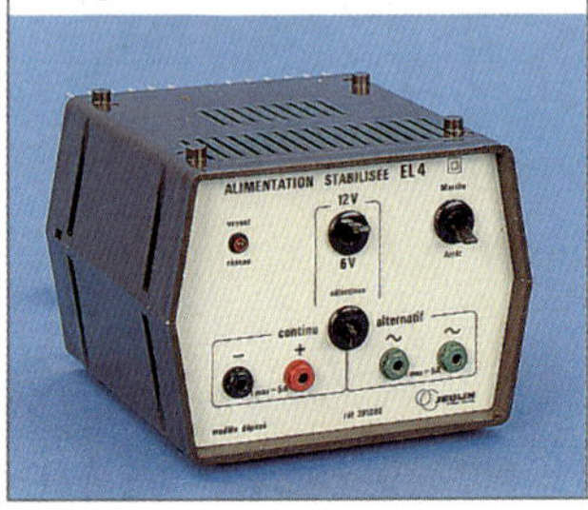	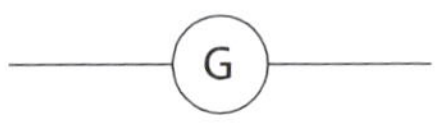

2 Les interrupteurs

photo	symbole
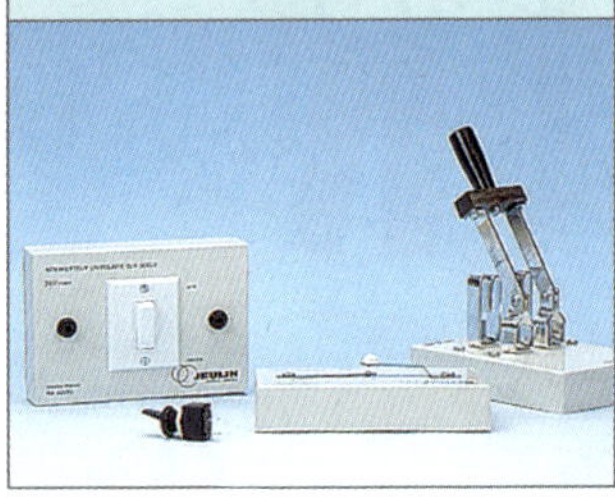	• ouvert  • fermé

3 Les fils de connexions

photo	symbole
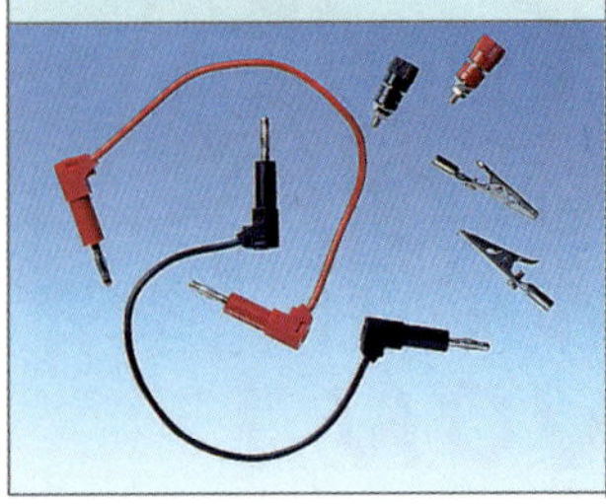	 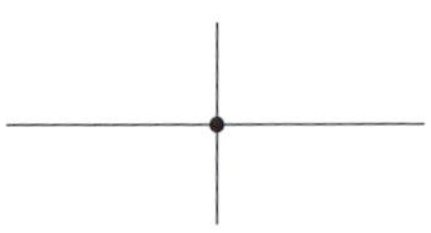

4 Les récepteurs

photo	symbole
• lampe 	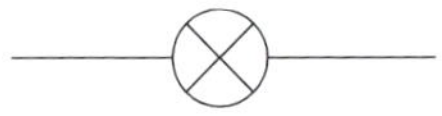
• moteur 	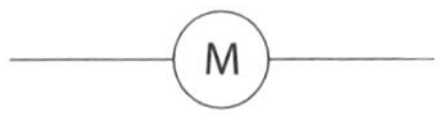
• diode 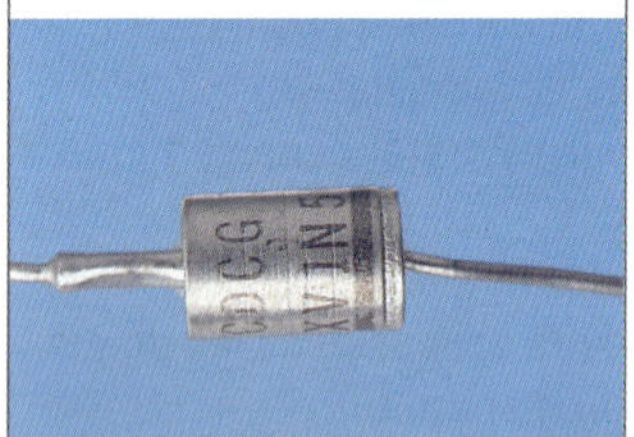	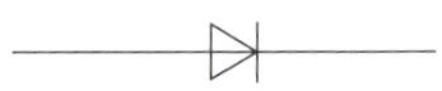
• DEL 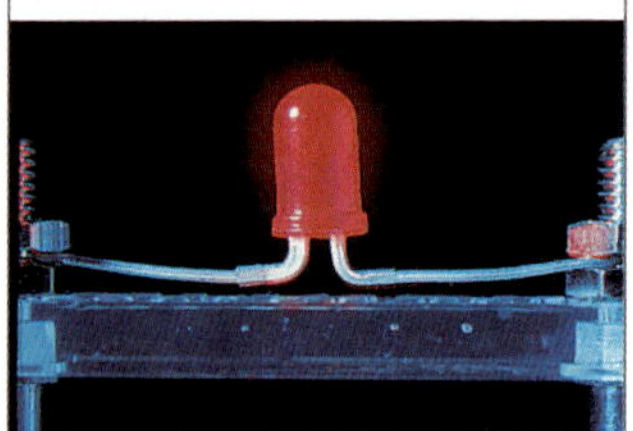	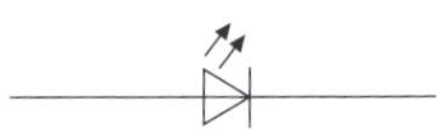
• résistance 	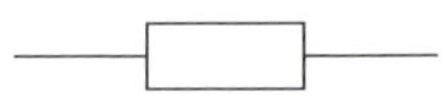
• fusibles 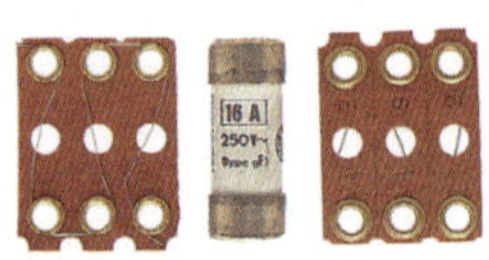	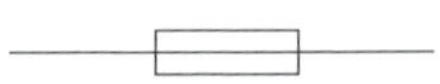

Méthode 4

Réaliser un montage électrique

1 J'analyse le schéma proposé

Voici un schéma électrique :

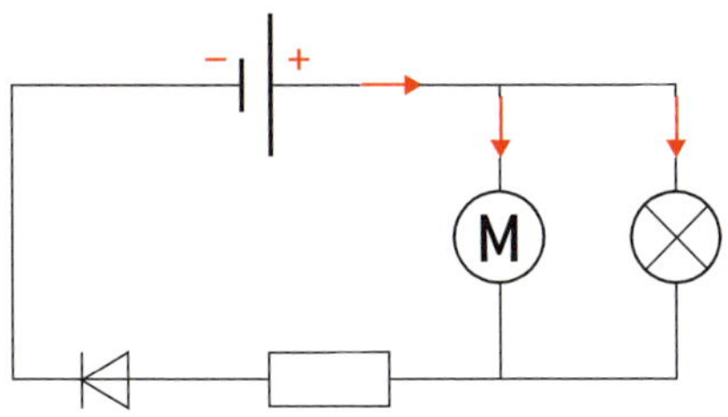

On identifie les appareils.

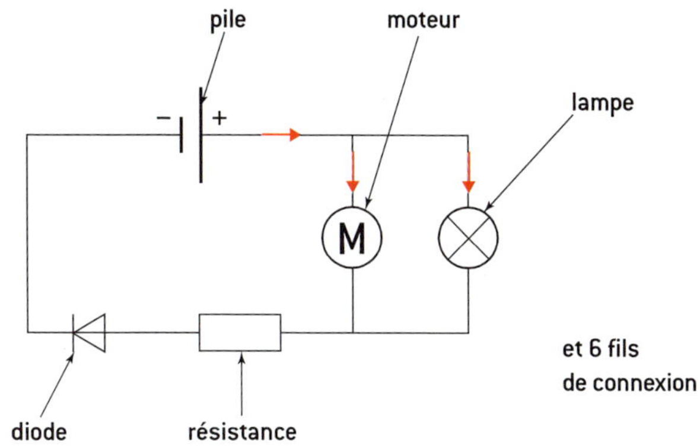

2 Je place les appareils

On observe l'emplacement des appareils.

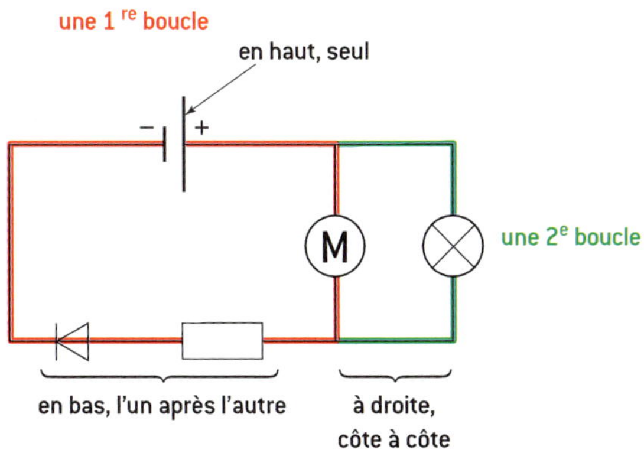

On place les appareils sur la table.

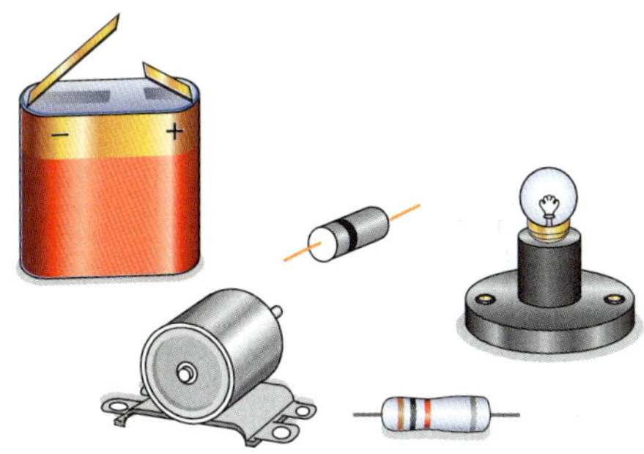

Attention au sens de certains appareils.

3 Je branche les fils de connexion

On commence par la première boucle en branchant les fils les uns après les autres.

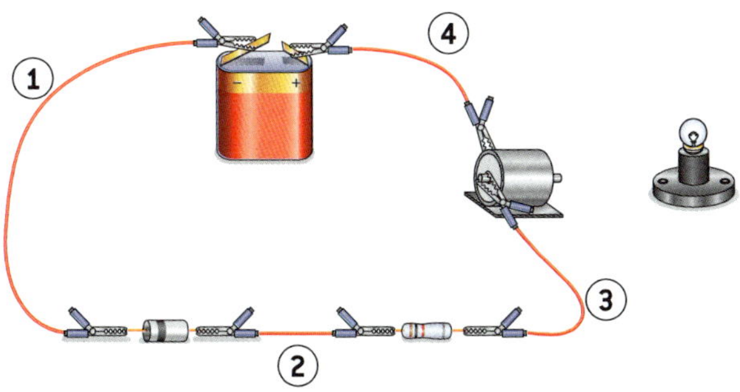

On réalise la seconde boucle.

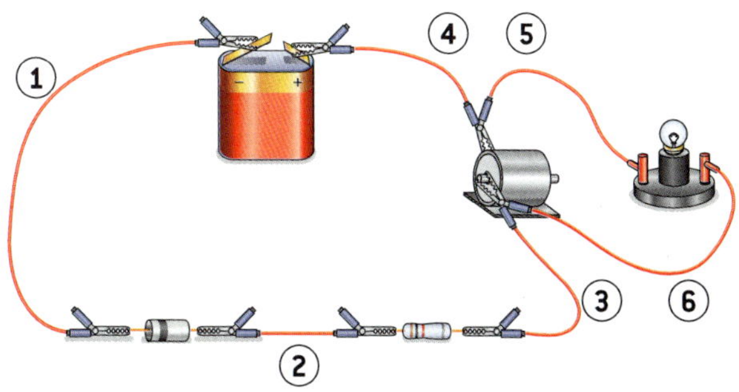

Méthode 5

Le matériel de chimie

1 La verrerie

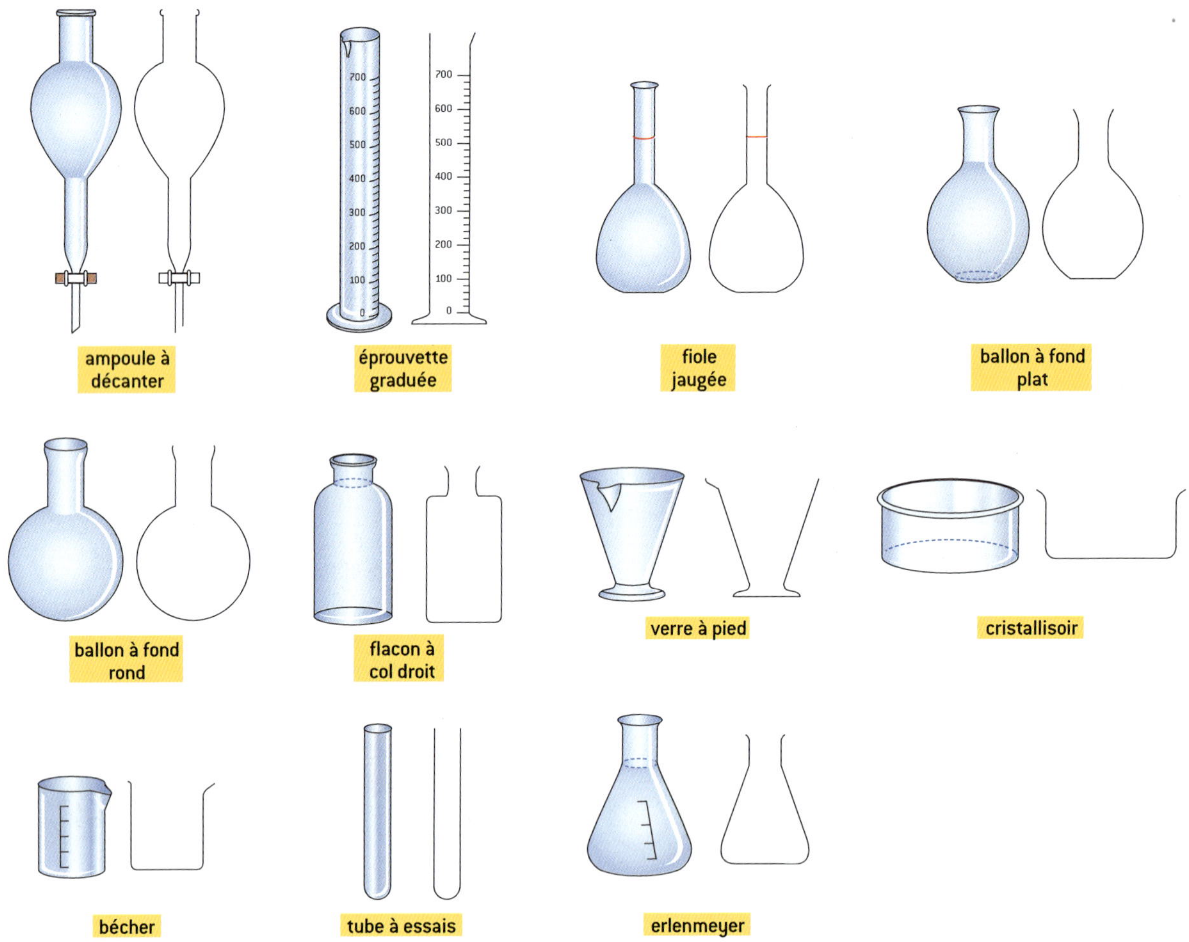

2 Autres instruments

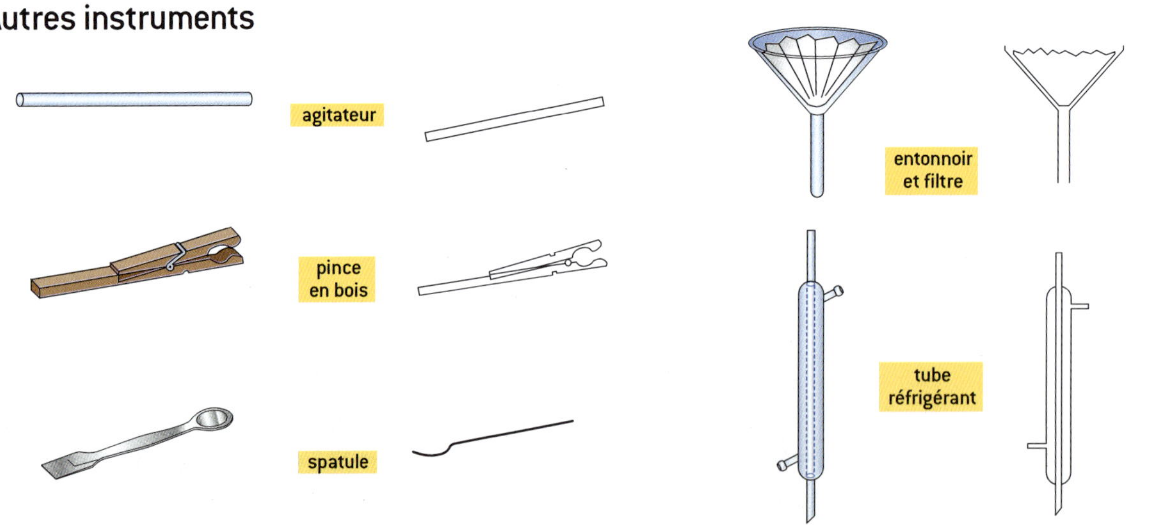

Méthode 6

Les étiquettes des produits

1 Je fais brûler

2 Je ronge

3 Je m'enflamme

4 J'explose

5 Je tue

6 Je nuis ou j'irrite

7 Je pollue

8 J'abîme la vie

ALCOOL À BRÛLER 90°

TRÈS INFLAMMABLE

Conserver le récipient bien fermé.
Conserver à l'écart de toute source d'ignition.
Ne pas fumer.
Tenir hors de la portée des enfants.

F
Inflammable

Xn
Nocif

En plus de ces symboles, très généraux, les étiquettes mentionnent, de façon plus précise, les risques particuliers et les conseils de sécurité propres à chaque article.

Méthode 7

Mesurer un volume

1 Les unités

L'unité de volume du système international est **le mètre cube** (m^3). On utilise également le **litre** (**L**).

m^3			dm^3			cm^3
kL	hL	daL	L	dL	cL	mL

2 Mesurer avec une éprouvette graduée

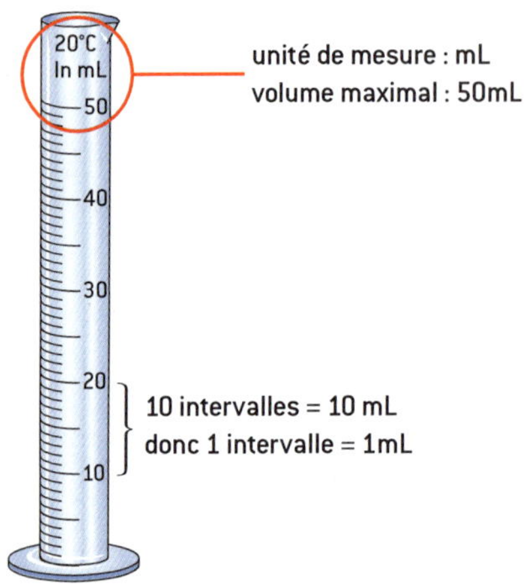

Je repère sur l'éprouvette :
– l'unité de mesure et le volume maximal : V_{max} = 50 mL.
– le volume compris entre deux traits de graduation : v = 1 mL.

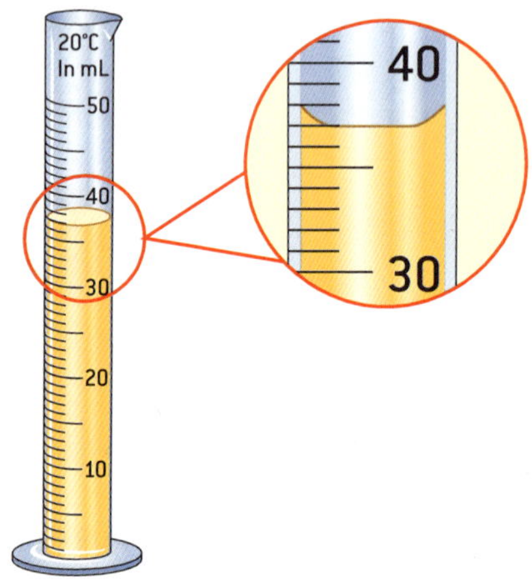

Je verse le liquide dont je veux mesurer le volume.
Je pose l'éprouvette sur la table.
J'observe la surface libre du liquide : elle forme un **ménisque**.

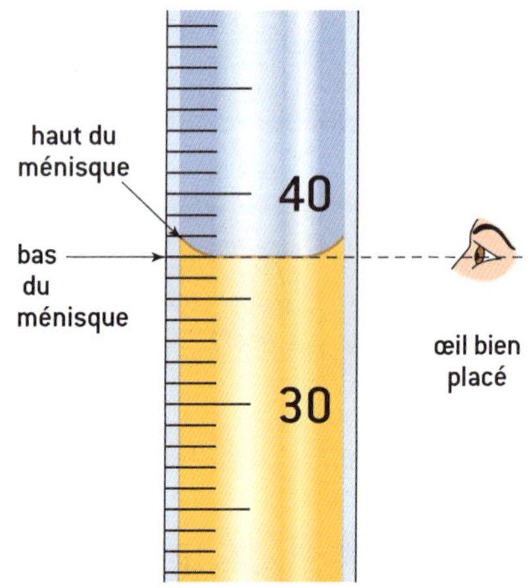

Je positionne mes yeux à la hauteur de la surface libre du liquide.
Je fais la lecture du volume en visant bien **la base du ménisque**.
Je lis V = 37 mL.

3 Les erreurs de manipulation à éviter

On ne doit pas pencher l'éprouvette ou la tenir à la main pour mesurer un volume. Les graduations sont penchées et ne coïncident plus avec la surface du liquide qui, elle, reste horizontale : on ne peut pas faire de mesure correcte.

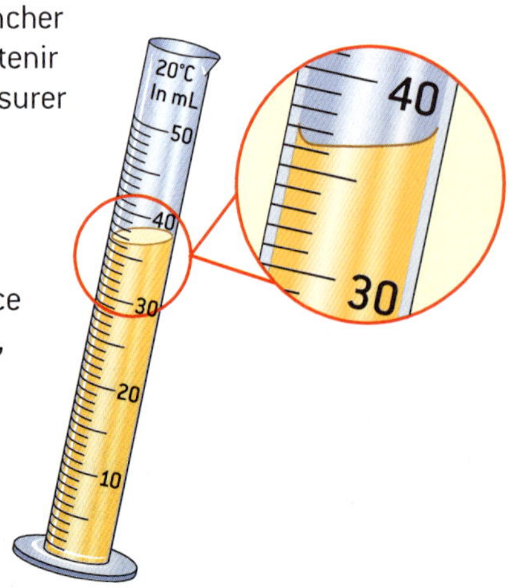

Pour mesurer correctement un volume, il faut placer ses yeux en face de la base du ménisque : si les yeux sont placés trop haut ou trop bas, la mesure sera fausse.

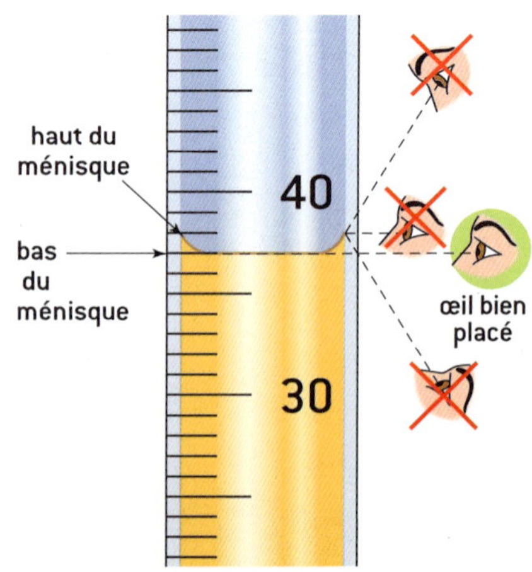

Méthode 8

Mesurer une masse

1 Les unités

L'unité internationale de masse est le **kilogramme (kg)**.

t	q	–	kg	hg	dag	g	dg	cg	mg
tonne	quintal	–	kilo-gramme	hecto-gramme	déca-gramme	gramme	déci-gramme	centi-gramme	milli-gramme

⚠ Avant de commencer une pesée, regarder quelle est la portée de la balance : c'est la masse à ne pas dépasser

2 Mesurer la masse d'un solide

1 ▶ Je mets la balance en fonctionnement en appuyant sur le bouton ON.
La valeur 00.0 g s'affiche.

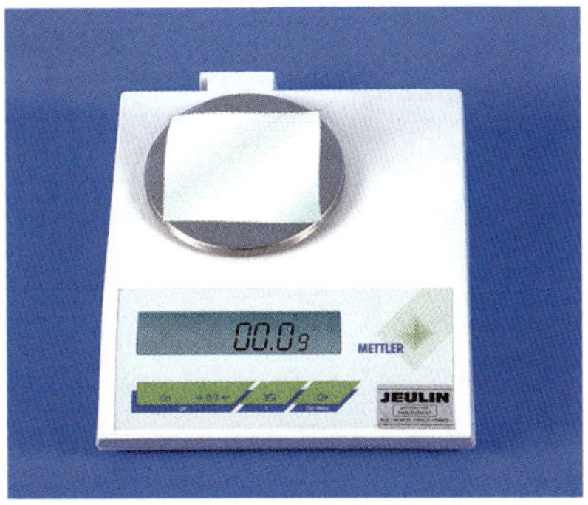

2 ▶ Je pose un papier filtre, une soucoupe ou un autre récipient sur la balance et j'appuie sur le bouton TARE pour remettre l'affichage sur 00,0 g.

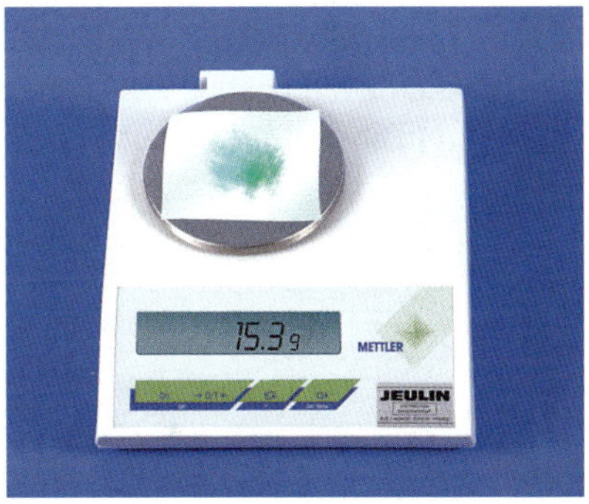

3 ▶ Je dépose délicatement le solide sur le papier ou dans le récipient.
J'utilise une spatule pour un solide en poudre.
Je lis la valeur de la masse.

3 Mesurer la masse d'un volume de liquide

1 ▶ Je mets la balance en fonctionnement en appuyant sur le bouton ON.
La valeur 00,0 g s'affiche.

2 ▶ Je pose le récipient qui doit contenir le liquide sur la balance et j'appuie sur le bouton TARE pour remettre l'affichage sur 00,0 g.

3 ▶ Je verse délicatement le volume de liquide voulu dans le récipient posé sur la balance.
Je lis la valeur de la masse.

Méthode 9

Construire un graphique

Énoncé : Tracer le graphique de l'évolution de la température en fonction du temps lors de la solidification de l'eau.
Échelles : **1 cm pour 2 min**
1 cm pour 5 °C

temps (min)	0	1	2	3	4	5	6	7	8	9	10	11	12	13
température (°C)	10,0	8,0	5,0	2,0	1,0	0,0	0,0	0,0	0,0	0,0	– 1,0	– 3,0	– 5,0	– 6,0

1 Tracer deux axes perpendiculaires

- On veut représenter l'évolution de **la température en fonction du temps**. Donc :
  – le **temps** est représenté sur l'**axe des abscisses** ;
  – la **température** est représentée sur l'**axe des ordonnées**.
- Écrire sur chaque axe la grandeur représentée et son unité.

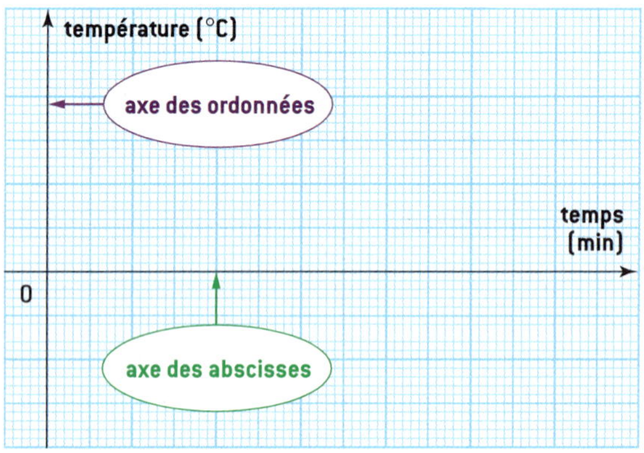

2 Graduer les deux axes

- Noter l'échelle sur le graphique : 1 cm pour 2 min et 1 cm pour 5°C.
- Noter la graduation 0 à l'intersection des axes, puis reporter l'échelle sur les axes. Inscrire des graduations et quelques valeurs pour se repérer.

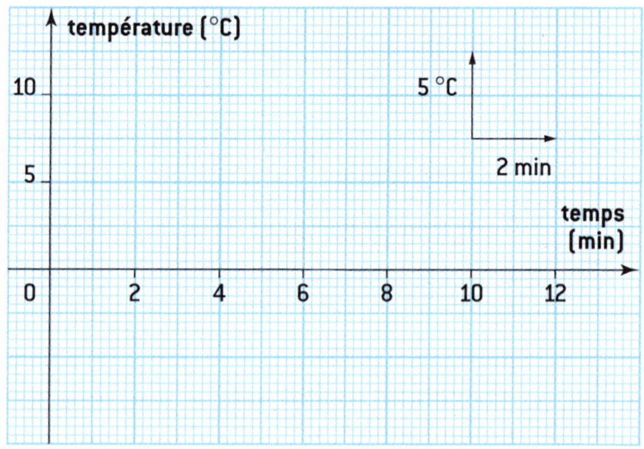

3 Représenter les points

- Représenter chaque point par une petite croix. Les coordonnées des points sont les couples de valeurs du tableau.

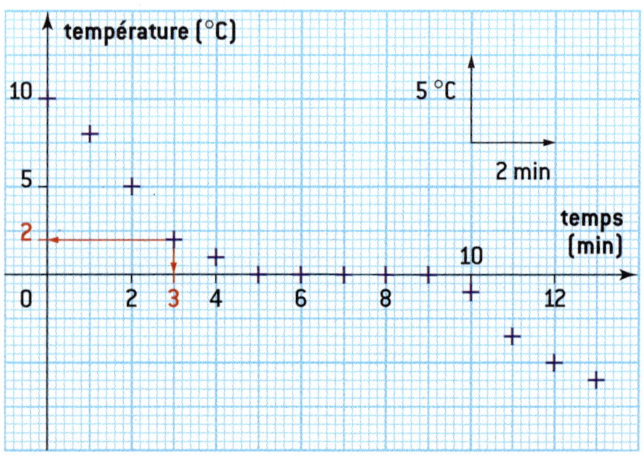

4 Tracer la courbe

- Observer la position des points et tracer à main levée une courbe régulière passant au plus près des croix.
- Il n'est pas nécessaire que cette courbe passe par toutes les croix.

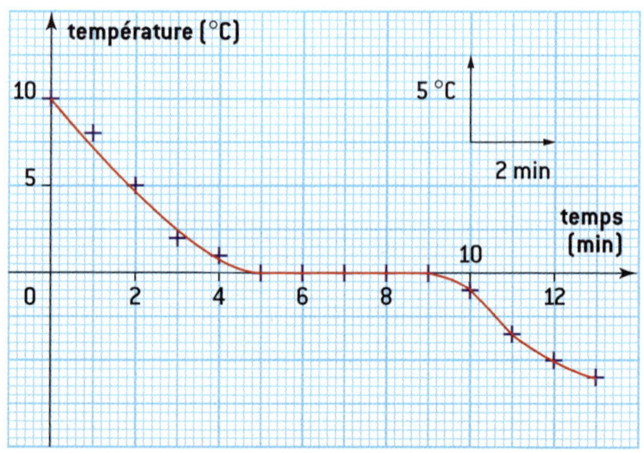

Méthode 10

Manipuler un gaz

1 Recueillir un gaz dans la cuve à eau

- Remplir d'eau aux deux tiers un cristallisoir de diamètre supérieur à la longueur du tube à essais utilisé.
- Placer l'extrémité recourbée du tube à dégagement dans le têt à dégagement par les orifices prévus.
- Remplir complètement d'eau le tube dans le cristallisoir ; le retourner et le poser sans le vider sur le têt à dégagement placé au centre du cristallisoir. On peut boucher l'extrémité avec un doigt.
- Le gaz se dégage dans le tube et prend la place de l'eau qui est refoulée dans le cristallisoir.

Remarque : On ne peut recueillir sur la cuve à eau que des gaz non solubles dans l'eau.

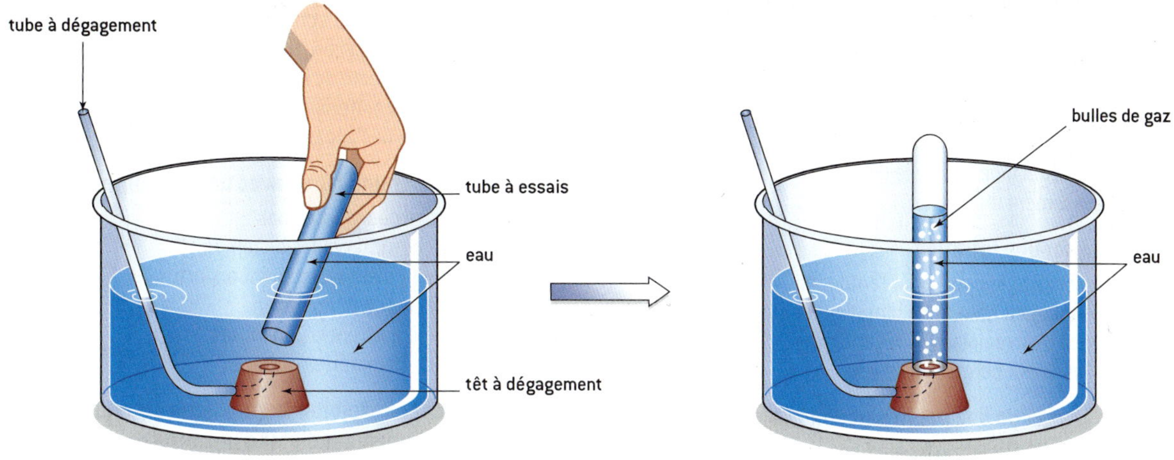

2 Transvaser un gaz

- Soulever délicatement le tube ①, plein d'eau, en le tenant bien vertical.
- Incliner le tube ①, rempli de gaz, et placer son ouverture sous celle du tube ②.
- Des bulles de gaz passent progressivement du tube ① dans le tube ②, en refoulant l'eau dans le cristallisoir.

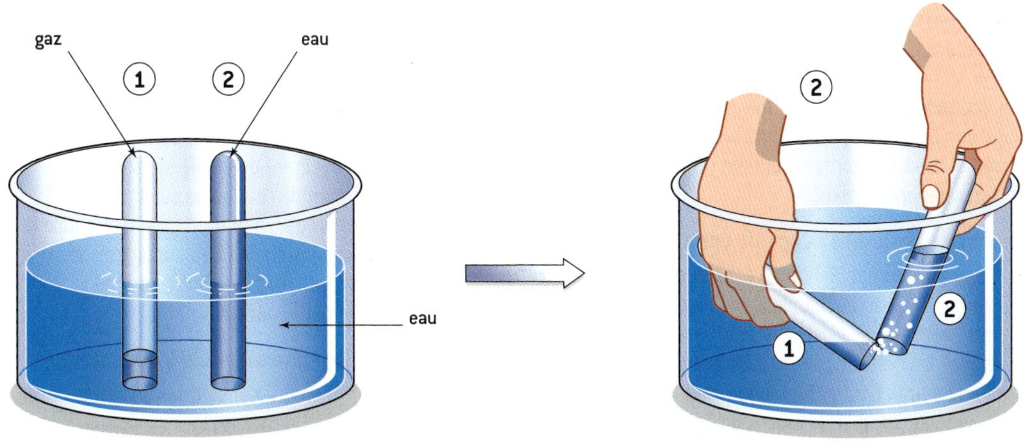

Compétences expérimentales

Compétences expérimentales en Chimie

• Respecter des consignes de sécurité

Tenue personnelle protégée, cheveux attachés
Respect de la sécurité d'autrui
Respect du matériel
Propreté du plan de travail
Séparation de la zone de manipulation de la zone d'écriture
Respect de consignes spécifiques

• Réaliser le test de reconnaissance de l'eau

Prélèvement d'une petite quantité de sulfate de cuivre anhydre avec une spatule
Utilisation d'une coupelle pour y déposer un solide
Utilisation d'un compte-gouttes pour prélever un liquide
Mise en contact du sulfate de cuivre anhydre avec la substance à tester

• Réaliser une décantation

Agitation du mélange initial
Repos du mélange lors de la décantation
Transvasement du liquide

• Réaliser une filtration

Utilisation d'un support pour l'entonnoir
Positionnement correct du filtre dans l'entonnoir
Présence d'un récipient de récupération
Transvasement correct du liquide

• Récupérer un gaz par déplacement d'eau

Agencement correct du tube à dégagement
Remplissage de l'éprouvette destinée à recueillir le gaz avec de l'eau
Positionnement de l'éprouvette destinée à recueillir le gaz
Recueillement du gaz sans perte

• Reconnaître le dioxyde de carbone par le test à l'eau de chaux

Transvasement sans perte de l'eau de chaux
Flacon d'eau de chaux rebouché
Barbotage correct du gaz
Recueillement correct du gaz

• Réaliser une chromatographie

Trait de repère tracé pour le dépôt des gouttes
Qualité du dépôt – une (des) goutte(s) fine(s) –
Changement de pipette ou de bâtonnet pour chaque prélèvement
Réglage du niveau du solvant dans la cuve
Cuve immobile et horizontale pendant l'expérience
Arrêt de l'expérience à temps

• Mesurer des volumes avec une éprouvette graduée

Transvasement correct du liquide sans perte dans l'éprouvette
Ajustement du niveau du liquide jusqu'à une graduation indiquée
Éprouvette verticale
Lecture avec les yeux au niveau du liquide
Lecture en tenant compte du ménisque
Lecture correcte en tenant compte de la correspondance graduations-volume

• Mesurer une masse avec une balance électronique

Utilisation d'une spatule pour prélever un solide divisé
Utilisation d'une coupelle
Transvasement d'un solide ou d'un liquide sans perte
Réglage du zéro correctement effectué
Positionnement correct du récipient sur la balance
Lecture correcte

• Mesurer une température avec un thermomètre

• Utiliser un thermomètre à alcool

Thermomètre correctement disposé dans le liquide
Attente de l'équilibre thermique
Lecture avec les yeux au niveau de l'alcool
Lecture correcte (correspondance graduations-degrés)
Respect du matériel

• Utiliser un thermomètre numérique

Thermomètre (ou sonde) correctement disposé(e) dans le liquide
Attente de l'équilibre thermique
Lecture correcte de la valeur
Respect du matériel
Extinction de l'appareil

• Mesurer une durée avec un chronomètre

Repérage des graduations
Choisir des intervalles de temps
Déclenchement au moment opportun
Arrêt au moment opportun
Remise à zéro entre 2 mesures
Respect du matériel

• Tracer et exploiter le graphique obtenu lors de l'étude du changement d'état d'un corps pur

• Sur du papier millimétré

Axes tracés avec grandeurs et unités indiquées
Axes gradués en tenant compte des échelles
Report des points dans le système d'axes
Tracé lissé du graphe
Lecture pour des points particuliers

• Avec un tableur-grapheur

Entrée des données au clavier dans une feuille élaborée par le professeur
Affichage du graphe (choix de l'abscisse et de l'ordonnée)
Utilisation d'une des fonctions du logiciel

• Réaliser (ou tenter de réaliser) la dissolution d'un solide dans un liquide ou le mélange de deux liquides et vérifier la conservation de la masse totale au cours de ces expériences

Utilisation d'une spatule pour prélever le solide
Transvasement du solide sans perte
Versement de l'eau sans perte
Utilisation d'un agitateur pour dissoudre le solide
Transvasement des deux liquides sans perte
Agitation du mélange, tube bouché
Attente pour conclure

• Utiliser une ampoule à décanter

Transvasement sans perte du liquide dans l'ampoule
Agitation et dégazage
Séparation correcte des phases avec durée de décantation suffisante
Récupération sélective des phases

Compétences expérimentales

Compétences expérimentales en Physique

Électricité

• Respecter des règles de sécurité électrique

Ne pas brancher un appareil ou un composant sur le secteur
Ne pas réaliser de court-circuit entre les bornes du générateur ou les bornes de la pile

• Mettre en œuvre du matériel (générateur, fils de connexion, interrupteur, lampe ou moteur) pour allumer une lampe ou entraîner un moteur

Reconnaissance des composants :
- générateur
- fils de connexion
- interrupteur
- lampe
- moteur

Identification des bornes d'une pile ou d'un générateur
Identification du bouton marche / arrêt du générateur
Branchement des composants en série
Ouverture ou fermeture d'un circuit

• Test du comportement d'un circuit dépourvu de générateur

Vérification de la présence ou non d'un générateur avec une lampe ou un moteur

• Réaliser, à partir de schémas, des circuits en série pouvant comporter un générateur, des lampes, des interrupteurs, un moteur, une diode électroluminescente, une diode et des résistances

Reconnaissance des composants :
- diode électroluminescente
- diode
- résistances

Détermination du nombre de fils de connexion à utiliser
Réalisation d'un circuit série d'après un schéma
Respect de l'ordre des dipôles
Respect des polarités du générateur

• Identifier et être capable de réaliser des montages en dérivation

Identification d'un circuit série
Identification d'une dérivation
Réalisation d'un circuit avec dérivation d'après un schéma :
- Réalisation de la branche principale (circuit série)
- Réalisation de la branche dérivée

Détermination du nombre de fils de connexion à utiliser
Respect de l'ordre des dipôles
Respect des polarités du générateur

Optique

• Visualisation de faisceaux, visées

Visualiser un faisceau lumineux avec un milieu diffusant
Réaliser une visée pour montrer la propagation rectiligne de la lumière
Positionner correctement son œil lors d'une visée

Compétences transversales

• Compétences liées aux TICE

• Tableur-grapheur

Entrer des données dans une feuille de calcul élaborée par l'enseignant
Créer une feuille de calcul simple qui réponde à un problème donné en utilisant à bon escient les formules
Vérifier la validité des formules de la feuille de calcul
Créer un tableau pour faire une présentation synthétique

• Outil de recherche, de communication

Organiser un texte, des tableaux et des images issues d'une bibliothèque existante ou d'un autre logiciel
Créer un document avec des liens hypertextuels pour organiser la présentation d'arguments
Utiliser les principales fonctions d'un navigateur
Au moyen d'un moteur de recherche, obtenir et accéder à l'adresse d'un site Internet, en utilisant, si besoin est, les connecteurs ET et OU
Télécharger un fichier
Sauvegarder ou rechercher une information à un endroit indiqué
Localiser une information donnée (fichier, adresse électronique, signet)
Organiser l'espace de travail en créant des dossiers appropriés, en supprimant les informations inutiles, en copiant ou en déplaçant les informations dans le dossier adapté
Envoyer un fichier de texte, d'image ou de son en pièce jointe (ou attachée)

• Compétences liées à la langue française

Lire un texte simple contenant des données en liaison avec le programme et en extraire des informations pertinentes
Trier des informations
Décrire une expérience, un phénomène
Utiliser un vocabulaire scientifique
Utiliser la conjonction « donc » de façon pertinente dans des argumentations
Une expérience ayant été réalisée sur les indications du professeur, imaginer ou reprendre une argumentation logique permettant d'arriver à une conclusion

• Compétences liées aux mathématiques

Utiliser un calcul littéral
Respecter une consigne relative au nombre de chiffres significatifs
Utiliser quelques notions de géométrie simple
Construire un graphique en coordonnées cartésiennes à partie d'une série de données, les échelles étant précisées par le professeur (axes, grandeurs, unités)
Exploiter un graphique
Le graphique étant donné, interpoler une valeur
Effectuer un calcul simple

• Savoir être

Gérer le temps
Travailler en autonomie (créativité et responsabilité)
Travailler en groupe (écoute et respect des autres au sein d'une équipe)
Maîtriser son comportement
Prendre des initiatives

Lexique

Archimède *(Syracuse, v 287 – 212 av. J.-C.)* : savant grec, mathématicien autant que physicien, fondateur de la mécanique des solides et des fluides, il est surtout connu pour le théorème qui porte son nom. Pendant trois ans, il a tenu en échec les Romains qui assiégeaient Syracuse avec ses machines de guerre. Il a été tué lors de la prise de la ville.

Aristote *(Stagire (Macédoine), 384 av. J.-C. – Chalcis, 322 av. J.-C.)* : philosophe grec, disciple de Platon, précepteur d'Alexandre le Grand, il travaille dans tous les domaines de la science. Ses méthodes d'observation et de classification rigoureuses ont eu une très grande influence sur l'Occident, grâce aux philosophes arabes, Avicenne et Averroès.

atmosphère : couche d'air qui entoure le globe terrestre ou plus généralement, enveloppe gazeuse qui entoure une planète. L'atmosphère terrestre, composée de plusieurs couches, a une épaisseur moyenne de 1 000 km.

balance : instrument servant à comparer des masses, donc à mesurer une valeur de masse.

Bergès Aristide *(Lorp (04), 1833 – Lancey (38), 1904)* : ingénieur français né en Ariège, il invente le concept de « houille blanche » pour l'eau qui alimente les centrales électriques. Pour alimenter en électricité son usine de pâte à papier, il construit la première conduite forcée à Lancey près de Grenoble. À l'exposition universelle de Paris en 1889, il expose une turbine avec l'inscription : « cinq millions de chevaux pour les Alpes seules ».

Black Joseph *(Bordeaux, 1728 – Édimbourg, 1799)* : chimiste et physicien écossais, il fait ses études aux universités de Glasgow et d'Édimbourg, en Écosse. Il est professeur de chimie, de médecine et d'anatomie à l'université de Glasgow puis professeur de chimie à l'université d'Édimbourg. Vers 1754, Black découvre le dioxyde de carbone, un gaz qu'il appelle « air fixe ». Son assistant James Watt, à partir de ses découvertes, améliore la machine à vapeur.

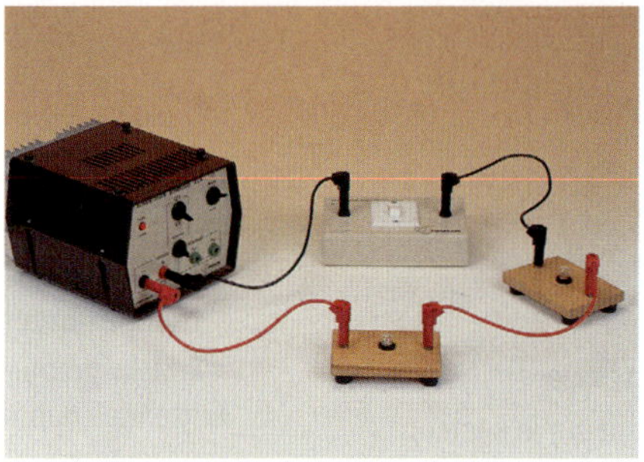

boucle simple (en) : un circuit en boucle simple est un circuit en série, qui ne comporte donc qu'une seule boucle.

Celsius Anders *(Uppsala, 1701 – 1744)* : astronome suédois, très jeune professeur à l'université, il s'intéresse à tous les domaines de la science, en particulier aux changements d'état. Il met au point l'échelle de température qui porte son nom et que nous utilisons encore. Il participe également à l'expédition qui mesure le méridien terrestre pour définir le mètre étalon.

changement d'état : passage d'un état physique à un autre état physique. Ex : passage de l'état liquide à l'état solide.

chromatographie : méthode de séparation des différents pigments qui composent un colorant.

circuit électrique : chaîne ininterrompue d'éléments conducteurs contenant au moins un générateur.

condensation : changement d'état physique d'un corps qui passe de l'état gazeux à l'état solide ; terme utilisé improprement pour le passage de l'état gazeux à l'état liquide.

conducteur : matière qui conduit le courant électrique.

Coolidge William David *(Hudson, 1873 – Schenectady, 1975)* : fils de modestes fermiers, il va à l'école publique, puis il obtient une bourse pour rentrer au « Massachusetts Institute of Technology » où il étudie la physique, la chimie et l'ingénierie électrique. Il rejoint plus tard le laboratoire de recherche de la « General Electric » où il travaille sur le tungstène pour remplacer les fragiles filaments de carbone des lampes à incandescence. Il dépose aussi le brevet d'un tube de rayons X à filament de tungstène utilisé pour les radiographies.

corps pur : ce n'est pas un mélange ; il est caractérisé par une température de fusion ou de solidification et par une température d'ébullition ou de liquéfaction qui restent constantes pendant le changement d'état pour une pression donnée.

courant du secteur : courant électrique qui alimente une maison, un quartier, une usine, un village...

court-circuit : c'est la mise en contact des deux bornes d'un appareil par un bon conducteur électrique. Il faut l'éviter pour ne pas risquer d'incendie.

cycle de l'eau : suite de changements d'état qui ramènent l'eau à son état physique initial.

décantation : séparation des constituants solides et des constituants liquides d'un mélange contenu dans un récipient par dépôt des solides les plus lourds au fond du récipient.

dégazage : élimination des gaz dissous dans un liquide par chauffage ou agitation

degré Celsius (°C) : unité de température.

dérivation (en) : mode de branchement d'un dipôle qui crée une nouvelle boucle dans un circuit.

diode : composant qui ne laisse circuler le courant que dans un seul sens.

diode électroluminescente : diode particulière qui produit de la lumière lorsqu'elle est passante.

dioxyde de carbone : gaz incolore, inodore, dissous dans les eaux pétillantes, qui trouble l'eau de chaux.

dipôle : composant d'un circuit électrique qui a deux bornes.

distillation : la distilla tion d'une solution aqueuse permet de séparer l'eau des substances dissoutes par une ébullition suivie d'une condensation.

eau de chaux : solution d'hydroxyde de calcium qui donne un précipité blanc avec le dioxyde de carbone : c'est le test à l'eau de chaux.

ébullition : phénomène de bulles qui se produit dans un liquide que l'on chauffe pour le vaporiser.

éclipse de Lune : se produit à la pleine Lune lorsque les centres du Soleil, de la Terre et de la Lune sont alignés dans cet ordre ; la Lune passe dans le cône d'ombre de la Terre.

éclipse de Soleil : se produit à la nouvelle Lune lorsque les centres du Soleil, de la Lune et de la Terre sont alignés dans cet ordre ; la Lune passe entre le Soleil et la Terre et son ombre portée se déplace sur la Terre.

Edison Thomas Alva *(Milan (Ohio), 1847 – West Orange, 1931)* : inventeur américain autodidacte, il met au point la lampe à incandescence et le phonographe. Il dépose plus de 1000 brevets d'invention dans toute sa vie et il est à l'origine de la fondation de l'entreprise General Electric.

électrisation : choc provoqué par le passage du courant électrique dans le corps humain.

électrocution : choc mortel provoqué par le passage du courant électrique dans le corps humain.

évaporation : changement d'état : passage de l'état liquide à l'état gazeux à une température inférieure à la température d'ébullition.

Fahrenheit Daniel Gabriel *(Dantzig (Pologne), 1686 – La Haye, 1736)* : physicien allemand établi en Hollande, il construit le premier thermomètre utilisant du mercure à la place de l'alcool. Il étalonne son échelle en prenant comme points fixes 32°F, température de la glace fondante et 96°F, celle du corps humain. Le point 0°F est la plus basse température obtenue à cette époque avec un mélange de glace et de sel.

faisceau de lumière : ensemble de rayons de lumière.

Faraday Michael *(Newington, 1791 – Hampton Court, 1867)* : fils d'un forgeron, sa formation est très élémentaire mais, apprenti d'un relieur à Londres, il lit des livres scientifiques et fait des expériences sur l'électricité. À la suite de conférences données par le chimiste Davy, il envoie à celui-ci les notes qu'il a prises, avec une demande d'emploi et devient son assistant. Les recherches menées par Faraday concernent surtout l'électricité. Il est à l'origine du principe du moteur électrique et de la dynamo qui permet de transformer l'énergie mécanique en courant électrique.

filtration : séparation des constituants solides des constituants liquides à l'aide d'un filtre ; la filtration est souvent précédée d'un décantation.

Franklin Benjamin *(Boston, 1706 – Philadelphie, 1790)* : fils d'un fabricant de savon et de bougies, dernier né d'une famille de 17 enfants, il s'initie très tôt au journalisme. Philosophe, écrivain et scientifique, il travaille sur l'électricité, la météorologie et invente le paratonnerre. Engagé en politique, il participe à la Déclaration d'indépendance des États-Unis. Après le traité de paix de 1783, il retourne s'installer en Pennsylvanie où il devient président de l'État. Il s'éteint dans sa ville non sans avoir milité contre l'esclavage.

fusion : changement d'état physique d'un corps qui passe de l'état solide à l'état liquide. La température de fusion de l'eau est 0°C.

générateur : appareil qui fait circuler le courant électrique dans un circuit.

Hippocrate *(IIe de Cos, 460 av. JC – Larissa, 377 av. JC)* : né dans une famille de médecins grecs, descendants d'Esculape, dieu de la médecine, il est éduqué par sa famille avant de compléter sa formation à Athènes. Lors de nombreux voyages, il parfait ses connaissances. Il a donné son caractère scientifique à la médecine jusqu'alors religieuse : il est le premier en Occident à voir des causes naturelles dans les symptômes, et à définir le but de la médecine : seconder la nature et « primun non nocere » (avant tout ne pas nuire).

isolant électrique : matière qui ne conduit pas le courant électrique

Kepler Johannes *(Weil der Stadt, 1571 – Ratisbonne, 1630)* : enfant fragile, ayant une mauvaise vue, il commence par étudier la théologie et les sciences humaines avant l'astronomie. À l'université, son professeur enseigne l'ancien système de Ptolémée, mais aussi celui de Copernic pour une petite élite. Kepler adopte immédiatement les théories de Copernic. Il fuit à Prague parce qu'il est protestant et rejoint l'astronome danois Tycho Brahé. Celui-ci meurt en 1601 et lui laisse ses archives et sa charge de mathématicien impérial et astronome. Il publie alors, deux des lois du mouvement planétaire qui ont immortalisé son nom et un peu plus tard la troisième loi. Ces 3 lois sont connues sous le nom de « lois de Kepler ».

kilogramme (kg) : unité de masse du système international, dont l'étalon est déposé au bureau international des poids et mesures (BIPM).

Lavoisier (de) Antoine Laurent *(Villers-Cotterêts, 1743 – Paris, 1794)* : fils d'un avocat, Lavoisier reçoit une excellente éducation. En faisant ses études de droit, il étudie aussi la chimie,

Lexique

les mathématiques, l'astronomie, la physique et la botanique. Il introduit en chimie l'usage d'une foule d'instruments, dont le principal est la balance qui n'avait jamais été employée sérieusement. Il découvre les composants de l'eau, la conservation de la masse dans les réactions... Il est le chimiste français que l'on considère aujourd'hui comme le père de la chimie moderne.

liquéfaction : changement d'état physique d'un corps qui passe de l'état gazeux à l'état liquide. On dit improprement « condensation » au lieu de « liquéfaction ».

Lune : unique satellite naturel de la Terre qui tourne sur lui-même en 28 jours environ et autour de la Terre en 28 jours environ.

marais salant : étendue d'eau de mer agencée pour faciliter l'évaporation de l'eau et récupérer le sel.

masse : grandeur qui caractérise la quantité de matière d'une substance. Elle s'exprime en kilogramme (kg)

mélange : substance constituée de plusieurs constituants différents ; si à l'œil nu on ne peut distinguer au moins deux constituants d'un mélange alors ce mélange est homogène, sinon il est hétérogène.

ménisque : surface libre incurvée d'une colonne de liquide contenue dans un tube.

mètre cube (m^3) : unité de volume du système international.

miscibles : se dit de deux liquides qui constituent un mélange homogène.

objet diffusant : c'est un objet qui diffuse dans toutes les directions la lumière qu'il reçoit d'une source primaire ou d'un autre objet diffusant.

ombre : zone qui ne reçoit pas la lumière provenant d'une source ; on distingue l'ombre propre sur l'objet éclairé et l'ombre portée de cet objet sur un écran.

Pascal Blaise *(Clermont-Ferrand 1623 – Paris 1662)* : savant, philosophe et écrivain français, il rédige à 16 ans un essai de mathématiques. Il invente une machine à calculer à 19 ans et entreprend des travaux sur la pesanteur et le vide. L'unité de pression porte son nom : le pascal (Pa).

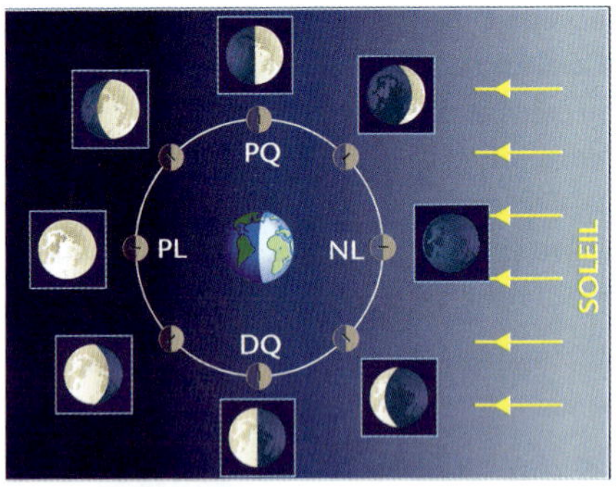

phases de la Lune : les différents aspects de la Lune vus de la Terre au cours d'un mois lunaire (28 j).

pigment : substance colorée produite principalement par les végétaux.

pile : générateur de courant électrique.

pression atmosphérique : action exercée sur tous les corps par l'air de l'atmosphère ; elle s'exprime en pascals (Pa).

propagation de la lumière : déplacement de la lumière d'un endroit à un autre : elle est rectiligne dans un milieu homogène et transparent.

rayon de lumière : trajectoire rectiligne parcourue par la lumière ; le rayon de lumière est modélisé par une droite sur laquelle une flèche indique le sens de propagation.

schéma électrique : représentation d'un circuit électrique à l'aide des symboles normalisés des dipôles, générateurs et composants qui le constituent.

sens du courant : défini par convention, il désigne le déplacement du courant à l'extérieur du générateur de la borne (+) à la borne (–) de celui-ci.

solidification : changement d'état physique d'un corps qui passe de l'état liquide à l'état solide. La température de solidification de l'eau est 0°C.

soluté : liquide ou solide qui se dissout dans le solvant.

solution : liquide obtenu par dissolution d'un soluté dans un solvant.

solvant : liquide dans lequel se dissout un soluté.

source de lumière : une **source** est **primaire** si elle produit la lumière qu'elle émet ; si c'est un objet éclairé, on nomme cette source, **objet diffusant**.

Stephenson George *(1781 – 1848)* : Fils d'ouvrier, il apprend à lire à 18 ans puis étudie la mécanique. Devenu ingénieur, il réalise une série de locomotives, dont la première peut remorquer un train de charbon de 70 tonnes. En 1825, il sort une machine qui roule à 30 kilomètres à l'heure. Le jour de l'inauguration, on accroche à celle-ci un wagon rempli de musiciens : c'est le premier train de voyageurs.

sulfate de cuivre : anhydre, il est blanc et devient bleu au contact de l'eau (test de reconnaissance de l'eau)

surface libre : surface plane et horizontale en contact avec l'air, d'un liquide au repos.

système solaire : ensemble du Soleil, des neuf planètes et de leurs satellites, des astéroïdes, des comètes qui tournent autour du Soleil.

Terre : notre planète : elle tourne autour du Soleil en 365,25 jours et sur elle-même en 24 heures.

Thalès de Milet (Milet 625 – 547 av JC) : savant et philosophe grec, il est l'un des sept sages de la Grèce. Il aurait ramené d'Egypte les bases de la Géométrie et de l'Algèbre. On dit qu'il a réalisé les premières mesures exactes du temps avec le gnomon, et qu'il a trouvé les théorèmes de base pour le triangle. Mais le théorème de Thalès a été vraisemblablement établi par Euclide.

vapeur d'eau : état gazeux de l'eau ; la vapeur d'eau est invisible, compressible expansible et elle occupe tout l'espace offert.

vaporisation : changement d'état physique d'un corps qui passe de l'état liquide à l'état gazeux. Une vaporisation peut se faire par ébullition du liquide ou par évaporation.

Index

A
agitation ... 118, 134
alambic ... 117, 128
ampoule à décanter ... **199**
aquarium ... 136, 141
Archimède ... **114**
Aristote, ... **128**
atmosphère ... 68, 95, 185

B
balance ... 158
banquise ... 175
Bergès ... **58**
Black ... **140**
boucle ... 38, 50

C
cadran solaire ... 81
Celsius ... **180**
changement d'état ... 144, 168, 170, 171, 184
chromatographie ... **121**, 122
circuit électrique .. 10, **12**, 13, 36, 39, 48 à 51
cocotte-minute ... **188**
colorant ... 121
condensation ... 144
conducteur ... 25
conservation de la masse ... **198**, **173**
Coolidge ... **72**
corps pur ... 116, **120**, 185
courant du secteur ... 52
court-circuit ... **14**, 52
Cugnot ... 152
cycle de l'eau ... **144**
cyclohexane ... 172

D
décantation ... 117, **119**, 122
dégazage ... **133**, 135
déplacement d'eau ... 133, 135
dérivation ... 48, **50**, 51, 52
diffusion ... 65, 77
diode ... **26**, 39
diode électroluminescente (DEL) .. 37, 38, **42**
dioxyde de carbone .. 131, **134**, 135, 136, 140
dipôle ... **12**, **38**, 39, 40, 41
dissolution ... **196**, 197,
distillation ... **120**, 122, 128

E
eau de chaux ... 134
eau distillée ... **120**, 170, 171, 184, 185
eau minérale ... 120
eau pétillante ... **132**, 133, 134
eau potable ... **123**, 129
eau salée ... 169, 172, 175
ébullition ... 184, 185, 197
éclairage de vélo ... **54**
éclipse de Lune ... 89, **92**, 94
éclipse de Soleil ... 89, **93**, 94
Edison ... **20**
électrisation ... 27
électrocution ... 27
émulsion ... 199
état physique ... 142, **144**, 145, 147
évaporation ... 144, 184

F
Fahrenheit ... **180**
faisceau de lumière ... 77
Faraday ... **34**
fils de connexion ... 14
filtration ... 117, **119**, 122, 123
fusible ... **29**
fusion ... 144, 147, 171, 172, 173, 174

G
gaz ... **132**, 146
générateur ... **12**, 14
glace ... 143, 144, 145, 170, 171,172, 175

H
hectopascal ... 185
hétérogène ... **118**, 122, 196
Hippocrate ... 206
homogène ... 118, 120, 122, 132, 196

I J K
iceberg ... 175
interrupteur ... 12, 13, 40
isolant ... 24
Jobs ... **46**
Kepler ... **100**

L
lampe ... 11, 12, 13, **16**, 20, 37, 39, 40
Lavoisier ... **166**
liquéfaction ... 144, 147, 148, 182, **186**, 187
liquide ... **145**, 147
Lune ... 89, 90, 91, 92, 93, 94, 95, 100

M
marais salant ... **201**
masse ... 154, 158, 161
mélange ... 116, 118, 120
ménisque ... **156**
milieu homogène ... 76
miscibilité ... 199
moteur ... 12, 24, 40

O
objet diffusant ... 65, 68
ombre ... 75, **78**, 79, 86
ordinateur ... 46

P
palier de température ... **170**, 171, 172
phases de la Lune ... 89, 90, **91**
pigment ... 121
pile ... 12, 13, 24, 34, 52
précipité ... 134, 135
pression atmosphérique ... 185, 188
prise électrique ... 27
propagation de la lumière ... 74, 76,77

Q R
Quinquet ... 72
rayon de lumière ... **76**, 77
résistance ... 38, 39

S
schéma électrique ... 13
sens du courant ... 24
série ... 38, 39, 40
Soleil ... 88, 90, 91, 92, 93, 94, 95, 100
solide ... **145**, 147
solidification ... 144, 147, 174
soluté ... **196**, 200
solution ... **196**
solvant ... 194, 195, **196**
source de lumière ... 62, 63, **65**, 72
source ponctuelle ... 76
Stephenson ... **152**
sulfate de cuivre ... **108**
surface libre ... **145**, 147
symbole normalisé ... **13**
système solaire ... **100**
température de fusion ... 171, 172
température de solidification ... 171

T
Terre ... **90**, 91, 92, 93, 94, 95, 100
test à l'eau de chaux ... **134**
test de reconnaissance ... **108**, 135
Thalès de Milet ... **86**
turbine ... **58**

U V W
unité ... 157, 158, 159, 185
vapeur d'eau ... 66, **184**, 186, 188
vaporisation ... 144, 147, 148, 182, **184**, **185**, 187, 197
visualisation ... **66**, 67
volume ... 154, **156**, 157, 161
Watt ... **192**
Wozniak ... 46

Réponses aux tests

Chapitre 1 (page 17)
1c - 2b - 3a - 4b - 5c
Chapitre 2 (page 30)
1a - 2c - 3b - 4c - 5b
Chapitre 3 (page 43)
1c - 2a - 3c - 4a - 5a

Chapitre 4 (page 55)
1b - 2c - 3a - 4c - 5c
Chapitre 5 (page 69)
1c - 2a - 3a - 4b - 5a
Chapitre 6 (page 82)
1c - 2b - 3c - 4c - 5b

Chapitre 7 (page 96)
1c - 2a - 3b - 4c - 5b
Chapitre 8 (page 111)
1c - 2c - 3b - 4c - 5b
Chapitre 9 (page 124)
1b - 2a - 3a - 4c - 5b

Chapitre 10 (page 137)
1b - 2a - 3b - 4c - 5a
Chapitre 11 (page 149)
1a - 2b - 3c - 4b - 5c
Chapitre 12 (page 224)
1c - 2c - 3b - 4a - 5b

Chapitre 13 (page 176)
1b - 2c - 3b - 4a - 5a
Chapitre 14 (page 189)
1a - 2b - 3a - 4b - 5b
Chapitre 15 (page 202)
1c - 2a - 3b - 4a - 5a

Références iconographiques

2 d Spacephotos.com ; 2 g page du sommaire Spacephotos.com ; 3 page du sommaire COSMOS / Adam Nieman / Science Photo Library ; 8-9 Spacephotos.com ; 10 GETTY IMAGES / Korling Kindersley / Max Alexander ; 11 REA / Marta Nascimento ; 18 Spacephotos.com ; 20 bas d ARCHIVES NATHAN ; 20 bas g ARCHIVES NATHAN ; 20 ht d CORBIS / BETTMANN ; 20 ht g CORBIS / BETTMANN ; 21 REA / Richard Damoret ; 22 CORBIS / Lester Lofkowitz ; 23 d AFP / Jean-François MONIER ; 23 g EDF Médiathèque ; 34 bas d Droits Réservés ; 34 bas g F. Delastres / Musée des Arts et Métiers, CNAM-Archives Larbor ; 34 ht d GETTY IMAGES / Hulton Archive ; 34 ht g BRIDGEMAN -GIRAUDON ; 35 REA / Pierre Bessard ; 36-37 CORBIS / Favio Pagani / Sygma ; 37 bas Martin Rivette ; 37 ht Photodisc ; 37 m REA / Mario FOURMY ; 46 bas g CORBIS / Karen Su ; 46 ht d CORBIS / BETTMANN ; 46 ht g Photo X / DR ; 46 m Courtesy of Apple ; 47 Renault Communication / Christophorides Frédéric ; 48 HPP / Jalain francis / Explorer / Hoaqui ; 49 ht CORBIS / Charles Jean Marc ; 49 m REA / Mario Fourmy ; 50 REA / Mario Fourmy ; 58 bas d HPP / Gamma ; 58 bas g PHOTODISC ; 58 ht d CORBIS / Yann Artus-Bertrand ; 58 ht g ARCHIVES NATHAN ; 59 REA / Pierre BESSARD ; 60-61 JL / Spacephotos.com ; 62-63 MICHAUD Pierre ; 63 bas Estate Brassaï / RMN / Gérard Blot ; 63 ht GETTY IMAGES / Charles Ehlers ; 68 HPP / Trierweiler Tom / Hoa-Qui ; 70 bas d Nature Image ; 70 ht d HPP / Hoa-Qui / Renaud Visage / Age Fotostock ; 70 ht g HPP / GAMMA / Benainous-Benamou-Scorcelletti / ; 71 bas g HPP / Hoa-Qui / Ralph Blixler / Age Fotostock ; 71 ht d POMPIERS DE PARIS / BIRD ; 71 ht g Frédérique Buisson ; 72 bas d CORBIS / Swim Ink2 / LLC ; 72 bas g GETTY IMAGES / Walter Hodges ; 72 ht d LEEMAGE / Bianchetti ; 72 ht g Photo X / http://www.clendening.kumc.edu/dc/pc/c.html ; 73 MAGNUM / Patrick Zachmann ; 74 HPP / Hoa-Qui / Photo Bar Yokohama ; 75 ht Jacques Loïc / PHOTONONSTOP ; 75 bas d Diaf / B. Simon / PHOTONONSTOP ; 75 bas g Philippe PLISSON ; 76 HPP / Hoa-Qui / Photo Bar Yokohama ; 80 Isabelle CARRE ; 83 Nadia Morelli / DR ; 84 COSMOS / SPL ; 86 bas CIEL ET ESPACE ; 86 ht d ALTITUDE / Yann Arthus-Bertrand ; 86 ht g ARCHIVES NATHAN ; 87 REA / Gilles Rolle ; 88-89 HPP / Rapho / Schultess ; 89 bas COSMOS / Pekta Parviainen / SPL ; 89 ht CORBIS / Greehalf / Photography ; 89 m COSMOS / SPL ; 92 CIEL ET ESPACE ; 93 CIEL ET ESPACE ; 95 COSMOS / SPL / Eckard Slawik ; 96 d COSMOS / Rev Ronald / SPL ; 96 g COSMOS / Rev Ronald / SPL ; 97 d Spacephotos.com ; 97 g COSMOS / Eckard Slawik / SPL ; 98 ARCHIVES NATHAN ; 99 Spacephotos.com ; 100 bas d is / Ph. Coll / Archives Larbor ; 100 bas g AKG-images ; 100 ht g ARCHIVES NATHAN ; 101 EURELIOS / Philippe GONTIER ; 102 COSMOS / Adam Nieman / Science Photo Library ; 103 BIOS / Denis Bringard ; 104-105 CORBIS / Mark A. Johson ; 105 bas FRANCEDIAS / Pellorce ; 105 ht HPP / Edelmann Claude / Hoa-Qui ; 105 m HPP / Valisse Christian / Hoa-Qui ; 106 bas d BIOS / Mantford Thierry ; 106 bas g CORBIS / Philippe Giraud / Sygma ; 106 bas m GETTY IMAGES / Stefano Oppo / Photonica ; 106 ht d SCOPE / Audoubert L. ; 106 ht g SCOPE / Plassart M ; 106 m bd ARCHIVES NATHAN ; 106 m d ARCHIVES NATHAN ; 106 m g ARCHIVES NATHAN ; 107 bas HPP / Aures Delphine / Hoa-Qui ; 107 ht HPP / Philippe Bourseiller / Hoa-Qui ; 114 bas CORBIS / Stapleton Collection ; 114 ht d DORLING KINDERSLEY IMAGES / Clive Streeter / Donk Models ; 114 ht g AKG-images ; 115 SCOPE / Guillard Jacques ; 116-117 HPP: Sandford AP / Explorer ; 117 bas d REA / Benoit Decout ; 117 bas g HPP / Valentin / Hoa-Qui ; 117 ht CORBIS / Anna Clopet ; 119 HPP: Sandford AP / Explorer ; 125 AQUA PRESS ; 126 HPP / Explorer / Bohin J.-L / Explorer ; 128 bas d LEEMAGE / Fototeca ; 128 bas g ROGER-VIOLLET ; 128 ht ARCHIVES NATHAN ; 129 Veolia Environnement / Jean-Philippe Mesguen / Photothèque ; 130-131 MAGNUM Photos / Jean Gaumy ; 131 bas BIOS / Duclos Alexis ; 131 ht SIPA PRESS / Zebar ; 136 g AQUA PRESS ; 136 ht d AQUA PRESS ; 139 SIPA PRESS / Zebar ; 140 bas BIOS / Montford Thierry ; 140 ht d REA / Daniel Joubert ; 140 ht g COSMOS / Sheila Terry / SPL ; 141 CORBIS / Jonathan Blair ; 142-143 CORBIS / Chris Hellier ; 143 bas g Spacephotos.com ; 143 ht HPP / Guittard Gilles / Hoa-Qui ; 152 bas d RUE DES ARCHIVES ; 152 bas g CORBIS / Michael Busselle ; 152 ht d MUSEE DES ARTS ET METIERS / Roby (UTC) ; 152 ht g RUE DES ARCHIVES ; 153 CORBIS / Graham Neden ; 154-155 GETTY IMAGES / Richard Passmore ; 155 bas d REA / Ortola ; 155 ht REA / Pierre Gleizes ; 166 bas g RMN / Gérard Blot ; 166 ht d RMN / René Gabriel Ojeda ; 166 ht g DR ; 167 IUT de Bordeaux / DR ; 168 169 GETTY IMAGES / Alan Kearney / Taxi ; 169 bas REA / Daniel Joubert ; 169 ht CORBIS / Caroline / Zefa ; 175 d Dan Crosbie ; 175 g CORBIS / Bob Krist ; 180 bas SCIENCE MUSEUM / SSPL ; 180 ht d ARCHIVES NATHAN ; 180 ht g ARCHIVES NATHAN ; 181 REA / Stéphane Audras ; 182-183 HPP / Fabio Muzzi / Hoa-Qui ; 183 bas GETTY IMAGES / Johner Images ; 183 ht d Beaba / DR ; 183 ht g CORBIS / Graig Tuttle ; 192 bas ARCHIVES NATHAN / DR ; 192 ht d COSMOS / DR Jeremy Burges / Science Photo Library ; 192 ht g ARCHIVES NATHAN ; 193 REA / Richard DAMORET ; 194-195 HPP / Xavier Desmier / Rapho ; 195 ht CORBIS / Stéphane Klein / Sygma ; 204 SUNSET / Diagentur ; 206 d MAX PPP / Wostok / Rucinski ; 206 g ARCHIVES NATHAN ; 207 REA / Patrick Allard ; 221 bas d ARCHIVES NATHAN / DR ; 221 ht g Photodisc ; 221 md BRIDGEMAN -GIRAUDON ; 221 mg COSMOS / Pekta Parviainen / SPL .

Toutes les photos non référencées ont été prises par Frédéric Hanoteau.

ÉDITION : Carole Trierweiler
CONCEPTION GRAPHIQUE : Laurence Ningre
ILLUSTRATION DE COUVERTURE : Audrey Gessat - PHOTOGRAPHIE : Christian Creutz
MISE EN PAGE : Frédérique Buisson
SCHÉMAS : Vincent Landrin
ILLUSTRATIONS : Alexandre Bonnefoy
ICONOGRAPHIE : Véronique Brown
PHOTOGRAVURE : Nord Compo
Avec la collaboration de Nicolas Franchot

N° d'éditeur : 10145810 - N.C. Août 2007
Imprimé en Italie par CANALE